D0925901

PALABRAS DE FUEGO

Reflexiones sobre Jesús de Nazaret

OSHO

PALABRAS DE FUEGO

Reflexiones sobre Jesús Nazaret

MONTEREY COUNTY FREE LIBRARIES
MARINA CALIFORNIA
WITHDRAWN

VERGARA

Barcelona · México · Bogotá · Buenos Aires · Caracas
Madrid · Montevideo · Miami · Santiago de Chile

Título original en inglés:
Come Follow to You, vol. 1

Osho® es una marca registrada de OSHO INTERNATIONAL FOUNDATION.
Para mayor información favor de dirigirse a *osho.com/trademark*

El material de este libro es una transcripción de una serie de discursos originales titulados *Come Follow To You*, vol. 1, pronunciados por Osho ante una audiencia. Todos los discursos de Osho han sido publicados íntegramente en inglés y están también disponibles en audio. Las grabaciones originales de audio y el archivo completo de textos se pueden encontrar *on-line* en la BIBLIOTECA OSHO: *www.osho.com*

Palabras de fuego
Reflexiones sobre Jesús Nazaret
Primera edición en México, junio de 2014

D. R. © 1975, 2009 OSHO INTERNATIONAL FOUNDATION, Suiza.
www.osho.com/copyrights
D. R. © 2014, OSHO INTERNATIONAL FOUNDATION, Suiza
por la traducción
D. R. © 2014, Ediciones B México, S. A. de C. V.
Bradley 52, Anzures DF-11590, México
www.edicionesb.mx
editorial@edicionesb.com

ISBN 978-607-480-643-4

Impreso en México | *Printed in Mexico*

Todos los derechos reservados. Bajo las sanciones establecidas en las leyes, queda rigurosamente prohibida, sin autorización escrita de los titulares del *copyright*, la reproducción total o parcial de esta obra por cualquier medio o procedimiento, comprendidos la reprografía y el tratamiento informático, así como la distribución de ejemplares mediante alquiler o préstamo público.

ÍNDICE

Capítulo 1

BENDICIÓN TRAS BENDICIÓN

Juan 1

1 En el principio ya existía la Palabra,
y la Palabra estaba con Dios,
y la Palabra era Dios (...)
3 Por medio de Él todas las cosas fueron creadas;
sin Él, nada de lo creado llegó a existir.
4 En Él estaba la vida,
y la vida era la luz de los hombres.
5 Esta luz brilla en las tinieblas,
y las tinieblas no han podido apagarla.
6 Hubo un hombre enviado por Dios, cuyo nombre era Juan.
7 Éste vino como testigo, para dar testimonio de la luz, para
que todos creyeran por él.
8 Él no era la luz, sino quien diera testimonio de la luz (...)
11 Vino a su propio mundo y los suyos no lo recibieron.
2 Pero a quienes lo recibieron, a los que creen en su nombre,
les concedió el privilegio de llegar a ser Hijos de Dios (...)
14 Y la Palabra se hizo carne, y habitó entre nosotros.
Y hemos visto su gloria, la gloria que corresponde al Hijo único
del Padre, lleno de gracia y de verdad (...)

[16] De su plenitud todos hemos recibido gracia sobre gracia.
[17] Porque la ley fue dada por medio de Moisés; la gracia y la verdad nos han llegado por medio de Jesucristo.

Voy a hablar sobre Cristo, pero no sobre el cristianismo. El cristianismo no tiene nada que ver con Cristo. De hecho, el cristianismo es anti-Cristo, al igual que el Budismo es anti-Buda y el jainismo es anti-Mahavira. Cristo tiene algo en Él que no se puede organizar: su naturaleza misma es rebelión y la rebelión no se puede organizar. En el momento en que la organizas, la matas. Y entonces, el cadáver permanece. Puedes adorarla, pero no puedes ser transformado por ella. Puedes llevar la carga durante varios siglos, pero solo te agobiará, y no te liberará. Por eso, que sea absolutamente claro desde el principio: estoy a favor de Cristo, pero ni siquiera una pequeña parte de mí es para el cristianismo. Si quieres a Cristo, tienes que ir más allá del cristianismo. Porque si te aferras demasiado al cristianismo, no serás capaz de entender a Cristo. Cristo está más allá de todas las iglesias.

Cristo es el principio mismo de la religión. En Cristo, todas las aspiraciones de la humanidad se cumplen. Él es una síntesis poco común. Normalmente un ser humano vive en agonía, angustia, ansiedad, dolor y miseria. Si miras a Krishna, Él se ha trasladado a la otra polaridad: vive en éxtasis. No hay el menor rastro de agonía; la angustia ha desaparecido. Puedes amarlo, puedes bailar con Él por un tiempo, pero el puente se perderá. Tú estás en agonía y Él está en éxtasis: ¿dónde está el puente?

Buda ha ido aún más lejos. Él no está en la agonía ni en el éxtasis. Es absolutamente tranquilo y calmado. Está tan lejos que, aunque puedas mirarlo, no puedes creer lo que es: se ve como un mito, tal vez como un cumplimiento de un deseo de la humanidad. ¿Cómo puede semejante hombre caminar sobre esta tierra y trascender toda agonía y éxtasis? Él va demasiado lejos.

Jesús es la culminación de toda aspiración. Está en agonía al igual que tú y que todo ser humano que nace: en agonía en la cruz. Él está en el éxtasis que Krishna logra a veces: Él celebra, es una canción, un baile. Y también es trascendencia. Hay momentos, cuando estás más y más cerca de Él, cuando ves que su ser más interior no es ni la cruz ni su celebración, sino la trascendencia. Esa es la belleza de Cristo: que existe un puente. Puedes acercarte a Él, y Él puede llevarte hacia lo desconocido, con tanta lentitud que ni siquiera te darás cuenta al cruzar la frontera, al pasar de lo conocido a lo desconocido, cuando el mundo desaparece y aparece Dios. Puedes confiar en Él, porque Él es muy semejante a ti y, sin embargo, es muy diferente. Puedes creer en Él porque es parte de tu agonía y puedes entender su idioma.

Por eso Jesús se convirtió en un gran ídolo en la historia de la conciencia. No es una simple coincidencia que el nacimiento de Jesús se haya convertido en la fecha más importante de la historia. Tiene que ser así. Antes de Cristo, había un solo mundo; después de Cristo, ha existido un mundo totalmente diferente: una demarcación en la conciencia del hombre. Hay tantos calendarios, tantos caminos, pero el calendario que se basa en Cristo es el más significativo. Con Cristo, algo ha cambiado en el hombre; con Cristo, algo ha penetrado en la conciencia del hombre.

Buda es hermoso, magnífico, pero no de este mundo; Krishna es adorable, pero aún falta el puente. Cristo es el puente y, por lo tanto, he optado por hablar sobre Él. Pero recuerda siempre que no estoy hablando sobre el cristianismo. La Iglesia siempre es anti-Cristo. Cuando intentas organizar una rebelión, esta tiene que ser subsidiada. No puedes organizar una tormenta, ¿cómo puedes organizar entonces una rebelión? Una rebelión es verdadera y viva solo si es un caos.

Con Jesús, un caos entró en la conciencia humana. Ahora, la organización no se debe hacer en el exterior, en la sociedad; el orden tiene que ser llevado al núcleo más íntimo de tu ser. Cristo ha traído un caos. Ahora, tienes que nacer totalmente nuevo a partir del caos, de un orden proveniente de lo más íntimo: no una Iglesia, sino un hombre nuevo; no una nueva sociedad, sino una nueva conciencia humana. Ese es el mensaje.

Debes haber oído tantas veces las palabras del Evangelio de San Juan, debes haberlas leído tantas veces que se han vuelto casi inútiles, sin sentido, insignificantes, triviales. Han sido tan repetidas que ya no suenan campanas dentro de ti cuando las escuchas. Pero estas palabras son tremendamente potentes. Es posible que hayas perdido el significado de ellas, pero si estás un poco alerta y consciente, podrás recuperar el significado de estas palabras. Será difícil recuperar el sentido, así como también es difícil ganarle tierra al mar.

El cristianismo ha cubierto estas hermosas palabras con tantas interpretaciones que la frescura original se ha perdido: se ha perdido a través de la boca de los sacerdotes que simplemente repiten como loros sin saber lo que dicen, sin saber, sin dudar, sin temblar ante el carácter sagrado de estas palabras. Ellos están repitiendo simplemente palabras como robots mecánicos. Sus gestos son falsos, porque todo ha sido previamente ensayado.

Una vez me invitaron a una universidad teológica cristiana. Me sorprendió cuando me llevaron a conocer sus instalaciones. Es una de las mayores facultades de teología en la India. Cada año preparan de 200 a 300 sacerdotes y misioneros cristianos allí, luego de estudiar cinco años. Y les enseñan todo: incluso a ponerse de pie en el púlpito, cómo hablar, dónde hacer más énfasis, cómo mover las manos. Todo tiene que ser enseñado. Pero entonces todo se vuelve falso, pues la persona solo hace gestos vacíos.

Las palabras de Jesús son como el fuego, pero después de varios siglos de repetición, de repetirlas como un loro, una gran cantidad de polvo se ha acumulado alrededor del fuego. Mi esfuerzo será descubrirlas de nuevo. Debes estar muy atento, porque estaremos recorriendo un camino bien conocido de una manera muy desconocida, recorriendo un territorio muy conocido con una actitud muy diferente y totalmente nueva. El territorio ya no será nuevo. Me esforzaré en darte una nueva conciencia para verlo. Me gustaría prestarte mis ojos para que puedas ver las cosas viejas bajo una nueva luz. Y cuando tienes nuevos ojos, todo se hace nuevo. Escucha: «En el principio ya existía la Palabra y la Palabra estaba con Dios, y la Palabra era Dios.» Los Upanishads «pueden ser pobres», los Vedas «pueden estar celosos». «En el principio ya existía la Palabra (...)».

¿Qué significa cuando el evangelio dice en el principio? Los cristianos lo han estado interpretando como si «en el principio» significara que hubo un comienzo. Han estado utilizando e interpretando estas palabras como si mostraran algo sobre el principio de los tiempos. Pero sin tiempo, ¿cómo puede haber un principio? Para empezar, el tiempo será necesario. Si el tiempo no existía, ¿qué quieres decir entonces con en el principio?

En el principio es parte del tiempo y no puede precederlo, así que en el principio no quiere decir que hubo un día en que Dios creó el mundo. Eso es completamente absurdo. En el principio es solo una manera de hablar. En el principio no significa en un inicio absoluto, porque nunca ha habido un comienzo y no puede haber un fin. Dios es eterno, y su creatividad es eterna. Siempre ha sido y siempre será así.

Desde hace varios siglos ha existido una gran controversia debido a estas palabras «en el principio». Incluso ha habido sacerdotes y obispos necios que han tratado de fijar la fecha exacta: dicen que el mundo comenzó cuatro mil cuatro años antes de Cristo, un cierto lunes. ¿Y qué estaba haciendo Dios antes de eso? La eternidad tiene que haberle precedido; cuatro mil años no es nada. ¿Qué estaba haciendo Él antes de eso?, ¿no hacía nada en absoluto? Entonces, ¿por qué habría de iniciar la creación de repente, en una fecha determinada? Esto ha sido un problema, pero el problema surge debido a una interpretación errónea. En el principio es solo una manera de hablar. El evangelio tiene que empezar desde algún lugar. La vida es la eternidad, la vida nunca comienza a partir de ningún lugar, pero cada historia tiene que empezar y cada sagrada escritura tiene que empezar. Tenemos que elegir una expresión determinada de manera arbitraria y no se podía elegir una mejor: en el principio. En el principio quiere decir que simplemente no sabemos.

Dios ha sido creativo desde el principio, si es que hubo algún principio. Permítanme tratar de decirlo de un modo diferente: Dios es la creatividad. Puedes utilizar la palabra Dios. De hecho, el mismo evangelio no quiere utilizar la palabra Dios. «En el principio ya existía la Palabra y la Palabra estaba con Dios, y la Palabra era Dios. En el principio era la Palabra». ¿De qué palabra estás hablando?, ¿cuál es esta palabra? Alguien que ha conocido la verdad sabe bien que el nombre de Dios es inútil, pues no hay ningún nombre ni definición, y todas las palabras son pequeñas, no pueden contener el todo. «La Palabra» es simplemente una forma de señalar lo innombrable, lo desconocido: en el principio ya existía la Palabra.

Los judíos precedieron a Jesús, y Jesús fue la culminación misma de ellos. El espíritu judaico alcanzó su plenitud en Jesús. Por supuesto que ellos negaron a Jesús; pero esa es otra historia. A veces sucede que alguno de ustedes alcanza el logro de todo un pueblo, pero el logro es tan inmenso y tan grande y ustedes están tan abajo que no lo pueden creer, y entonces tienen que negarlo.

Cristo se elevó muy alto. Los judíos llevaban varios siglos esperando a este hombre; ¡miren la ironía! Habían estado esperando varios siglos para que apareciera este hombre. Toda su esperanza estaba depositada en este hombre que transformaría sus vidas y traería el Reino de Dios en la tierra, y entonces este hombre apareció y ellos, que lo habían estado esperando, no podían creer, no podían confiar. ¿Qué pasó? Que ellos se volvieron muy adictos a la espera misma. Ahora bien, si este era el hombre, ¿qué harían ellos entonces? La espera se tendría que detener. Y ellos habían esperado tanto tiempo; de hecho, la espera se había convertido en toda su actividad, en toda su actividad religiosa: esperando a que viniera el hijo de Dios. Y ahora, de repente, este hombre está en este lugar y dice «Yo estoy aquí», pero ellos prefieren aferrarse a la espera antes que ver a este hombre, porque verlo será el fin. Y ahora no hay nada más que esperar. Desaparece el futuro, desaparece la esperanza, desaparece el deseo. Este hombre liquidaría todas las esperanzas, todos los deseos, todo el futuro, y eso es demasiado. La vieja mentalidad se ha vuelto adicta a su propia espera, la vieja mentalidad se ha vuelto adicta a su propia miseria y frustración, y eso es demasiado.

Esto ocurre: si has estado mucho tiempo enfermo, poco a poco comenzarás a tener una cierta inversión en la enfermedad. Sientes miedo si recuperas la salud, pues tendrás que ir de nuevo a la oficina, al mercado. Has estado en reposo desde hace unos pocos años, no has sentido ansiedad, has podido relajarte. Y ahora viene de nuevo la responsabilidad. Y no solo eso, durante esos años que has estado enfermo, todo el mundo ha sido simpático contigo, casi todo el mundo ha intentado tratarte con amor. Te has convertido en el centro de tu familia, de tus amigos, de tus conocidos; todo el mundo ha sido amable. Tu mente retrocede espantada ante la posibilidad de incorporarte de nuevo a este mundo duro y cruel, y crees que no vale la pena. Si un pueblo ha esperado demasiado tiempo, y los judíos siempre han estado esperando. Todavía están esperando, y el hombre ha llegado y se ha ido. Sin embargo, ellos han invertido demasiado en la espera. Su espera se ha convertido en su oración; sus sinagogas no son más que salas de espera para el regreso del mesías. ¡Y Él ha estado aquí! Y yo les digo, si Él viene otra vez, aunque no creo que vaya a cometer de nuevo el mismo error, si Él viene otra vez, los judíos no lo aceptarán, pues, ¿qué pasaría entonces con su espera? Ellos han vivido demasiado en ella, su confinamiento se ha convertido en su hogar, y ellos lo han decorado. Y ahora, tener que moverse en el cielo duro y abierto, donde a veces el sol quema demasiado, y a veces llueve y hace frío o hace calor, eso es peligroso. Ellos están resguardados.

En el principio ya existía la Palabra. Los judíos han enfatizado de manera insistente que el nombre de Dios no debe ser pronunciado, porque es algo que hay que guardar en el fondo en el corazón. Pronunciarlo sería profanarlo, decirlo sería hacerlo parte del mundo cotidiano y del lenguaje. Decirlo una y otra vez es hacer que pierda su significado e importancia. Si amas a alguien y todo el día le dices, «Te amo, te amo», una y otra vez, y disfrutas al decirlo, es probable que la otra persona pueda sentirse feliz en un comienzo, pero tarde o temprano se cansará. Te amo, te amo; estarás haciendo que una hermosa palabra se vuelva inútil. Si no la usas demasiado, será importante y tendrá un significado. De hecho, los que están realmente enamorados muchas veces no la utilizan en absoluto. Si el amor se muestra por sí mismo, entonces no hay necesidad de decirlo. Y si se muestra por sí mismo, ¿cuál es la necesidad de decirlo? Debe haber unas cuantas palabras clave que utilices rara vez, muy de vez en cuando. Deben reservarse para esas raras ocasiones cuando llegas a la cima.

Los judíos siempre han insistido en que no se debe decir el nombre de Dios. Era costumbre en los viejos tiempos, antes de Cristo, que solo al sumo sacerdote del Templo de Salomón se le permitía decirlo, y solo una vez al año. Nadie más tenía permiso para hacerlo. Así que la Palabra es el código para el nombre de Dios. Algo tiene que ser utilizado para indicarlo, y la Palabra es un código hermoso. Ellos no utilizan ningún nombre, simplemente dicen la Palabra. Lo mismo sucede también en la India. Si le preguntas a los sikhs, los seguidores de Nanak, ellos dirán *Nam*, el nombre. Ellos no dicen cualquier nombre, simplemente dicen «el nombre», el cual significa lo mismo que la Palabra. Solo al sumo sacerdote se le permitía hacerlo, y tenía que purificarse. Se purificaba, ayunaba, oraba y se preparaba todo el año. Entonces, toda la comunidad se reunía un día al año, y el sumo sacerdote no pronunciaba la Palabra ante la multitud. Él se dirigía al santuario más recóndito del templo y cerraba las puertas. En un profundo silencio donde nadie podía oír, pues la multitud esperaba afuera y no tenía ninguna posibilidad de oír, el sacerdote pronunciaba el nombre en esa santidad, en ese amor profundo, en esa intimidad. Él pronunciaba el nombre por toda la comunidad.

Era un día maravilloso cuando el nombre era pronunciado. Y durante el resto del año, el nombre no era pronunciado. Había que llevarlo en el corazón, tenía que ser como una semilla. Si sacas la semilla de la tierra una y otra vez, nunca brotará. Debes mantenerla en la tierra, regarla y protegerla; mantenerla en el fondo de la oscuridad para que brote, muera y nazca de nuevo. El nombre de Dios tiene que ser guardado en el corazón. Ni siquiera debes escucharlo. Debe estar tan profundo en tu ser, en tus profundidades subliminales, que ni siquiera llegue a tu propia mente. Ésta es la razón por la cual el sumo sacerdote entra en el santuario más íntimo. Nadie oye, las puertas están cerradas, y él pronuncia el nombre una sola vez. El significado es el siguiente: entra en el santuario más profundo de tu templo del corazón y purifícate a ti mismo, y de vez en cuando, cuando sientas que estás purificado, cuando sientas la fragancia de tu ser, cuando estés en la cima de tu energía, cuando estés realmente vivo y no haya un ápice de tristeza a tu alrededor; entonces estarás feliz, tremendamente feliz, extáticamente feliz, tranquilo y silencioso, y estarás en un estado donde puedes agradecer, donde puedes sentirte agradecido y entrar entonces al santuario más íntimo. Tu mente permanecerá afuera: esa es la multitud. Te adentrarás en tu corazón y la pronunciarás con tanto silencio, que incluso tu mente no podrá oír. La Palabra tiene que ser llevada allí.

«En el principio ya existía la Palabra y la Palabra estaba con Dios, y la Palabra era Dios». No hay diferencia entre Dios y su nombre. Él no tiene nombre, Él mismo es su nombre. Su «cualidad de ser» es su nombre, su existencia es su nombre. Un niño nace. ¿Qué nombre tiene? No tiene nombre. Pero él es. Su cualidad de ser es su nombre. Y entonces, le damos un nombre con fines utilitarios, y él va olvidando su cualidad de ser y él se identifica con su nombre. Si alguien insulta su nombre, él se enojará, y si alguien alaba su nombre, él será muy feliz, pero el nombre nunca le perteneció a él.

Dios es el niño, siempre la inocencia del mundo. Él no tiene nombre. Ése es el significado de esta frase: «y la Palabra estaba con Dios». Su nombre es su ser. No repitas su nombre, más bien entra en su ser: esa es la única manera de alcanzarlo. De hecho, olvídate de él. Adéntrate en tu propio ser y en tu cualidad de ser, y llegarás a Él.

Dios hizo todas las cosas; nada de lo que existe fue hecho sin Él. Dios es la creatividad. Decir que Dios es el creador es falsificarlo, pero decir que Dios es la creatividad no será comprensible. Y la gente pensará, ¿por qué utilizar entonces la palabra Dios? Simplemente bastará con la palabra creatividad. Decimos: Dios es el creador, pero esta expresión crea un gran sinsentido. Entonces, ¿cuándo creó el mundo?, ¿por qué no lo creó antes?, ¿por qué no pudo crearlo antes?, ¿por qué lo creó en el momento en que lo hizo?, ¿por qué lo ha creado tal como es?, ¿por qué no puede mejorarlo? Hay tanta miseria, tanto sufrimiento en el mundo, ¿y Él es el creador? Entonces, Dios se convierte en el culpable. Y nos sentimos enojados: «Si Él es el creador, entonces es responsable por todos nosotros. ¿Por qué no puede cambiarlo todo?». Surge entonces todo tipo de problemas, y los teólogos salen a contestar estas preguntas. En primer lugar, ellos no necesitan decir nada si examinamos directamente el asunto. Dios no es el creador, sino la creatividad. La creatividad es su ser. Y Él siempre ha estado creando; no puede tomarse un día de descanso en su creatividad. Eso no es posible, no puedes alejarte de tu naturaleza más íntima: no. Cualquier cosa de la que te alejes no es tu naturaleza; si hay algo de lo que no puedes alejarte es de tu naturaleza.

La naturaleza de Dios es la creatividad. Él siempre ha estado creando. Y no hay otro camino: la única manera en que puede existir el mundo es tal como existe. Es la única manera. Todo lo que pienses, condenes o valores no tiene sentido. Es como preguntarle a una rosa: ¿Por qué sólo tienes estos pétalos? Podrías tener más. ¿Qué te sucedió?. Pero si la rosa tuviera más pétalos, la misma pregunta no sería relevante.

La mente siempre hará preguntas independientemente de lo que sea el mundo. Y aquellos que saben, se olvidan de la mente y aceptan el mundo. Hay dos caminos: o bien aceptar la mente y estar contra el mundo, o aceptar el mundo y olvidarse de la mente. Ésta es la única forma en que son y pueden ser las cosas. Y no hay nadie a quien puedas presentarle una queja, no hay nadie que pueda escuchar tus quejas y mejorar las cosas. Dios es la creatividad, no un creador. Todas las cosas fueron hechas por Él; todas las cosas realmente están hechas de Él, no por Él, y nada de lo que existe fue hecho sin Él. Y no sólo en el pasado; incluso ahora, cuando algo es creado, Él es el creador, y tú solo eres un instrumento.

Pintas un cuadro o compones una canción. ¿Qué crees, que tú eres es el creador? Tú desapareces en el momento de profunda creatividad, y Dios comienza a obrar de nuevo. Por lo tanto, no es una cuestión del pasado. Dondequiera y cuando quiera que la creatividad tenga lugar, es siempre a través de Él. Pregúntales a todos los grandes poetas, y ellos te dirán que los grandes poemas siempre han descendido a ellos, y que ellos fueron, a lo sumo, receptores pasivos. Ellos no fueron los creadores. La idea de que tú puedes crear es simplemente tu ilusión. Toda la creatividad le pertenece a Él. Todo lo que sea creado a través de ti, Él es su creador. Entender esto es una gran iluminación. El ego desaparece al entender esto; entender esto es permitirle tomar posesión total de ti. Te conviertes en un instrumento: en las cosas pequeñas, las grandes se hacen posibles. Entonces Él se mueve a través de ti. Si tú bailas, Él baila. Tú eres, cuando más, el escenario donde Él baila. Si cantas, Él canta. A lo sumo, tú eres la flauta, una flauta vacía, que solo se convierte en un pasaje para ella. A lo sumo, puedes admitir que siempre es Él quien está haciendo las cosas.

Esto es lo que quiero decir cuando digo flotar, cuando digo fluir con el río. Deja que su creatividad fluya a través de ti. No le impongas ningún parámetro, no le impongas tu voluntad. Si puedes permitirte ser totalmente poseído, no habrá miseria y ya no serás un ser humano. El Jesús que hay en tu interior se habrá convertido en Cristo, en el mismo instante en que permitas la posesión total. Entonces, Jesús desaparece y aparece Cristo.

Cristo es el principio, Jesús es el hijo de José el carpintero. Jesús desapareció en un momento determinado y Cristo llegó. Cristo significa simplemente que ahora el hombre ya no es el hombre, que el hombre está poseído por Dios. Así como cuando alguien se enloquece y tú dices: «Ese hombre ha enloquecido», también puedes decir: «El hombre se ha endiosado». Y entonces el hombre deja de serlo.

«En Él estaba la vida y la vida era la luz de los hombres». Dios es la única existencia, el único ser: la única vida que hay, la única danza que hay, el único movimiento, la única energía que hay. En el océano y las olas, en el mundo ilusorio y en la verdad, en los sueños y en el soñador, la única energía que hay es Dios. Todo es Él, en Él estaba la vida; y la vida era la luz de los hombres. Y cuando entiendas esto: que Él es la única vida, tu vida se ilumina y te llenas de luz. ¡Dios es vida! Si entiendes esto, toda tu vida se llenará de luz, y la vida de Dios se convierte en luz de tu entendimiento. Cuando su vida se refleje en tu interior, se convertirá en luz.

«Esta luz brilla en las tinieblas; y las tinieblas no han podido apagarla.» Y la luz brilla a tu alrededor. La vida está en todas partes: en el ave, en el árbol, en el río. La vida está a tu alrededor, no hay nada más. Estás viviendo en el océano de la vida, afuera y adentro, adentro y afuera, solo la vida está burbujeando, una gran corriente de vida, y eres apenas como un pez en ella.

Esta luz brilla en las tinieblas; y las tinieblas no han podido apagarla. Pero tú no entiendes esto. Todavía estás identificado con la oscuridad, todavía tienes los ojos cerrados. Eres ciego.

Esto es algo hermoso de entender: «Hubo un hombre enviado por Dios(...)» Debe ser así. Estas son las parábolas, pero yo digo que deben ser así, porque ¿cómo un hombre que ha vivido en la oscuridad podría salir a la luz por sus propios medios? Sería necesario un maestro.

Si te duermes fácilmente, ¿cómo te despertarás? Parece imposible. Alguien que ya está despierto deberá sacarte de tu sueño, darte un tirón, para que la aguja de la inconsciencia salga y tome una nueva ruta. Abres tus ojos un solo instante y miras.

«Hubo un hombre enviado por Dios, cuyo nombre era Juan». A menos que Dios mismo te ayude, parece casi imposible que puedas comprender qué es qué. Así todas las religiones del mundo. Los hindúes dicen *avatara*. Ellos dicen: «El hombre mismo es tan impotente que Dios tiene que descender». Avatara significa el descenso de Dios. Él tiene que venir a despertarte.

Esto muestra simplemente que estás profundamente dormido y nada más, no que tengas que creer con fanatismo para que Dios descienda. Simplemente muestra que estás tan profundamente dormido que a menos que Dios baje, no parece haber ninguna posibilidad para ti. Y si a veces te despiertas, eso muestra simplemente que Dios debe haber llegado para despertarte.

«Hubo un hombre enviado por Dios, cuyo nombre era Juan. Éste vino como testigo, para dar testimonio de la luz, para que todos creyeran por él». Estoy aquí. Si puedes verme, confiarás en cosas que no has podido percibir por tus propios medios. A través de mí, podrás echarle un pequeño vistazo a lo que aún no es visible. Y Dios es lo invisible. Será necesario alguien que pueda ser un testigo, que pueda dar testimonio, que pueda decir: «Sí, lo conozco», alguien que pueda resonar en tu interior, que pueda darte una prueba de que «Sí, Dios existe». Dios nunca puede ser tan solo una creencia, porque la creencia será impotente. Será intelectual, impetuosa, pero no te transformará. Puedes albergar esa creencia durante toda tu vida, pero solo será una parte de tu depósito de chatarra y no producirá ningún cambio en ti.

La confianza, la fe, es diferente. La creencia es intelectual, la confianza es existencial. Pero, ¿cómo llegas a la confianza, a menos que te acerques a un hombre que puede dar testimonio, que puede decir desde sus mayores profundidades del ser que «Sí, Dios es»? Si te permites ser vulnerable a él y su ser mueve algo dentro de ti, entonces nacerá la confianza.

«Éste vino como testigo, Juan se convirtió en un testigo, para dar testimonio de la luz(...)» Él ha conocido la luz, ha venido de la luz. Y recuerda, todo aquel que conoce la luz, también sabe que proviene de la luz, porque no hay otra manera de estar aquí.

Es posible que no lo sepas, pero tú también vienes de la luz. Esa es la fuente misma, la semilla y la fuente de toda la vida. Es probable que no lo sepas, que hayas olvidado de dónde vienes, la fuente está tan lejos que no lo recuerdas en absoluto, pero percibirás la luz de inmediato en tu interior y comprenderás que «yo vengo de Él». De hecho, Él se dará cuenta de inmediato de que «yo soy Él, mi padre y yo somos uno». Como es arriba, es abajo. Él dirá, así como lo han afirmado los videntes de los Upanishads: *Aham Brahmasmi*, Yo soy ese. O Él dirá, como Mansoor: *Ana'l Haq*. Yo soy la verdad. O como Jesús: Mi padre y yo somos uno. Jesús dice: «Si confías en mí, habrás confiado en Él, que me ha enviado; si me amas, habrás amado a quien no conoces».

Éste vino como testigo, para dar testimonio de la luz, para que todos los hombres creyeran por lo que él decía. Juan es una puerta, una ventana, de quien puedes tener una visión de las lejanas cumbres del Himalaya.

«Él no era la luz, sino quien diera testimonio de la luz». Esto tiene que ser entendido, esta es una de las cosas realmente importantes. Cada vez que viene un hombre como Jesús, siempre estará precedido por alguien que prepare el terreno. Tiene que ser así porque se necesita un terreno preparado. La vida es una profunda continuidad, todo está relacionado, es un todo. Juan vino a preparar el terreno porque había mucha maleza. La hierba estaba creciendo, mil y un árboles poblaban toda la Tierra. Tuvieron que ser derribados, quitar la maleza, y la Tierra cambió. Solo entonces el jardinero pudo venir y sembrar las nuevas semillas. Cada vez que vive un hombre como Jesús, siempre es precedido. El evangelio dice: Él no era la luz, sino quien diera testimonio de la luz, que había venido a preparar el terreno.

«Vino a su propio mundo, y los suyos no lo recibieron». Él vino a ayudar; vino a cumplir la aspiración de los siglos. Él vino a su propio mundo, pero «(...) los suyos no lo recibieron». Esto es algo muy irónico, pero ha sucedido siempre. Jesús era judío de nacimiento, pero los judíos no lo aceptaron. Buda nació en la India: los hindúes no lo aceptaron. Así es como siempre ha sido. ¿Por qué? Porque cada vez que nace un hombre como Jesús o Buda, causa tanta rebelión que todo lo establecido se agita.

Un hombre común vive en el pasado, pues para el hombre común el pasado es más importante, porque él ya se ha establecido y se ha arraigado. Él tiene mucho en juego y ha invertido mucho en el pasado. Por ejemplo, si yo te digo que la forma en que has estado orando no es la adecuada, y tú has orado así desde hace cincuenta años, hay muchas cosas en juego. Creerme será creer que tus cincuenta años han sido inútiles. Creerme será descreer de esos cincuenta años de tu propia vida. Creerme será creer que has sido un tonto durante cincuenta años. ¡Eso es demasiado! Tú pelearás, te defenderás. Y cuando se trata de un pueblo, de un pueblo que lleva miles de años haciendo ciertas cosas, y entonces viene Jesús, pone las cosas al revés y todo vuelve a ser un caos. Él derriba todo lo establecido, trastoca todo lo que se tenía como muy importante, crea confusión. Él tiene que hacerlo, porque Él ha traído lo correcto. Sin embargo, tú has creído desde hace muchos siglos que algo más era lo correcto. ¿Qué elegir?, ¿a Jesús o a tu extenso pasado? ¿Qué elegir?, ¿a Jesús o a la tradición?

¿Sabes de dónde viene la palabra tradición? Viene de la misma raíz que la palabra oficio. También viene de la palabra traidor. La tradición es un oficio, es una ocupación, y la tradición es también una traición. La tradición cree en ciertas cosas que no son ciertas, la tradición es una traidora de la verdad, así que cuando llega la verdad, también llega el conflicto. Puedes ver esto en el siguiente ejemplo: soy jainista de nacimiento, pero ellos no me aceptan. Puedes ver cristianos, judíos, musulmanes, hinduistas y budistas aquí, pero muy pocos jainistas, les parece imposible aceptarme. Él vino a su propio mundo, y los suyos no lo recibieron.

Los jainistas están muy en contra de mí. Los hinduistas no tanto, aunque sí un poco. Pero los cristianos no. Los judíos tampoco. Cuanto más lejos vayas, menor es el antagonismo. Yo soy jainista de nacimiento; los jainistas son una comunidad pequeña, rodeada de hinduistas por todas partes; ellos son casi hinduistas, y por lo tanto, son muy antagónicos; los hinduistas un poco menos, y los mahometanos, los cristianos y los judíos no lo son tanto. Cuanto más lejos vayas, menor será el antagonismo. Por lo tanto, ustedes pueden entender por qué aquí hay tanta gente de tantos países y tan pocos hinduistas. Con ellos hay un problema: su tradición está en juego. Si me creen, entonces tendrán que perder su tradición.

Por eso ustedes podrán ver más personas jóvenes a mi lado y menos que sean viejas, porque los jóvenes no han invertido mucho en su pasado. De hecho, un joven va en busca del futuro, mientras que un anciano recurre al pasado. Un joven tiene un futuro, un hombre mayor solo tiene un pasado. El futuro es la muerte, toda su vida ya ha pasado. Así que cuando un hombre de setenta años viene a mí, es muy difícil cambiarlo, porque son setenta años peleando contra mí. Cuando un niño de siete años viene a mí, un pequeño Siddharta, no hay nada contra lo cual pelear. Él puede entregarse por completo, no hay nada, él no tiene pasado, solo futuro. Él puede ser aventurero, puede correr el riesgo, no tiene nada que perder. Pero un anciano tiene mucho que perder. Por eso si viene un «experto», uno que sepa demasiado, sin saberlo, peleará mucho, tendrá toda clase de argumentos y se defenderá. Él tiene mucho que perder. Pero cuando viene un hombre inocente y dice: «Yo no sé mucho», es un caso fácil, Él está dispuesto a renunciar.

> Vino a su propio mundo, y los suyos no lo recibieron.
> Pero a quienes lo recibieron,
> a los que creen en su nombre,
> les concedió el privilegio
> de llegar a ser Hijos de Dios.
> Y la Palabra se hizo carne(...)

Muy pocas personas se le acercaron. Juan vivió en el desierto, cerca del río Jordán, alejado de pueblos y ciudades. Las personas que realmente querían ser transformadas lo iban a buscar. Muy pocos fueron donde Él estaba, pero los que lo hicieron y confiaban fueron transformados. Y Él preparó el terreno; estas fueron las primeras personas preparadas a las que Jesús habría de llegar.

> Y la Palabra se hizo carne,
> y habitó entre nosotros.
> Y hemos visto su gloria, la gloria
> que corresponde al Hijo único del Padre,
> lleno de gracia y de verdad.

«Y la Palabra se hizo carne», una de las frases más bellas del evangelio, y habitó entre nosotros. Jesús es como si la Palabra se hubiera hecho carne, como si Dios se hubiera hecho hombre. El secreto se ha revelado, lo oculto se ha descubierto, el misterio se ha convertido en una verdad abierta. Todas las puertas del templo están abiertas. «Y la Palabra se hizo carne, y habitó entre nosotros(...)» Juan creó esa situación, porque la Palabra puede convertirse en carne solo cuando el oyente está listo.

Si ustedes están listos, entonces puedo decirles lo que llevo dentro de mi corazón. Si no están listos, será imposible pronunciarla, pues será absolutamente inútil. De hecho, no puede pronunciarse a menos que ustedes estén listos. Cuando sus corazones estén listos, esa disposición traerá la verdad que llevo dentro de mi corazón. Entonces el corazón puede hablar con el corazón, la profundidad puede responder a la profundidad.

Juan creó un grupo, un pequeño grupo de personas escogidas que podían confiar, que podían ver con los ojos de la confianza. Solo entonces es posible Jesús. Recuerda esto: si el oyente está listo, solo entonces la verdad puede ser pronunciada.

Yo estuve viajando durante muchos años por este país, durante todo el año, solo para buscar personas que fueran capaces de transformarse a sí mismas de modo que todo lo que llevo dentro de mí pudiera convertirse en carne y ser pronunciado. Ahora la gente me pregunta por qué no voy a ninguna parte. Ese trabajo ya se ha realizado. Ahora, los que están preparados vendrán a mí. Es la única manera. Por eso no quiero que las masas y las multitudes vengan acá, porque si vienen, no podré expresar lo que llevo, y me gustaría compartirlo antes de irme. Si ustedes están listos, entonces, y solo entonces, será posible que algo del más allá descienda sobre ustedes.

«Y la Palabra se hizo carne, y habitó entre nosotros. Y hemos visto su gloria, la gloria que corresponde al Hijo único del Padre(...)» Esto es algo que realmente hay que entender, porque los cristianos lo han estado malinterpretando continuamente. Siguen diciendo que Cristo es el hijo único de Dios. Sí, es cierto de una manera, pero no en la forma en que lo dicen.

Buda es también el hijo único de Dios y Krishna es también el hijo único de Dios. Recuerden que hago énfasis: el hijo único de Dios. Y yo también soy el hijo único de Dios y ustedes también son hijos únicos de Dios. ¿Por qué decir entonces hijo único? Si todos somos sus hijos, ¿para qué decirlo?

Es como esto: te enamoras de una mujer y le dices: «Tú eres la única mujer, la única mujer hermosa en el mundo». No es que esto sea cierto, pero sí lo es en un momento determinado del amor. No es un hecho común, es una verdad. Cuando le dices a una mujer: «Tú eres la única mujer hermosa en el mundo que alguna vez haya existido o existirá jamás», esto no quiere decir que conozcas a todas las mujeres que hayan existido en el mundo, ni que sepas que todas las mujeres que van a existir no serán más hermosas que ella. ¿Cómo puedes saberlo?, ¿cómo puedes comparar? Esto no es un hecho lógico, se trata de una materialización poética.

Ese momento de amor no es un asunto de estadísticas. Algunos amantes de la lógica pueden esgrimir el argumento: «¡Espera! ¿Conoces a todas las mujeres que existen en el mundo?, ¿has mirado, has buscado y has concluido que esta es la mujer más bella del mundo?, ¿qué estás diciendo? Estás utilizando un lenguaje comparativo». Pero tú responderás: «No me preocupan las otras mujeres, y no se trata de algo comparativo. No estoy comparando; simplemente estoy afirmando una verdad acerca de mis sentimientos. No es un hecho del mundo exterior, es una verdad de mi sentir interior. Eso es lo que siento: que ésta es la mujer más bella del mundo. No estoy diciendo nada sobre ella. Estoy diciendo algo acerca de mi corazón. No conozco a todas las mujeres, no es necesario». No es una comparación. Se trata de un mero sentimiento. Y estás tan poseído por ese sentimiento que no expresarlo sería inconveniente.

Cuando amas a Jesús, Él es el hijo único de Dios. Así que esta frase es buena; dice: «(...) la gloria que corresponde al Hijo único del Padre», como si Él fuera el hijo único de Dios. Los que se enamoran de Jesús consideran que es el hijo único de Dios. No están diciendo nada acerca de Buda o en contra de Buda. No están comparando.

Eso es lo que quiero decir cuando digo que Buda también es el hijo único, al igual que ustedes. Todos en este mundo somos únicos. Una vez que obtienes la realización interior, eres el hijo único de Dios, como si toda la existencia estuviera para ti y solo para ti. Los árboles florecen para ti, los pájaros cantan para ti, los ríos fluyen para ti y las nubes se acumulan para ti. Tú te conviertes en el único centro de la existencia cuando la alcanzas.

O si te enamoras de Buda, de Jesús o de cualquiera, estas afirmaciones de los amantes no deberían tomarse como declaraciones de hecho. Son materializaciones poéticas. No se puede discutir con ellos, no son argumentos en absoluto. Ellos afirman algo del corazón.

«Y la Palabra se hizo carne, y habitó entre nosotros (...) lleno de gracia y de verdad». Allí donde hay verdad, también hay gracia. Y allí donde hay gracia, hay verdad. Trata de entender esto. Solo puedes llenarte de gracia si eres sincero. Si tienes alguna mentira dentro de ti, ella perturbará tu gracia y será tóxica para tu corazón, porque esa mentira tiene que estar oculta y ser suprimida. No permitirás que nadie se entere de ella. No puedes ser abierto; estarás cerrado por la mentira.

Si engañas, no podrás ser libre y fluido. Estarás atrapado en tu propio engaño. Así que no digo que las mentiras sean malas porque sean perjudiciales para los demás. Son malas porque perderás tu propia gracia. Los engaños no son malos porque engañes a los demás; son malos porque perturbarás tu flujo, no fluirás, y empezarás a congelarte. Estarás muerto y atascado en muchos aspectos. Tendrás muchos bloqueos en tu ser.

Mira a un niño. Todo niño tiene gracia. ¿Cuándo desaparece la gracia?, ¿a dónde se va? Al poco tiempo se pierde, y entonces todo el mundo se vuelve feo y sin gracia. Es raro que alguien pueda ser tan lleno de gracia como cuando era niño. ¿Qué sucede?, ¿por qué los niños son graciosos?

¿Has visto a un niño que puedas decir que sea feo? No, eso no existe. Un niño que sea feo es algo imposible. Todos los niños son hermosos, incondicionalmente hermosos. Ellos están fluyendo y son sinceros. Cuando quieren llorar, lloran; cuando quieren reír, ríen. Cuando están enojados, están enojados y cuando son cariñosos, son cariñosos. Son fieles al momento y no engañan nunca. Pero pronto se enteran de la política. Pronto aprenden que «a mamá le gusta que yo sonría. Es más fácil convencerla, es más fácil manipularla si sonrío». Ese niño pequeño se está convirtiendo en un político. Él espera. Él puede estar enojado por dentro, pero sonríe cuando llega su madre porque esa es la única manera de conseguir el helado que quiere. Ahora la sonrisa es falsa, y una sonrisa falsa es fea porque todo el ser no está en ella, es algo fabricado desde el exterior. Entonces, más y más cosas serán fabricadas, más y más personalidades se reúnen y la esencia se perderá. Entonces te vuelves feo. La verdad y la gracia siempre van juntas. La verdad es gracia, y la gracia es verdad.

El evangelio capta la esencia misma del ser de Jesús: la verdad y la gracia. Él era sincero, profundamente sincero, hasta la médula; completamente, totalmente sincero. Y por eso tuvo problemas. Vivir en una sociedad que es absolutamente falsa, vivir en ella con una sinceridad absoluta, es meterse en problemas. Él no era un político, ni un sacerdote. Simplemente amaba la vida y la vivió. Él no estuvo aquí para predicar nada, no tenía ningún dogma que inculcar, no tenía ideas para forzar a la gente. De hecho, llevó una vida pura, elegante, fluida y era contagioso. Cualquiera que anduviera con Él, que entrara en contacto con Él, quedaba magnetizado, hipnotizado. Este hombre era un niño, un niño inocente. Las personas se sentían atraídas. Dejaban sus casas, sus trabajos; simplemente empezaban a seguirlo.

Jesús no era un predicador y no estaba dándole ninguna revolución política al mundo ni lo estaba reformando. Tan solo estaba mostrando una manera de vivir, fluidamente. Y ese era el problema, pues los judíos son uno de los pueblos más reprimidos del mundo. Son muy represivos, puritanos y moralistas. Esto se convirtió en un asunto problemático. Ellos viven de acuerdo con los principios. Viven de acuerdo con la ley, y la ley tiene que ser obedecida. Por supuesto, son personas muy exitosas en el mundo. Si vives de acuerdo con la ley, serás muy exitoso. Si vives de acuerdo con el amor, estarás destinado a ser un fracaso. Es triste, lamentable, pero es así. En el mundo, la ley tiene éxito y el amor fracasa. En Dios, el amor triunfa y la ley fracasa. Pero, ¿a quién le importa Dios?

Los judíos son muy respetuosos de la ley, muy buenos ciudadanos y siempre son exitosos dondequiera que estén, porque se rigen por la ley. Viven de acuerdo con la aritmética. Por eso obtienen la mayor parte de los premios Nobel en el mundo. Nadie puede competir con ellos; son muy talentosos. Tienen éxito en los negocios. Lo que quiera que hagan en asuntos de política, hacen exactamente lo correcto. Pero son muy puritanos y formalistas, y tienen una profunda servidumbre con la mente. Viven en una profunda resaca mental. Y Jesús empezó a hablarles sobre la ley. El primer capítulo del Evangelio de Juan dice: «Pues de su plenitud todos hemos recibido gracia sobre gracia. Porque la Ley fue dada por medio de Moisés; la gracia y la verdad nos han llegado por medio de Jesucristo».

Moisés es la base del judaísmo. Era necesario, porque a menos que la ley sea establecida, el amor no será posible. La ley es un deber, es una necesidad, pero no es suficiente.

Moisés le dio la ley al mundo. La gente era primitiva, inculta, no tenía un sentido de la sociedad. Moisés creó una sociedad, y una de las más duraderas: los judíos. Y, de hecho, Moisés debe haber sido un gran genio, porque él siempre ofreció la ley, y los judíos han sobrevivido a todo tipo de catástrofes. Él debió haberles dado una base muy permanente. Pero él era un legislador, al igual que Manu fue el legislador de los hindúes. Moisés es el Manu de los judíos: les dio la ley.

Permítanme contarles una pequeña historia:

Moisés iba caminando y se encontró con un hombre que estaba rezando. Estaba diciendo una oración, no solo absurda, sino que además era un insulto a Dios; Moisés se detuvo. Era algo absolutamente irrespetuoso. Es mejor no rezar que hacerlo de esa manera, porque el hombre estaba diciendo cosas que eran imposibles de creer. El hombre decía: «Déjame acercarme a ti, Dios mío, y te prometo que limpiaré tu cuerpo cuando esté sucio. Incluso si tienes piojos, te los sacaré. Soy un buen zapatero, y te haré unos zapatos perfectos.

Estás caminando con unos zapatos tan viejos y tan sucios. Y nadie se ocupa de ti, Señor mío. Yo te cuidaré. Cuando estés enfermo, te atenderé y te daré tus medicamentos. Y soy un buen cocinero».

¡Él decía este tipo de oración! Entonces Moisés le dijo: «¡Alto!, ¡deja de decir tonterías!, ¿qué estás diciendo?, ¿a quién le estás hablando?, ¿a Dios?, ¿dices que tiene piojos en el cuerpo?, ¿que su ropa está sucia y tú la limpiarás?, ¿que no hay nadie que cuide de Él, ¿y que tú serás su cocinero?, ¿dónde has aprendido esta oración?».

El hombre dijo: «No la he aprendido en ningún lugar. Soy un hombre muy pobre y sin educación, y no sé cómo orar. La he inventado, y es lo que sé. Los piojos me causan grandes problemas y Él también debe estar en problemas. Y a veces la comida no es buena; mi esposa no es una buena cocinera, y me duele el estómago. Él también debe estar sufriendo. Es solo mi propia experiencia que se ha convertido en mi oración. Pero si sabes una oración correcta, me la puedes enseñar».

Entonces Moisés le enseñó una oración correcta. El hombre se inclinó ante Moisés, le dio las gracias, derramando lágrimas de profunda gratitud, y se marchó. Moisés se alegró mucho. Pensó que había hecho una buena obra. Miró al cielo para ver qué pensaba Dios de aquello, pero Dios estaba muy enojado. Le dijo: «Te he enviado para que traigas a los hombres cerca de mí, pero has alejado a uno de mis mejores adoradores. Ahora él dirá la oración correcta, pero no será una oración, porque la oración no tiene nada que ver con la ley, sino con el amor. El amor es una ley en sí misma, no necesita de ninguna otra». Sin embargo, Moisés era un legislador. Fundó la sociedad y trajo los Diez Mandamientos que han sido la base de todo el mundo occidental: de la religión judía, la cristiana y la musulmana; las tres religiones dependen de la ley de Moisés.

Así que todo el mundo ha conocido solo dos legisladores: Oriente a Manu y Occidente a Moisés. Los hinduistas, los jainistas y los budistas han recibido la ley de Manu, y Moisés se la ha dado a los musulmanes, a los cristianos y a los judíos. Estos dos legisladores han creado el mundo entero. Y debe haber algo en esto, pues ambos nombres comienzan con la letra M: Manu y Moisés. Luego viene Marx, que es la tercera M, quien le ha dado la ley a China y a Rusia. Estos son los tres grandes legisladores.

«Porque la ley fue dada por medio de Moisés (...)» La ley es para la sociedad, el amor es para el individuo. La ley es la forma de comportarse con los demás, el amor es la forma de comportarse contigo mismo. El amor es un florecimiento interior, la ley es un comportamiento exterior. Vivimos con las personas y tenemos que ser respetuosos de la ley, pero eso no es suficiente; es algo bueno, pero no lo suficiente. Si una persona es simplemente respetuosa de la ley, estará muerta. Será un buen ciudadano, pero estará muerto. La ley puede ser el fundamento de la sociedad, pero no puede ser el edificio mismo. Puedes vivir según la ley, pero no puedes vivir en ella. No hay espacio para eso. Para ello, se necesita amor.

Jesús fue el cumplimiento de Moisés. Lo que Moisés comenzó, Jesús lo estaba terminando, pero los judíos lo negaron. Lo que Manu comenzó, el Buda lo estaba terminando, pero los hindúes lo negaron. Marx todavía necesita un Buda o un Jesús en el mundo. Algún día vendrá, pero los comunistas lo negarán.

El amor va en contra de la ley, pues las personas se han orientado en dirección a la ley. De hecho, solo la ley es necesaria para que el amor pueda ser posible. La ley es necesaria para que las personas puedan vivir en paz y amor. La ley no es un fin en sí misma, sino un medio. El amor es el fin. Pero cuando la gente se vuelve muy respetuosa de la ley, entonces el amor parece ser ilegal. Las personas comienzan a temerle al amor, porque ¿quién sabe?, creen que están tomando un camino peligroso.

El amor es loco, la ley es calculadora. La ley es confiable, pues la sociedad puede decidir a partir de ella. Pero el amor no es confiable, ¿quién decidirá? El amor no conoce las reglas. No es aritmética, sino poesía. ¡El amor es peligroso! El amor es siempre salvaje, y la ley es social.

Recuerden esto: sean respetuosos de la ley, pero no se queden allí; de lo contrario, habrán vivido en vano. De hecho, no habrán vivido. Sean respetuosos de la ley, porque tendrán problemas si no lo son. Hay que estar integrados en la sociedad, hay que seguir ciertas reglas, pero solo son reglas y no tienen nada que sea definitivo, no hay nada de Dios en ellas.

Permítanme decirles esto: los Diez Mandamientos fueron creados por Moisés, no por Dios; eso no puede ser. Los Diez Mandamientos son las reglas humanas del juego. ¡No robarás!, porque la propiedad es individual. Pero si el juego cambia y la propiedad pasa a ser propiedad social, entonces No robarás no será una ley. O si algún día el mundo se vuelve realmente rico, habrá tantas cosas que nadie robará, porque robar es posible solo si hay pobreza. La gente es pobre y tiene hambre: entonces roba. Pero si la sociedad es rica, tal como lo será algún día, y hay demasiadas cosas, todo lo que necesitas, y hay más cosas disponibles, ¿quién será un ladrón? Entonces el mandamiento desaparecerá, no habrá ninguna necesidad de él. Los Diez Mandamientos son sociales.

Moisés trae la ley, Jesús trae la verdad, la gracia y el amor. El amor es de Dios, la ley es de la mente. El amor es de Dios, la ley es del hombre. Y con el amor, vienen la gracia y la verdad. Recuerden esto, porque entender a Jesús es entender el fenómeno del amor. Entender a Jesús es entender las complejidades de la gracia. Entender a Jesús es entender la verdad. Recuerden, si pueden entender la verdad, la verdad los liberará. Y no hay otra liberación.

Es todo por hoy.

Capítulo 2

MI CAMINO ES LA VÍA POSITIVA

La primera pregunta:

Osho, ¿quién te ha preparado el camino?

Nadie me ha preparado el camino, y tampoco le estoy preparando el camino a nadie. Esto tiene que entenderse.

Hay cuatro posibilidades. Una, la más antigua y común, es lo que sucedió en el caso de Jesús. Juan Bautista preparó el camino; el discípulo precedió al maestro. Tiene sus propios beneficios, pero tiene también sus propias limitaciones y defectos; así debe ser. Cuando el discípulo precede al maestro, crea limitaciones que le pertenecen a él, y el maestro tendrá que funcionar dentro de esas limitaciones. Tiene sus ventajas porque cuando viene el maestro, no tendrá qué preocuparse de preparar el terreno; el terreno estará listo y él podrá empezar a sembrar las semillas de inmediato. Sin embargo, el terreno estará listo según el discípulo. No puede ser según el maestro, por lo que este tendrá que obrar con varias limitaciones. Eso fue lo que creó todo el problema en la historia de Jesús.

Juan Bautista es un tipo de hombre diferente de Jesús, un hombre muy vehemente, casi en llamas. Utiliza un lenguaje apropiado para él, pero no para Jesús. Jesús es muy silencioso, muy tranquilo. Juan Bautista no es ese tipo de hombre. Es un profeta y Jesús un mesías, y la diferencia entre un profeta y un mesías es grande. Un profeta es un hombre religioso, profundamente religioso, pero que actúa como un político: utiliza el lenguaje de la revolución, un lenguaje muy violento, despertando los corazones de los hombres, sacudiéndolos. Un profeta es como un terremoto. Un mesías es muy suave, silencioso como un valle del Himalaya, ocioso, somnoliento. Puedes descansar con un mesías. Con un profeta, siempre estarás en el camino.

Debido a esto, Juan Bautista utilizó la terminología de la política: la revolución, el Reino de Dios, e incluso que el «Reino» tenía que ser tomado por la fuerza. En realidad, tenía que ser atacado. Él fue malinterpretado, porque cada vez que utilizas el lenguaje del mundo exterior para el mundo interior, estarás destinado a ser mal interpretado. Los políticos se asustaron: ¿De cuál reino habla este hombre?, ¿de cuál revolución?, ¿a qué se refiere al decir que el reino tiene que ser tomado por la fuerza? Juan Bautista era muy impaciente: quería un cambio inmediato, no podía esperar. Él creó la atmósfera en la cual Jesús tenía que actuar. Juan Bautista murió en prisión, fue decapitado por los gobernantes. Fue totalmente malinterpretado, pero nadie tuvo la culpa: fue obra suya. Y Jesús lo siguió. Jesús fue un discípulo de su propio discípulo. Fue iniciado por Juan Bautista, porque este lo precedió. Sintió un estrecho vínculo y luego tuvo que utilizar la misma terminología. Era casi seguro que iba a ser mal interpretado. Juan Bautista murió en prisión, decapitado. Jesús murió en la cruz, asesinado. También habló sobre el Reino de Dios. Por supuesto que no era tan agresivo, pero la terminología parecía ser muy política. Era un hombre muy inocente, no tenía nada que ver con la política. Pero Juan Bautista ayudó en cierto modo. Jesús pudo actuar porque todos los discípulos de Juan Bautista estaban listos para recibirlo: Él ya no era un extraño. Juan Bautista había creado una pequeña abertura, un pequeño claro en la selva de la humanidad. Fue recibido, había una casa lista para Él, algunas personas fueron receptivas con Él. Eso no habría sido posible si Él hubiera venido solo, sin un predecesor. Pero la casa fue construida por Juan Bautista, y los discípulos a quienes Jesús atrajo fueron atraídos por Juan. Eso fue lo que creó el problema. Este es el modelo más antiguo: el maestro es precedido por un discípulo que actúa como un precursor y prepara el terreno. Debido a sus defectos y limitaciones, tiene que haber otro que sea todo lo contrario.

Ramakrishna fue sucedido por Vivekananda; no fue precedido por nadie. El maestro llega primero, y luego sigue el discípulo. Esto tiene sus propios beneficios, porque el maestro crea todo el clima, el maestro crea la posibilidad de un crecimiento conjunto, dice cómo deben ser las cosas. Él suministra el lenguaje, el modelo, la dirección, la dimensión. Sin embargo, esto tiene sus defectos, porque el maestro es infinito, pero luego llega el discípulo, que es muy finito. Entonces el discípulo tiene que elegir, pues no puede ir en todas direcciones. El maestro puede estar mostrando todas las direcciones, te puede estar conduciendo hacia el infinito, pero cuando el discípulo tiene que elegir y tiene que escoger, entonces impone su modelo por la fuerza.

Ramakrishna fue sucedido por Vivekananda. Ramakrishna fue uno de los florecimientos más grandes que habían ocurrido; Vivekananda fue el profeta. Ramakrishna fue el mesías, pero Vivekananda estableció la tendencia general. Las inclinaciones de Vivekananda eran extrovertidas, no introvertidas. Sus inclinaciones eran más hacia la reforma social, hacia el cambio político. Estaba más interesado en traer riquezas al pueblo, en acabar con la pobreza, el hambre y la inanición. Él invirtió toda la tendencia.

La Misión Ramakrishna no es fiel a Ramakrishna, sino a Vivekananda. Ahora, la Misión Ramakrishna funciona como un servicio social. Cada vez que hay hambre, están ahí para servir a la gente. Cada vez que hay un terremoto, están ahí para servir a la gente. Cada vez que hay inundaciones, y no hay falta de estas cosas en la India, están ahí.

Son buenos siervos, pero la revolución hacia el interior de Ramakrishna ha desaparecido por completo en el desierto de Vivekananda.

Ramakrishna actuó con mayor libertad que Jesús, porque no había un modelo para él. Vivió más espontáneamente que Jesús. No estuvo arrestado en ningún lugar; todas las direcciones estaban abiertas para él. Podía volar como un pájaro en el cielo, pues no existían limitaciones. Pero luego viene el discípulo. Este lo organiza todo. Y obviamente, lo hace a su manera.

Ambas modalidades tienen sus ventajas, ambas tienen sus defectos. Luego, hay una tercera posibilidad que nunca ha sido utilizada.

Krishnamurti fue el primero en el mundo en intentar una tercera posibilidad. La tercera posibilidad es negar a ambos: a los predecesores y a los sucesores. Es negativa.

El método de Krishnamurti es «la vía negativa». Así que primero negó a quienes prepararon el terreno para él. Esa fue la única manera de hacer a un lado las limitaciones. Negó todo el movimiento teosófico; Annie Besant, Leadbeater. Ellas fueron las personas que prepararon todo el terreno y trabajaron duramente para Krishnamurti. Ellas fueron su Juan Bautista. Crearon una gran oportunidad en el mundo entero para él. Y cuando todo estuvo listo, vio los defectos y las limitaciones, lo que sería el mismo caso que le sucedió a Jesús. Pero él se limitó a negar. Negó que se hubiera creado un terreno o que no hubiera ninguna necesidad de crearlo.

Al mismo tiempo que los negaba, Krishnamurti era consciente de que tenía que negar también su mesianismo, porque si dice que él es el mesías, entonces podría negar a los predecesores, pero los sucesores le seguirían. Entonces tendría el mismo problema que tuvo Ramakrishna. Así que negó: «No hay nadie que me haya precedido y no hay nadie que vaya a sucederme». Negó a Leadbeater, a Annie Besant y al movimiento teosófico, y durante toda su vida ha estado negando a todo aquel que vaya a convertirse en su heredero o sucesor.

Esto tiene su propia belleza, pero también sus propios problemas. Puedes ser libre, muy libre, absolutamente libre, porque no hay ninguna limitación al otro lado, antes ni después, pero tu libertad está en la negatividad. Y entonces no creas. Tu libertad no se materializa, es inútil, tú no ayudas. Es como si alguien tiene mucha conciencia de no enfermarse, trabaja continuamente y sigue siendo consciente de no enfermarse, pero olvida que a veces también hay que disfrutar de la salud. Es probable que no te enfermes, pero la certeza misma de «No debo enfermarme y debo permanecer consciente» se convierte en una especie de enfermedad.

Krishnamurti es muy consciente de esto, que no deben crearse ataduras ni esclavitudes, y él trabajó duro en este sentido, pero no pudo ayudar a nadie. Esto es hermoso por sí mismo, pero no ha sido benéfico para la humanidad. Él es un hombre libre, pero su libertad es solo suya. Esa libertad no pudo transformarse en un sabor en miles y miles de gargantas, no pudo crear un impulso. Se erigió como un pináculo de la libertad, pero no existe un puente. Puedes mirarlo: es como una hermosa pintura o un poema bello, pero no se puede hacer nada al respecto; esto no te cambiará. Él ha roto todos los puentes. Ésta es la tercera posibilidad, nunca antes intentada. Fue el primero en ensayarla.

Yo he intentado la cuarta, que tampoco se había intentado antes. La cuarta es que la mitad de mi vida he trabajado como Juan Bautista, y ahora, en la otra mitad de mi vida, actuaré como un Cristo. Esta es la cuarta posibilidad: preparar el terreno y sembrar también las semillas. Esta posibilidad también tiene problemas: es imposible encontrar un camino que no tenga problemas. Tiene sus propias ventajas y tiene sus propios defectos. La ventaja es que yo soy las dos cosas, así que, de alguna manera, soy totalmente libre. Todo lo que he hecho en mi primer paso, lo he hecho sabiendo perfectamente cuál será el segundo. El Juan Bautista que hay en mí era perfectamente consciente del Cristo que iba a seguirlo; ellos estaban en una armonía profunda. Ellos son una persona, no hay ningún problema al respecto. Así que el Juan Bautista en mí no podía crear ninguna limitación para el Jesús que vendría, lo cual supone una libertad total. Y no va a seguirme ningún Vivekananda.

Yo soy mi propio Vivekananda y yo soy mi propio Juan Bautista, así que nadie puede ponerme límites cuando me haya ido. Y estoy seguro: si Krishnamurti es la vía negativa, yo soy la «vía positiva». He aceptado ambos roles y tengo una cierta libertad que incluso Krishnamurti no puede tener. Él siempre tiene que negar, y la negación en sí misma se convierte en una preocupación, en una profunda ansiedad. No tengo nada que negar, solo tengo que decirle sí a la totalidad. Pero hay problemas, y el mayor problema es que siempre seré contradictorio. Cualquier cosa que haya dicho Juan Bautista, el Cristo que hay en mí tiene que contradecirlo. Siempre seré contradictorio.

Durante muchos años fui a todas las personas que tuvieran alguna capacidad de crecer. Nadie pensó que algún día el viajero que hay en mí simplemente se sentaría en su habitación cerrada y no saldría siquiera de ella. ¡Es algo contradictorio! Durante varios años estuve hablando en términos de la revolución. Por supuesto, el Juan Bautista que hay en mí tiene que hablar de esa manera. Entonces, dejé de hablar sobre la revolución, la sociedad, el bienestar de la humanidad, me olvidé de todo. Ahora solo existe el individuo: ¡es contradictorio! Si miras bien, podrás ver dos corrientes paralelas, y la primera corriente ha estado continuamente en contradicción con la otra. Durante todos esos años, el *acharya*, el Juan Bautista, estaba haciendo una cosa, y ahora Osho hace otra cosa totalmente distinta, una cosa muy contradictoria.

Más adelante será imposible decidir si este hombre era uno o dos. Y sospecho que alguien sospechará algún día que este hombre era dos, porque las contradicciones son tan evidentes y no hay manera de reconciliarlas. Este es el problema que hay conmigo, pero alguien tenía que intentar la cuarta posibilidad y me alegro de haberlo intentado. En esta tierra todo tiene su propio problema, así que no puedes escapar del problema. El problema vendrá desde algún lugar, así que solo es cuestión de elección: lo que sea más apropiado para ti. Esto es perfectamente apropiado para mí. Tener la libertad para contradecir es un gran fenómeno, porque yo no me preocupo en absoluto por lo que digo. No llevo ningún tipo de cuentas, no necesito preocuparme por lo que dije ayer. Me puedo contradecir, y esta es una gran libertad. Y si me amas, sé que verás que las contradicciones ya están resueltas en algún lugar profundo dentro de mí. Pero eso solo les sucederá a aquellos que confían, a quienes se acerquen más y más a mí. Todas las contradicciones están en la superficie, pero están resueltas en lo más profundo de mí, porque yo soy uno.

He actuado como Juan Bautista; ahora actuaré como Cristo. Así que nadie me ha precedido, y nadie me va a suceder. Yo soy un círculo perfecto.

La segunda pregunta:

Osho, ¿por qué siento dudas al disfrutar de algo?

La alegría no está permitida, estás condicionado de antemano contra la alegría. Desde la misma infancia te han enseñado que si eres feliz, entonces algo está mal, y que si eres infeliz, entonces está bien. Si eres miserable, nadie se preocupará, pero si eres muy feliz, todos se preocuparán por ti. Debes haber hecho algo mal.

Cuando un niño es feliz, los padres comienzan a buscar la causa: debe haber hecho alguna travesura o algo así. ¿Por qué está tan contento? Los padres no son felices. Ellos sienten muchos celos del niño porque es feliz. Puede que no sean conscientes de ello, pero son celosos. Es fácil tolerar la miseria de otra persona, pero es casi imposible tolerar la felicidad de alguien.

Una vez leí una anécdota:

Un padre muy religioso le estaba dando a su hijo la mejor educación posible. Un día, cuando iban a la iglesia, le dio dos monedas al niño: una moneda de una rupia y otra de un céntimo. También le dio la opción de dar lo que creyera que estaba bien en el canasto de la iglesia. Podía donar la rupia o el céntimo.

Por supuesto, el padre creía y esperaba que él diera la rupia. El niño había sido educado de tal modo que esto era de esperarse. El padre esperó. Cuando salieron de la iglesia, sintió curiosidad en saber lo que pasó. «¿Qué hiciste?», le preguntó.

El niño admitió que había donado la moneda de un céntimo y guardado la rupia para él. El padre no podía creerlo. Le dijo: «¿Por qué hiciste eso? Siempre te hemos inculcado los mejores principios». El niño respondió: «Me preguntas por qué, te diré la razón. El sacerdote habló bien en la iglesia y dijo en su sermón que Dios ama al donante alegre. Yo podía donar la moneda de un céntimo con alegría, pero no la rupia».

Dios ama a quien da con alegría. Estoy absolutamente de acuerdo con el niño. No se trata de lo que hagas; si eres religioso, puedes hacerlo con alegría. Puede ser una moneda de un céntimo, no importa. Es algo inmaterial, porque la verdadera moneda que estás dando es tu alegría.

Pero desde el principio, a todos los niños se les enseña a no ser muy alegres. Ser alegre es ser infantil. Ser alegre es ser natural, pero no civilizado, ser alegre es ser primitivo de alguna manera, no cultivado. Te han educado para no ser alegre, y todo lo que has disfrutado ha sido condenado una y otra vez. Si has disfrutado simplemente con correr y gritar por toda la casa, alguien tenía que estar allí diciendo: «¡Déjate de tonterías! Estoy leyendo el periódico», como si el periódico fuera algo muy valioso.

Un niño que grita y corre es un espectáculo más hermoso que cualquier periódico. Y el niño no puede entender: «¿Por qué tengo que dejar de hacerlo?, ¿por qué no puedes dejar de leer tu periódico?». El niño no puede entender: «¿Qué hay de malo en que yo corra y sea feliz?».

¡Basta! Toda la alegría es reprimida, el niño se vuelve serio. Ahora se sienta en un rincón, infeliz. La energía necesita movimiento, y un niño es la energía, se deleita en la energía. Quiere moverse y bailar, saltar y gritar y gritar. Él está tan lleno de energía que quiere desbordarse, pero todo lo que él hace está mal. La madre le dice: «Cállate», o el padre o la empleada o los hermanos o los vecinos. Todo el mundo parece estar en contra de la energía que fluye.

Un día sucedió lo siguiente:

La esposa de Mulá Nasrudín estaba muy enojada. Su pequeño hijo estaba siendo una verdadera molestia, creando demasiada molestia. Ella perdió la paciencia y corrió tras él; quería darle una buena reprimenda, pero él se escapó, corrió escaleras arriba, y se escondió debajo de una cama. Ella intentó sacarlo, pero no pudo. Era muy gorda, no podía agacharse, y le dijo, «Espera, deja que venga tu padre». Cuando Nasrudín llegó, ella le contó la historia. Él dijo: «¡No te preocupes, déjamelo a mí. Iré por él y lo pondré en su sitio». Entonces subió, caminando muy despacio, miró debajo de la cama y se sorprendió por la forma en que el niño lo saludó. Éste le dijo: «Hola, papá, ¿también te está persiguiendo a ti?».

Todo el mundo lo persigue. La energía desbordante es considerada una molestia. Y eso es un placer para el niño. Él no pide mucho, simplemente un poco de libertad para ser feliz y ser él mismo. Pero eso no está permitido.

«¡Es hora de dormir!». Cuando él no tiene ganas de irse a dormir, resulta que ya es hora. Él tiene que obligarse a hacerlo. Y ¿cómo puedes obligarte a dormir? ¿Alguna vez has pensado en ello? El sueño no es voluntario, ¿cómo puedes obligarte a sentirlo? Él se da vuelta en la cama, se siente infeliz y miserable, y no sabe cómo conciliar el sueño. Pero ha llegado el momento, tiene que obligarse a hacerlo o estará en contra de las reglas. Y luego, en la mañana, cuando quiere dormir un poco más, entonces tiene que levantarse. Si quiere comer algo, no está permitido, si no quiere comer algo, es obligatorio. Esto sigue y sigue, de modo que el niño entiende finalmente una cosa: que todo lo que es alegre para él tiene algo de malo. Todo aquello que lo haga feliz está mal, y todo aquello que lo haga triste y grave es correcto, bueno y aceptado. Ese es el problema. Tú preguntas, «¿Por qué siento dudas en disfrutar algo?» Porque tus padres y tu sociedad están detrás de ti.

Si estás realmente conmigo, olvídate de todas esas tonterías que te han impuesto por la fuerza. Hay una sola religión en el mundo y esa religión es ser feliz. Todo lo demás carece de importancia y es irrelevante. Si eres feliz, tienes la razón; si no te sientes satisfecho, estás equivocado.

Sucede todos los días: la gente viene a mí, la esposa o el marido, y la esposa dice que está muy triste porque el marido está haciendo algo malo. Siempre les digo que si el marido está haciendo algo mal, entonces permítanle ser infeliz. «¿Por qué estás triste? El mal te conducirá a la infelicidad, ¿por qué te preocupas?». Sin embargo, la esposa dice: «Pero él no está triste. Va al bar y la pasa bien. Él no está descontento en absoluto». Entonces digo: «Algo está mal contigo, no con él. La infelicidad es el indicador. Cámbiate a ti misma y olvídate de él. Si él es feliz, tiene la razón».

Les digo a ustedes: si pueden ir a un bar y pasarla bien, es mejor que ir a un templo y pasarla mal, porque finalmente descubrimos que la felicidad es el templo. Así que lo importante no es lo que hagas: ¿qué cualidad le das a algo cuando lo haces? Sé feliz y serás virtuoso, sé infeliz y estarás cometiendo lo que las personas religiosas llaman pecado. Ustedes deben haber oído decir que el pecador sufrirá algún día en el futuro, en alguna vida futura, y que el santo será feliz en algún lugar del futuro, en una vida futura. Yo digo que eso es absolutamente erróneo. El santo es feliz aquí y ahora, y el pecador es infeliz. La vida no espera tanto tiempo, es inmediata.

Así que si eres infeliz, tienes que haber estado haciendo algo mal contigo mismo. Si no puedes disfrutar, si sientes alguna vacilación, si sientes miedo o culpa, quiere decir que tus padres todavía están al acecho en algún rincón o en la sombra. Puedes disfrutar, o tratar de disfrutar de un helado, pero en el fondo, en el inconsciente, la sombra de la madre o el padre está acechando. «Esto está mal. No comas demasiado, eso te hará daño». Así que estás comiendo, pero la duda está ahí. La vacilación, la contradicción están ahí.

Trata de entender tus dudas y elimínalas. Este es uno de los fenómenos más increíbles: que si dudas, es probable que dejes de comer tanto helado de manera automática, ya que comerlo en exceso puede ser parte de ello. Porque ellos lo han negado, han creado también un cierto atractivo en él. Cada negación produce atracción. Han dicho: «No lo comas», y han creado una atracción magnética e hipnótica para comértelo.

Si dejas de tener dudas, te olvidarás de todas las voces de tus padres, de todas las reglas que te impusieron. De repente, podrás ver el helado solo como una cosa ordinaria. A veces podemos disfrutar de él, pero no es un alimento. No tiene ningún valor nutritivo; puede incluso ser perjudicial. Pero tú entiendes. Si es perjudicial, tú entiendes y no te lo comes. Puedes comerlo de vez en cuanto. A veces, incluso las cosas dañinas no son tan perjudiciales. De vez en cuando se puede disfrutar de ellas, pero no hay ninguna obsesión por comer demasiado. Esa obsesión es parte de la represión.

Suprime las dudas. Las personas vienen a mí y dicen que quieren amar, pero dudan; quieren meditar, pero dudan; les gustaría bailar, pero dudan. Si esa duda está ahí y tú la sigues alimentando, desperdiciarás toda tu vida. Ya es hora: suprímela y no tendrás que hacer nada más. Pero debes ser consciente de que esta es solo la forma en que has sido educado, eso es todo.

Puedes suprimirlas de manera consciente. No está en tu ser, sino únicamente en tu cerebro. Es solo una idea que te han inculcado por la fuerza. Se ha convertido en un hábito prolongado y muy peligroso, porque si no puedes disfrutar, entonces, ¿para qué es esta vida? Y estas personas que no pueden disfrutar de nada, del amor, de la vida, de la comida, de un paisaje hermoso, de una puesta del Sol, de una mañana, de ropas bonitas, de un buen baño, de las cosas pequeñas, de las cosas normales. Si no pueden disfrutar de estas cosas, hay personas que no pueden disfrutar de nada, entonces se interesan en Dios. Son las personas más imposibles y nunca pueden llegar a Él. Dios disfruta de estos árboles; de lo contrario, ¿por qué los habría creado? Él no se harta de nada en absoluto. Durante miles de años ha estado trabajando en los árboles, en las flores y en los pájaros. Y Él sigue escuchando y reemplazando: nuevos seres, nuevas tierras, nuevos planetas. Es realmente muy, muy colorido. Mira la vida, obsérvala, y verás que es el corazón de Dios.

Las personas que son muy tensas, que no pueden disfrutar de nada, que son incapaces de relajarse, incapaces incluso de disfrutar de un buen sueño, son las mismas personas que se interesan en Dios. Y se interesan por razones equivocadas. Ellos piensan que porque la vida es inútil, tienen que buscar a Dios. Recuerden: su Dios es algo que va en contra de la vida.

Gurdjieff decía: «He buscado en todas las religiones, en todas las iglesias, mezquitas y templos, y he descubierto que el "Dios" de las personas religiosas está en contra de la vida». ¿Y cómo puede Dios estar en contra de la vida? Si Él está en contra, entonces no hay razón para que exista la vida o se deba permitir que exista. Así que si tu Dios está en contra de la vida, realmente estás en contra del verdadero Dios. Estás siguiendo a Godot, no a Dios.

Dios, la piedad, es la realización misma de la vida. La piedad es la fragancia de la vida, la piedad es la unidad orgánica y total de la vida. Dios no es algo que exista como una roca muerta. Dios no es estático,

Dios es un fenómeno dinámico. Dios no existe: se manifiesta. Y cuando estés listo, se manifestará. No creo que Dios exista en alguna parte y puedas encontrar una manera de llegar a Él. No; existe la oscuridad y no existe un Dios esperando por ti en algún lugar. La divinidad es algo que te sucede cuando estás listo. Cuando estás listo, cuando la tristeza ha desaparecido y puedes bailar, cuando el peso ha desaparecido y puedes cantar, cuando la gran carga del condicionamiento ya no está en tu corazón y puedes fluir, aparece la divinidad. Dios no es una cosa que exista: es algo que sucede. Se trata de una unidad dinámica, orgánica. Y cuando la divinidad aparece, todo sucede: los árboles, las estrellas, los ríos. Y para mí, poder disfrutar es la puerta. La gente seria nunca ha sabido llegar a Él. La seriedad es la barrera; una actitud equivocada. Cualquier cosa que te haga serio es irreligiosa. No vayas a una iglesia que te haga serio y grave.

Una vez sucedió lo siguiente:

Una mujer compró un loro, pero estaba muy perpleja y preocupada al llegar a casa. Había pagado un precio alto por él, el loro era hermoso. Todo estaba bien; solo había una cosa muy peligrosa: «Yo soy una mujer muy mala», decía el loro en voz alta de vez en cuando. La mujer vivía sola y era muy religiosa. De lo contrario, ¿por qué habría de vivir sola? Era una mujer muy seria, y el loro decía una y otra vez: «Soy una mujer muy, muy mala». Los transeúntes se detenían a escuchar. Ella fue al vicario, porque era la única fuente de su sabiduría, conocimiento e información. Le dijo: «Esto es muy malo y no sé qué hacer. El loro es hermoso y todo está bien. Pero pasa esto». El párroco le contestó: «¡No te preocupes. Tengo dos loros muy religiosos. Míralos». Uno estaba tocando la campana y el otro estaba rezando en su jaula. Eran muy religiosos. «Trae a tu loro. La buena compañía siempre ayuda. Déjalo unos días aquí con estas aves religiosas y después vendrás por él».

A la mujer le gustó la idea. Aceptó, llevó el loro, y el vicario se lo presentó a los suyos. Pero antes de que pudiera decir nada, el loro dijo: «Yo soy una mujer muy, muy mala». El vicario también estaba desconcertado: ¿qué hacer? En ese momento, el loro que estaba orando dejó de rezar y le dijo al otro loro, «¡Necio! Deja de tocar la campana, nuestras oraciones se han cumplido». ¡Ellos estaban rezando por una mujer! «¡Deja de tocar la campana! La oración ha sido respondida».

De hecho, cada vez que veas a alguien orando, sospecha que algo ha salido mal. Están rezando por una mujer, por dinero, por algo; rezando por la felicidad. Una persona realmente feliz no reza. La felicidad es su oración. Y no puede haber una oración más elevada o grande que simplemente ser feliz. Una persona feliz no sabe nada acerca de Dios, no sabe nada acerca de la oración. Su felicidad es su Dios, su felicidad es su oración, la persona se siente realizada. Sé feliz y serás religioso: la felicidad es la meta. Yo soy un hedonista y, hasta donde veo, todos los que han sabido siempre han sido hedonistas, sin importar lo que hayan dicho. Buda, Jesús, Krishna; todos fueron hedonistas. Dios es lo último en materia de hedonismo, es la cumbre de las cumbres en ser feliz.

Suprime todos los condicionamientos que llevas contigo. Y no intentes condenar a tus padres porque eso no te ayudará. Eres una víctima de su condicionamiento, pero, ¿qué podrían haber hecho? Ellos también fueron víctimas de los condicionamientos de sus padres, así que es una larga sucesión. Nadie es responsable, así que no te enojes porque tus padres te hicieron daño. No podían evitarlo. Si entiendes, sentirás compasión por ellos, que fueron destruidos por sus padres, y sus padres fueron destruidos por alguien más, y siempre ha sucedido así. Se trata de una sucesión, de una cadena. Simplemente tienes que salir de ella. No tiene sentido condenar a nadie y no hay motivo para enojarte. No servirá de nada. Si estás triste, entonces sentirás rabia. Eso es tan malo como la tristeza. Basta con mirar todo el panorama y salir de él. Simplemente sal sin hacer ruido. Eso es lo que yo llamo la rebelión.

El revolucionario se enoja. Dice que hay que cambiar la educación, dice que hay que cambiar la sociedad, dice que un nuevo tipo de padre es necesario en el mundo, que solo entonces todas las personas serán felices. Pero, ¿quién lo hará? Los que hacen esto siempre andan en el mismo lío, así que ¿quién ayudará? «Hay que crear una nueva educación», pero ¿quién la creará? Primero se les debe enseñar a los maestros. Y los revolucionarios tienen tanto que ver con este sinsentido como los reaccionarios, así que ¿quién traerá la revolución? La esperanza es vana.

Solo hay una esperanza: tú puedes llevar luz a tu ser, y la luz está disponible de inmediato. ¿Alguna vez has visto una serpiente saliendo de su antigua piel? Es así de fácil. Solo tienes que salir, perdonar y olvidar. No te enojes con tus padres, ellos también fueron víctimas. Siente compasión por ellos. No te enojes con la sociedad; no podía ser de otra manera. Pero una cosa es posible, puedes salir ahora mismo. Empezar a ser feliz desde este mismo instante. Todo está disponible, solo un profundo cambio de actitud te permitirá ver la felicidad de ahora en adelante como el bien, y la miseria como el pecado.

La tercera pregunta:

Osho, ¿Podré interiorizar todo lo que siento aquí contigo cuando me vaya, o todo lo que ha ocurrido será tan solo un recuerdo?

Cuando te vayas, si no dejas tu yo aquí, si te lo llevas contigo, entonces todo lo que haya sucedido se convertirá en un recuerdo. Cualquier cosa que haya sucedido quedará atrás. Si quieres llevarla contigo, entonces no podrás llevar tu «yo» adentro. La elección está abierta: o dejas tu yo aquí, y entonces lo que haya sucedido será llevado a tu interior, o llevas tu yo de regreso a casa, y lo que haya ocurrido se quedará aquí. La elección es tuya.

Si puedes renunciar al ego, entonces lo que sea que esté sucediendo será real. Pero si no puedes eliminar el ego, entonces será un recuerdo y te creará más problemas, porque el recuerdo se convertirá en una obsesión. Tuviste una visión y ahora se ha perdido. Entonces serás más miserable que nunca. Tú sabes que existe, pero ahora se ha perdido. Sabes que está en algún lugar. Ahora ya no puedes decir simplemente que no existe; ese argumento no te ayudará en nada. No puedes convertirte fácilmente en un ateo y decir que Dios no existe, que la meditación no existe ni tampoco el núcleo interior de los seres humanos; no puedes decir eso. Tú lo has probado. Ahora el sabor te rodea, te persigue y te llamará.

La elección es tuya. Puedes dejar tu yo conmigo, y la visión que has tenido será parte de tu realidad. Estará integrada en tu unidad orgánica y se cristalizará. Pero no puedes tener las dos cosas, solo puedes tener una, así que antes de marcharte, asegúrate por favor de dejar tu yo conmigo. Asegúrate de que tu entrega sea real y total, asegúrate de que realmente te hayas entregado. Entonces, dondequiera que estés, estarás cerca de mí.

Gracias a tu entrega estarás cerca de mí, y no por una cuestión de espacio físico. Si te has entregado, puedes estar en otro planeta y estarás cerca de mí. Si no te has entregado, puedes estar sentado cerca de mí, pero estarás muy lejos.

La cuarta pregunta:

Osho, ayer dijiste que la ley es anti-amor, pero sin ella el amor no puede existir ni crecer. Por favor, explica en qué forma la ley es necesaria para que el amor crezca.

Por cada crecimiento que haya, se necesita lo contrario, porque lo contrario crea la tensión. Sin lo contrario, las cosas se relajan en la muerte. Esta es una de las cosas más fundamentales de la vida.

El amor no puede existir sin la ley; la ley es lo contrario. La ley no es espontánea, es mecánica; el amor es lo espontáneo, no es mecánico. El amor no tiene causa, la ley está dentro de la causa y el efecto. El amor es individual, la ley es social. ¿Puedes existir sin la sociedad? No habrías nacido sin ella. Se necesita una madre, un padre, necesitas una familia en la cual crecer, necesitas una sociedad para desarrollarte. Sin una sociedad, tú no puedes existir. Pero recuerda, si acabas por ser parte de la sociedad, has pasado de nuevo a la inexistencia. No puedes existir sin la sociedad, y tampoco puedes existir únicamente como un miembro de la sociedad. Jesús dice: «No solo de pan vive el hombre». ¿Crees que esto significa que puedes vivir sin pan? El hombre no puede vivir solo de pan, es algo absolutamente cierto, pero, ¿puede el hombre vivir sin pan? No, eso tampoco es posible. El hombre necesita del pan. Es necesario, pero no es suficiente. Simplemente te da una base, pero no te hace saltar ni volar. Es un trampolín. No te quedes atrapado en eso.

Jesús dice: «El sábado se hizo para el hombre, no el hombre para el sábado». La ley es necesaria porque la sociedad es necesaria. La ley es el pan. Pero si solo existe la ley, si tú existes como un miembro de la sociedad, como un miembro de la sociedad respetuoso de la ley y no existe nada más en ti que esté más allá de la ley, entonces tú existirás en vano, existirás «solo por el pan». Comes bien, duermes bien, y no pasa nada más. Es bueno comer bien, pero no es suficiente, es necesario algo desconocido. Se necesita algo invisible que penetre en ti; el romance de lo desconocido es necesario. Sin él, serás un silogismo de la lógica, pero no serás un poema. Sin él, es probable que estés bien, pero solo bien; no hay romance, ni poesía, ni baile.

El amor es misterioso, la ley no es misteriosa. La ley te ayuda a estar en el mundo, el amor te da una razón de ser. La ley te lleva a la causa y el amor te lleva a la razón de ser. La ley te da una base, el amor se convierte en el hogar, en la casa. Y recuerda una cosa: que la base puede existir sin la casa, pero la casa no puede existir sin la base. Lo más bajo puede existir sin lo más alto, pero lo más alto no puede existir sin la parte más baja. Un hombre puede existir solo con pan, pero no tendrá nada que valga la pena, no tendrá ninguna razón para existir; sin embargo puede existir: simplemente puede vegetar. Pero incluso un gran amante no puede existir sin el pan. Incluso Jesús o Buda no pueden existir sin el pan. Ellos han encontrado la casa celestial del amor, pero no pueden existir sin el pan.

Lo más bajo es, en cierto modo, independiente de lo más alto. Lo más alto es dependiente, en cierto modo, de la parte inferior. Es así. Y parece simple, es fácil. Tú haces un templo, lo que llamamos *kalash* en la India, la cúpula dorada del templo, no puede existir sin todo el templo. Si quitas el templo, la kalash, la cúpula dorada, se caerá. No puede existir sin el templo. Por supuesto, el templo puede existir sin la cúpula, no hay ningún problema al respecto.

Basta pensar: si un hombre tiene hambre: ¿puede bailar? La danza es imposible. El hombre se muere de hambre, ni siquiera puede pensar. No puede imaginar lo que significa la danza. Es posible que la haya experimentado en el pasado, pero ni siquiera será capaz de creer que la ha conocido. Parece imposible, casi como si no existiera; no puede existir en un cuerpo muerto de hambre. ¿Cómo puedes pensar que llegue la danza? Pero piensa en otro hombre que está bien alimentado y sin ningún tipo de baile. No hay problema; simplemente puede vegetar. Lo más alto no es una necesidad, es una libertad. Si lo deseas, crecerás en ello, y si no lo deseas, no hay nadie que te obligue a crecer en ello. Lo más bajo es una necesidad, no es tu elección. Es algo que debe cumplirse.

La ley es anti-amor. Si eres muy respetuoso de la ley, no podrás amar a nadie, ya que la cualidad misma del amor es la espontaneidad. Proviene de la nada, puede desaparecer en la nada. No tiene ninguna razón ni causa alguna. Sucede como un milagro, es mágico. ¿Por qué sucede, cómo sucede? Nadie lo sabe. No se puede manipular, va en contra de la ley, en contra de la gravedad, es anti-ciencia, está en contra de la lógica. Está en contra de toda lógica y de toda ley.

El amor no se puede probar en ningún laboratorio ni se puede demostrar con lógica alguna. Si tratas de demostrarlo con la lógica, te darás cuenta de que el amor no existe, de que el amor es imposible, que no puede existir, ¡pero existe! Incluso los grandes científicos se enamoran. No pueden probarlo en sus laboratorios, no pueden argumentar sobre él, pero también se enamoran. Incluso Einstein se enamoró. El amor hace que todos seamos humildes. Incluso Einstein, tan orgulloso de su lógica, de sus argumentos, de la ciencia, se enamora un buen día. Una mujer común y corriente: Frau Einstein. De repente, toda su ciencia desaparece y él comienza a creer en lo imposible. Incluso en sus últimos años solía encogerse de hombros, «Sucede, pero si me lo preguntas, como un científico, no puedo dar fe de ello, pero sí, si me lo preguntas como un hombre. En sus últimos días, dijo que si el amor existe, entonces Dios también debe existir, porque si un imposible es posible, ¿entonces por qué no el otro?». Él murió siendo un hombre muy humilde y religioso. Alguien le preguntó: «¿Qué te gustaría ser si nacieras de nuevo?» Él respondió: «No un científico. Preferiría ser un plomero».

¿Qué está diciendo? Está expresando que ha visto la falsedad de toda lógica y que ha visto la inutilidad de todo argumento científico. Lo que está diciendo es que él ha visto una y otra vez que la causa y el efecto pueden ser las bases, pero no los pináculos. El templo real, el verdadero misterio de la vida, se mueve a través del amor, la oración, la felicidad; de todos los imposibles. Si piensas en ellos no podrás creer, pero si dejas que sucedan, una gran confianza y una gracia más eficiente surgirán en ti.

Moisés es la ley. La sociedad no puede existir sin Moisés, que es una necesidad. La sociedad no puede permitirse el lujo de perderlo. La sociedad sería un caos sin Moisés. Es absolutamente necesario, es el fundamento mismo. Pero Jesús es el amor. Moisés es necesario, pero no es suficiente. Si Moisés gobernara el mundo solo, no valdría la pena vivir en él.

Jesús, una brisa de lo desconocido, nadie sabe de dónde viene, nadie sabe a dónde va: una penetración de la eternidad en el tiempo, la entrada de lo misterioso en lo conocido.

Recuerden: Jesús no puede venir sin Moisés. Moisés será necesario. Él es el pan, Jesús es el vino. Se puede vivir del pan, pero este no tiene nada de romántico. El vino es el romance, la poesía, la danza, la fiesta, la alegría, el éxtasis. Sí; Moisés puede existir sin Jesús. Jesús no puede existir sin Moisés. Por eso Jesús dice una y otra vez: «He venido a cumplir, no a destruir». Moisés era solo un pilar, pero Jesús levanta el templo de Dios.

Moisés es el ciudadano «absolutamente correcto», el buen hombre. Jesús no es tan bueno. A veces uno duda si es bueno o malo, pues Él nos confunde. Anda con los borrachos, permanece con una prostituta. No, nunca puedes concebir a Moisés haciendo eso. Moisés es un hombre absolutamente correcto, pero es ahí donde se echa de menos algo: la belleza, la libertad. Siempre va en la dirección correcta: es como una vía del ferrocarril. Jesús es como un río, cambiante; a veces va a la izquierda, a veces a la derecha, y en otras ocasiones cambia el rumbo por completo.

Moisés es absolutamente creíble, Jesús no es así. A veces uno sospecha si este hombre es bueno o malo. Ese fue el problema para los judíos. Ellos habían vivido en el pan de Moisés, habían seguido a Moisés y a sus Diez Mandamientos, y ahora viene este hombre y dice: «Yo soy el cumplimiento de todo lo que me ha precedido y no he venido a destruir, sino a cumplir». Pero, ¿qué tipo de cumplimiento es ese? Él no se parece a Moisés en absoluto. Él no condena a los malos. Él dice: «¡No juzgues!». Moisés era un gran juez, y Jesús dice: «No juzgues, para que no sean juzgados». Moisés dice: «No hagas el mal», y Jesús dice: «No te resistas al mal». Es muy confuso. Él debe haber creado un gran caos. Debe haber llevado confusión y conflicto a las mentes de las personas. Dondequiera que haya ido, debe haber producido ansiedad. Por eso se vengaron de Él y lo mataron; es absolutamente lógico.

Buda no fue asesinado en la India, Mahavira tampoco: a veces les lanzaron unas cuantas piedras, o cosas así, pero no los mataron ni los crucificaron. Nunca crearon tanta confusión en las mentes, como Jesús. Tenían algo de Moisés en ellos, y Jesús no tiene nada de Moisés en Él. Mahavira tiene mucho de Moisés en él, porque tiene algo de la ley y algo del amor.

Jesús es amor puro. Por eso fue crucificado. Tuvo que ser crucificado; el amor puro no puede ser tolerado, la gracia pura es imposible de soportar; la presencia misma es intolerable porque duele. La presencia misma de Jesús te confunde, y la única manera de protegerte y defenderte es matando a este hombre, destruyendo a este hombre. Al destruir a Jesús, la gente trató de vivir solo con Moisés y la ley, y molestarse con el amor. El día que Jesús fue crucificado, no fue más que una señal de que a la mente ordinaria le gustaba vivir sin amor. El amor fue crucificado, pero Jesús no. Él es apenas simbólico.

Existen muchas complicaciones. A los judíos siempre les ha intrigado por qué este hombre Jesús ha influido en el mundo entero, pero no pudo influir en ellos en absoluto. Los judíos son grandes eruditos, sus rabinos son verdaderos expertos, que han intentado demostrar que Jesús no dijo una sola palabra nueva, que todo lo que Él dijo estaba formulado en las Escrituras judías. Entonces ¿por qué este hombre se convierte en el eje de la humanidad? ¿Qué pasó? Parece increíble.

Los judíos tienen razón en un sentido: Jesús no ha dicho una sola palabra que no pueda encontrarse en las enseñanzas de los antiguos rabinos. No, Él no ha dicho una sola palabra nueva. Pero no es ahí donde Él es único. Él es único en la forma en que lo ha dicho, no la palabra, sino la forma en que la ha pronunciado. En el Antiguo Testamento encuentras una y otra vez la expresión «el Señor ha dicho», pero eso no es característico de Jesús. Cada vez que dice esto, realmente dice, «yo les digo(...)». Él es el Señor. El Antiguo Testamento dice: «El Señor dice». Jesús dice: «Yo les digo». Los antiguos rabinos tartamudean, Jesús habla; los antiguos rabinos tienen una gloria prestada, Jesús tiene la suya. Los antiguos rabinos hablan desde la autoridad; Jesús lo hace con autoridad, y esa es una gran diferencia.

Se dice que, en una ocasión, los enemigos de Jesús enviaron a un hombre para capturarlo y llevarlo al templo. Jesús estaba enseñando cerca del templo y se había congregado una multitud. El hombre fue allí para detenerlo, pero la multitud era grande y el hombre tenía que atravesarla para llegar a Cristo, así que tardó un buen tiempo en hacerlo. Mientras atravesaba la multitud, escuchó lo que este hombre estaba diciendo. Entonces se detuvo, pues olvidó a qué había ido. Y entonces le fue imposible detener a este hombre y regresó. Los enemigos de Cristo le preguntaron al hombre: «¿Por qué has vuelto?, ¿por qué no lo has capturado?». Él respondió: «Iba a hacerlo, pero sus palabras cayeron en mis oídos. Y yo les digo, ¡ningún hombre ha hablado como Él! La calidad misma, la autoridad, el poder con que Él habla, me han abrumado. Yo estaba hipnotizado. Me fue imposible detener a este hombre».

Jesús es el amor. El amor tiene autoridad propia, no es prestada. Los antiguos rabinos y el pueblo del Antiguo Testamento son como la Luna: tienen una luz prestada. Jesús es el Sol, tiene su propia luz. El amor tiene su propia autoridad, la ley nunca tiene su propia autoridad.

La autoridad proviene de Moisés, Manu, Marx; proviene de la Escritura, de la tradición, la convención. La autoridad siempre viene de antes, nunca es fresca ni nueva.

El amor es anti-ley. Pero si ustedes tienen amor, también pueden ser respetuosos de la ley, no hay ningún problema en ello. Pero ustedes son más que la ley, y tienen algo de amor en su interior. Si vives en la sociedad, tienes que seguir las reglas. Por ejemplo: mantenerte a la izquierda, o a la derecha; no se trata de nada importante; solo son reglas para controlar el tráfico, pues, de lo contrario, sería casi imposible moverse. Eso está bien, pero no creas que habrás logrado algo por haberte mantenido siempre a la derecha. Por supuesto que eso está bien, pero nada más: ¿qué has logrado? El tráfico será eficiente, eso es todo; pero ¿qué has logrado tú? Toda moral, toda ley, es buena en sí, pero no va lo suficientemente lejos. El amor es necesario. El amor es una especie de locura, es ilógico, irracional.

La quinta pregunta:

Osho, el acto de atestiguar, la conciencia, la meditación, de repente parecen ideas adultas lejanas y estériles en vista de la avalancha de adoración salvaje e infantil que me llena mientras te oigo hablar de Jesús. Mi yo adulto dice: «Cuidado. No caigas en un sentimentalismo descuidado y somnoliento. Esto es solo la mente, el condicionamiento de la infancia cristiana». Pero el anhelo impulsivo de un niño de siete años se siente como sacándole la lengua a una persona de veintiocho que ha emprendido una búsqueda seria a nivel espiritual. ¿Cuál es el verdadero yo?

Ninguno; solo el que está mirando a ambos, el que ha hecho la pregunta. No eres un niño de siete años ni un anciano de setenta. La vejez es irrelevante para ti, la edad no te pertenece. Tú eres eterno;

no eres ni el niño, ni el joven, ni el viejo. Regresa siempre al testigo, adéntrate cada vez más en el acto de atestiguar. No permitas que se establezca ninguna otra identificación; ni la del niño, ni la del adulto. Todas las identificaciones son ataduras.

La libertad total no es la identificación, la libertad total es la no identificación con cada uno y cada cosa. Algún día, cuando todas las identificaciones se rompan y caigan como ropas, y quedes absolutamente desnudo en tu libertad, entonces sabrás quién eres. Ustedes son dioses en el exilio. El simple acto de ser testigos les permitirá recordar quiénes son. Entonces, toda la miseria desaparece, toda la pobreza desaparece. Ustedes son el Reino de Dios.

La última pregunta:

Osho, ¿por qué ordenas a tantos bichos raros como los *sannyasin*?

Me encantan los bichos raros. Son buena gente. Todo el mundo es aceptado. Yo no pongo ninguna condición, porque no me importa tu apariencia. No estoy preocupado por tu apariencia. Los miro, y ustedes son dioses en el exilio, quizá a veces con la ropa sucia, a veces con la cara sin lavar, pero siguen siendo dioses. A veces parecieras ser un bicho raro, pero no lo eres. Yo te acepto totalmente porque puedo ver en lo más profundo de tu realidad. Cualquier cosa que pretendas ser, no me puedes engañar. Son pretensiones. Puedes ser engañado por tu pretensión, pero yo no me engaño. Yo veo de manera directa e inmediata; veo en ti. Y siempre encuentro lo fresco, lo eterno, lo bello: la verdad y la gracia; la divinidad. Ustedes son soberanos.

Es todo por hoy.

Capítulo 3

REGRESA A TU FUENTE

Mateo 3

[1] En aquellos días se presentó Juan Bautista, predicando en el desierto de Judea,
[2] y dijo: Arrepiéntanse, porque el Reino de los Cielos está cerca. (...)
[11] Yo los bautizo con agua para que se arrepientan.
Pero el que viene después de mí es más poderoso que yo, y ni siquiera merezco llevarle las sandalias. Él los bautizará en el Espíritu Santo y en el fuego (...)
[13] Un día Jesús fue de Galilea al Jordán para que Juan lo bautizara.
[14] Pero Juan trató de disuadirlo, diciendo: Yo soy el que necesita ser bautizado por ti, ¿y tú vienes a mí?
[15] Dejémoslo así por ahora,
pues nos conviene cumplir
con lo que es justo, le contestó Jesús. Entonces le dejó.
[16] En cuanto Jesús fue bautizado,
salió del agua. En ese momento se abrió el cielo,
y vio al Espíritu de Dios bajar como una paloma
y posarse sobre Él.
[17] Y una voz del cielo decía:
Este es mi Hijo amado; estoy muy complacido con Él.

Una vez escuché una historia que sucedió en la época de los caballeros y los castillos. Un joven inglés iba en busca de fortuna, vagando por todo el país. Cansado, se detuvo bajo un árbol cerca de un castillo para descansar. El duque del castillo pasaba por allí. Le preguntó qué estaba esperando y qué buscaba. El joven dijo: «Soy arquitecto y estoy buscando empleo». El duque se puso muy contento porque necesitaba un arquitecto. Le dijo: «Ven conmigo. Si eres mi arquitecto, todas tus necesidades se verán satisfechas por mi castillo y mis tierras. Podrás vivir como un hombre rico. Sin embargo, debes ser fiel y recordar una cosa: si te vas, tendrás que hacerlo con las manos tan vacías como has venido».

El joven estuvo de acuerdo. Pasaron las semanas y los meses, y él trabajó con fidelidad; el duque estaba muy contento con él. Todas sus necesidades fueron satisfechas, él era atendido y realmente vivía como un hombre rico en el castillo. Y entonces comenzó a sentirse inquieto. Al principio no sabía cuál era la causa de esto, porque en realidad no tenía motivos para inquietarse, pues todas sus necesidades estaban satisfechas. Era como una nube que lo rodeaba, una pesadez, la sensación de que algo le faltaba. Pero se sentía confundido al no saber exactamente qué pasaba. Pero un día, brilló como un relámpago delante de él y el joven comprendió cuál era la causa. Se dirigió al duque y le dijo que se marchaba. El duque no podía creerlo. Le dijo: «¿Por qué te vas? Si hay alguna dificultad, simplemente me dices y se solucionará. He estado muy satisfecho con tu trabajo y me gustaría que estuvieras toda la vida aquí». El joven dijo: «No, me iré. Por favor, déjeme ir». El duque le preguntó: «Pero, ¿por qué?». El joven respondió: «Porque nada de aquí me pertenece. He llegado con las manos vacías, y con las manos vacías tendré que irme. Esto es un sueño: nada de aquí me pertenece».

Este es el punto en que una persona comienza a ser religiosa. Si algo te pertenece en este mundo, entonces no estás preparado para ser religioso. Con las manos vacías vienes, con las manos vacías te vas.

Pero cuando te das cuenta de esto, todo se aclara como el destello de un relámpago. Este mundo no puede ser tu hogar; puedes pasar una noche cuando más, pero te marchas al amanecer.

Cuando tienes la sensación de que solo estás aquí temporalmente, no puedes poseer nada, no puedes tener nada aquí, se vuelve un sueño, lo que los hindúes llaman *maia*. Se vuelve ilusorio. Esa es la definición de maia: algo que parece ser tuyo y no lo es, algo que parece ser real y no lo es, algo que parece ser eterno y solo es pasajero, algo de lo que están hechos los sueños.

A menos que lo entiendas, haces cosas que resultan ser sin sentido. El día en que llega la muerte, tu vida entera resulta no tener sentido. Al confrontar la muerte, verás que tus manos están vacías, a pesar de lo mucho que trabajaste. Sentías mucha angustia y ansiedad por cosas que no pueden ser poseídas.

No está en la naturaleza de las cosas que puedan ser poseídas. La posesión es imposible porque estás aquí solo por unos momentos. Las cosas estaban aquí antes que tú, las cosas van a estar aquí después de ti. Tú vienes y te vas, pero el mundo sigue. Sé un huésped, y no empieces a sentir y a creer que eres el dueño aquí. Entonces tu vida cambia de inmediato, tu vida adquiere un nuevo matiz, un nuevo color, una nueva dimensión. Esta dimensión es la religión. Cuando entiendes esto, necesitas la iniciación; la iniciación en el otro mundo. Está disponible a la vuelta de la esquina. Cuando entiendes que este mundo es solo un sueño, lo otro se hace disponible.

Este fue el mensaje completo de Juan Bautista: «Arrepiéntanse, porque el Reino de los Cielos está cerca». Esto ha sido tremendamente, terriblemente incomprendido por los cristianos. El mensaje fue malinterpretado desde el principio. La gente creía que el mundo se iba a terminar y Juan Bautista estaba anunciándolo, predijo el fin del mundo. «Porque el Reino de los Cielos está cerca». La gente pensaba que este mundo se iba a acabar: ese fue el malentendido, y ellos esperaron. Juan Bautista murió y no hubo señales de la venida del Reino.

Este reino continuó y aquel Reino nunca llegó. Entonces, Jesús dijo lo mismo: «Arrepiéntanse, porque el Reino de los Cielos está cerca». Ellos esperaron, y Él fue crucificado, y el Reino nunca llegó. Y los cristianos han estado esperando durante veinte siglos desde entonces.

Ahora, han surgido muchas dudas en la mente. Incluso el sacerdote sigue repitiendo estas palabras en el púlpito, pero ya no son significativas. Él mismo sabe que no son significativas. Y continúa diciendo: Arrepiéntanse, porque el Reino de Dios está cerca, pero él sabe que han pasado veinte siglos, no ha llegado, y el mundo sigue igual. Pero este no es el significado en absoluto. El mundo no se va a acabar, eres tú quien lo hará algún día. Cuando Juan Bautista dijo: Arrepiéntanse, porque el Reino de Cielos está cerca, no quería decir que este mundo se iba a terminar. Simplemente quería decir que tú ibas a terminar y harías contacto con el otro mundo antes de morir. Arrepentirte de todo lo que has hecho para poseer este mundo, arrepentirte de la forma en que has vivido en este sueño como si fuera la realidad, arrepentirte de todo lo que has sido y has estado haciendo y pensando, porque todo eso carece de fundamento.

A menos que te arrepientas, no podrás ver que el Reino de Dios está justo a la vuelta de la esquina. Tus ojos permanecerán llenos de este mundo y no podrán ver el otro. Para que el otro pueda ser visto, tus ojos tienen que estar completamente limpios de este mundo, del mundo de las cosas, del mundo de la materia, del mundo de la lujuria y de la posesión, del mundo de la avaricia y de la ira, del mundo de los celos, de la envidia, del mundo del odio, del mundo del ego. Tus ojos tienen que estar completamente limpios y lavados para poder ver el Reino de Dios. De hecho, este mundo desaparece en el instante en que tus ojos alcanzan la claridad. Así como cuando te despiertas por la mañana y el mundo de los sueños desaparece, otro mundo abre sus puertas. El Reino de Dios es la realidad y este mundo es solo una proyección de tu mente.

Juan Bautista y, más tarde, Cristo, estaban diciendo que tú ibas a tener un fin, pero es difícil que la mente entienda esto. La mente siempre piensa, puede pensar y creer que todo lo demás se va a acabar, pero yo no. La mente intenta salvarse, defenderse a sí misma. Alguien muere. Ves el cadáver, pero nunca se te ocurre que vas a morir. Le presentas tus condolencias a la familia del difunto. Dices: «Pobre hombre. Podría haber vivido un poco más. No estaba muy viejo. Su familia era tan dependiente de él; ¿qué pasará ahora?» La esposa llora mucho, y los niños están desesperados, ¿qué pasará? Piensas en el hombre fallecido, piensas en su familia, piensas en el futuro de los niños que han quedado huérfanos. Piensas en la esposa que ha quedado viuda. Pero nunca piensas que esa muerte también es tu muerte. Siempre te escondes, siempre te defiendes. Y en el fondo, todo el mundo piensa que no se va a morir. La muerte siempre le ocurre a los demás.

La mente interpreta de tal manera que no ve el panorama general. El mundo sigue: siempre ha estado ahí y siempre estará ahí. Solo que tú no estarás en él, la muerte te llevará lejos. Con las manos vacías habías llegado y así mismo tendrás que irte. Si esa comprensión penetra en tu ser, entonces el arrepentimiento puede ser posible. Y el arrepentimiento no es más que obtener una visión clara. La palabra arrepentimiento es sumamente importante. No hay otra palabra más importante en la terminología de Jesús, porque el arrepentimiento abrirá la puerta de lo divino. ¿Qué es el arrepentimiento?

Te has enfadado y te arrepientes. Lo lamentas: te has portado mal con alguien, te arrepientes y le pides perdón. El arrepentimiento de Jesús y de Juan Bautista, ¿es acaso el mismo? No podrás ir muy lejos, porque tú te has arrepentido muchas veces, pero no has cambiado. ¿Cuántas veces te has arrepentido? ¿Cuántas veces has estado enojado, codicioso, violento, agresivo, y te has arrepentido? Pero tu arrepentimiento no te ha transformado, no te ha acercado al Reino de Dios. No ha abierto ninguna puerta nueva, una nueva dimensión; sigues siendo el mismo. Tu arrepentimiento y el arrepentimiento de Jesús no son los mismos. De hecho, son casi diametralmente opuestos.

Así que cualquier cosa que hayas entendido sobre el arrepentimiento es absolutamente falsa. Trata de entender. Cuando te arrepientes, realmente no lo haces. Cuando te arrepientes, realmente intentas reparar tu imagen. No se trata del arrepentimiento, sino de la reparación de la imagen destrozada que tenías de ti mismo. Por ejemplo, te has enfadado y has dicho ciertas cosas. Más tarde, cuando la rabia y la locura han desaparecido, te calmas y miras hacia atrás. Entonces viene el problema. El problema es que siempre has creído que eres muy tranquilo, un hombre amante de la paz y siempre has pensado que nunca te enojas. Pero ahora esa imagen se ha agrietado. Tu ego se hace añicos: ahora sabes que todo lo que has estado creyendo ha resultado ser falso. Te has enojado, has estado muy molesto, y has dicho y hecho cosas que están en contra de tu ego. Has fracturado tu imagen de ti mismo. Y ahora tienes que repararla.

La única forma de repararla es arrepintiéndote. Vas y te arrepientes, y dices cosas buenas. Dices: «Sucedió a pesar de mí. Nunca quise que fuera así. Estaba furioso, no estaba en mis cabales. La ira se apoderó tanto de mí que estaba casi inconsciente, así que perdóname por lo que te he dicho, nunca lo dije en serio. Lo dije, pero no en serio». ¿Qué estás haciendo?, ¿arrepintiéndote? Simplemente estás reparando. La otra persona se relaja, porque cuando alguien pide ser perdonado, también tiene que reparar su imagen. Si no puede perdonar, entonces no es una buena persona. También estuvo enojada, casi como tú, y planeó vengarse, pero ahora tú has sido perdonado. Si la otra persona no te perdona, entonces no podrá perdonarse a sí misma, y su imagen se deteriorará. Y ese es el truco del cual te vales. Ahora bien, si la otra persona no te perdona, tú eres el bueno y ella es la mala de la película. Ahora has depositado todo en esa persona. Es un truco muy astuto. Si ella no te perdona, es la mala. Ahora estás tranquilo, tu imagen ha sido reparada. Ahora ella se siente culpable de no poder perdonar, y una persona buena tiene que perdonar. Si te perdona, es buena, y si no te perdona, entonces será bueno para ti. Ahora se trata de un asunto que él tiene que decidir. Esto no es el arrepentimiento.

Cuando Juan Bautista y Jesús dicen: «¡Arrepiéntanse!», se refieren total y absolutamente a una cosa diferente. ¿Qué quieren decir? Quieren decir: trata de ver, trata de entender lo que has estado haciendo. Mira una y otra vez. Ve a las raíces mismas de tu existencia, de tu ser, de tu comportamiento, y mira lo que has estado haciendo, lo que has estado siendo. No se trata de que tengas que arrepentirte de un acto específico, sino de toda la calidad de tu ser; no de la ira, de la codicia, ni del odio. Tampoco de ninguna enemistad. No se trata de ningún acto en particular, sino de tu propio ser: de la forma y el estilo de tu existencia. No tiene nada que ver con ningún acto fragmentario en particular.

Cuando te arrepientes, te lamentas de un acto determinado. Tu arrepentimiento se refiere siempre a ciertos actos, pero el arrepentimiento de Jesús no se refiere a ciertos actos, sino a tu ser. Tu forma de ser ha sido absolutamente equivocada. Es posible que no te hayas enojado, pero sin embargo, te has equivocado. Es probable que no hayas estado lleno de odio, pero sin embargo, te has equivocado. Es probable que no hayas tenido muchas riquezas, pero sin embargo, te has equivocado. No se trata de lo que hayas hecho, sino de cómo has sido. Has estado adormecido, has estado inconsciente, no has vivido con una luz interior, has vivido en la oscuridad.

Cuando ellos dicen: ¡Arrepiéntanse!, quieren decir lamentarse de tu forma de ser. No se trata de pedirle perdón a alguien; en absoluto. Se trata solo de un regreso. La palabra arrepentirse significa originalmente retorno. En arameo, que Jesús y Juan utilizaron como su lengua, arrepentirse significa regresar, volver a la fuente, a tu ser original.

Cuando los maestros zen dicen: «Busca tu rostro original», esto tiene el mismo significado de arrepiéntanse. No es un asunto entre tú y los demás, sino entre tú y tu Dios. Arrepiéntanse significa dejar caer todas las máscaras y estar frente a Dios con tu rostro original, así como Él te hizo. Deja que ese sea tu único ser, la forma como Él quería que fueras. Deja que ese sea tu único ser. Regresa a la fuente original, a tu núcleo más profundo del ser. El arrepentimiento es volver atrás, es uno de los más grandes giros espirituales.

Esto es lo que Jesús quiere decir con la conversión. Un hinduista puede llegar a ser un musulmán, un musulmán puede convertirse al cristianismo, un cristiano puede convertirse al hinduismo; esa no es la conversión, sino un nuevo cambio de máscaras. Cuando un cristiano se vuelve religioso, cuando un hinduista se vuelve religioso, cuando un musulmán se vuelve religioso, entonces esa es la conversión. No pasa de una religión a otra, porque no hay dos religiones en el mundo. No puede haber dos: la religión es una sola. La religiosidad es una cualidad, no tiene nada que ver con las sectas, doctrinas, ni dogmas, con iglesias, templos ni mezquitas. Si estás en una mezquita y te vuelves religioso, ya no serás un musulmán, solo te convertirás en un ser puro que no tiene un adjetivo unido a él. Si estás orando en un templo y este desaparece, ya no eres un hinduista, te has vuelto religioso. Esa es la conversión.

Estaba leyendo la vida de un obispo muy famoso. Fue a la iglesia de Santa María en Cambridge para ofrecer un sermón universitario. Había estudiado allí treinta o cuarenta años atrás, cuando era un hombre joven. Y estaba lleno de recuerdos, los recuerdos de su juventud. Miró a su alrededor y no pudo reconocer a ninguno de sus antiguos compañeros; solo a un sacristán de edad. Después del sermón se dirigió a él y le dijo: «¿Me reconoces? Estudié aquí hace cuarenta años. Todos los demás se han ido, solo reconozco tu cara. Gracias a Dios que gozas de buena salud. Le has servido bien». El sacristán dijo: «Sí, doy gracias a Dios, le agradezco mucho, porque después de escuchar, y he escuchado todos y cada uno de los sermones pronunciados en esta iglesia durante cincuenta años, doy gracias a Dios por que después de escuchar todo tipo de tonterías durante cincuenta años, todavía soy cristiano».

Es difícil ser cristiano si oyes todas las tonterías que se han predicado en nombre del cristianismo. Es difícil ser hinduista si has oído todas las tonterías que se han escrito en nombre del hinduismo. Es difícil ser musulmán si sabes lo que significa ser musulmán. Es fácil cuando no sabes. Sigues siendo un hinduista porque no sabes lo que significa serlo. No conoces el odio implícito en él, ni la política intrínseca a él.

Es fácil ser cristiano si no se sabe lo que ha hecho el cristianismo en el pasado. Ha sido muy asesino. El cristianismo ha matado a más personas que el comunismo. Pero es fácil ser cristiano si no lo sabes. Cuanto más sepas, más difícil será ser cristiano, musulmán o hinduista. De hecho, comprenderás que estas son las maneras de no ser religioso, estas son las formas que te impiden ser religioso, estas son las formas que se convierten en obstáculos. Te engañan diciéndote que eres religioso, te dan una moneda falsa, son farsantes, pacificadores. Ser religioso no es ser musulmán, cristiano, ni hinduista. Ser religioso es ser religioso simplemente, no se necesita nada más. Esa es la conversión. Si te arrepientes, la conversión se da. La conversión es el subproducto del arrepentimiento. Uno no tiene que arrepentirse de sus actos, porque ese no es el verdadero arrepentimiento. Uno tiene que arrepentirse de todo su ser. Solo entonces es posible la transformación.

Ahora, escuchemos estas palabras del evangelio:

«En aquellos días se presentó Juan Bautista, predicando en el desierto de Judea(...)» El nombre de Juan se ha convertido en «Juan

Bautista». Ningún otro nombre en toda la historia del mundo se ha relacionado tanto con el bautismo. Él inició a cientos de peregrinos y su forma de iniciar era única. Los inició en el río Jordán. Primero meditaban unos días, unos meses o incluso unos pocos años con él. Cuando estaban preparados, Juan los llevaba al río, vertía agua sobre sus cabezas, y algo pasaba, algo sucedía en lo más oculto de sus seres y ya no eran las mismas personas de antes. Era un rito secreto, una ceremonia secreta. Algo era transmitido del maestro al discípulo. El agua era utilizada como un medio.

Han existido dos tipos de iniciaciones en el mundo. En una, siempre se ha utilizado el agua, y en la otra se ha usado el fuego. En la India, el fuego se ha utilizado como un medio de iniciación durante muchos siglos. Zaratustra empleó el fuego como un medio de iniciación. Juan Bautista utilizó el agua. Los dos elementos se pueden usar, y ambos tienen que ser entendidos. El agua y el fuego tienen cualidades diferentes y, sin embargo, están profundamente unidos. Son opuestos, pero complementarios. Si le echas agua al fuego, el agua desaparecerá, se evaporará. Si viertes agua sobre un incendio, el fuego desaparecerá. Son opuestos, pero tienen una profunda unidad. El agua fluye hacia abajo, el fuego lo hace hacia arriba. Naturalmente, el agua nunca se dirige hacia arriba y el fuego nunca se dirige hacia abajo. Se mueven en dimensiones distintas, en direcciones diferentes. Si algo tiene que ir hacia abajo en ti, el agua tendrá que utilizarse como un medio, como un vehículo. Si algo tiene que ir hacia arriba en ti, el fuego tendrá que usarse como un medio y un vehículo.

Juan Bautista vertía agua, y cuando esta caía, después de una larga preparación y meditación, todo el ser de la persona se concentraba en el agua que caía y en su frescura, que la refrescaba por dentro. Y a través del agua, el magnetismo de este hombre, Juan Bautista, fluía en ella. El agua es un vehículo sumamente vulnerable. Si un hombre que tenga poderes de curación en sus manos toca el agua, esta se convierte en una medicina curativa. Y el agua tiene mucha relación con tu cuerpo: el sesenta por ciento o más de él no es más que agua. Lee bien: el sesenta por ciento de tu cuerpo es agua.

¿Has visto lo que tu respiración hace por ti? La respiración trae el fuego, es oxidación. Tu cuerpo es agua, tu respiración es fuego; y tú existes gracias a ellos. Cuando la respiración se detiene, el fuego desaparece, entonces el cuerpo pierde calor y muere. Si el agua se ha ido del cuerpo, el cuerpo se calienta demasiado, entra en fiebre, y pronto morirá. Es necesaria siempre una profunda comunión entre el agua y el fuego, un profundo equilibrio.

Comes alimentos: a través de ellos, el fuego del Sol llega a tu cuerpo. Respiras: a través de la respiración, el oxígeno llega a tu cuerpo. Bebes agua: el agua está siendo continuamente reemplazada en el cuerpo. Entre el fuego y el agua existes tú. Juan Bautista utilizó agua para llevar algo de arriba al interior. Esa es una forma de iniciación. Hay una forma más elevada: llevar algo de ti hacia arriba. Entonces se convertirá en la iniciación por el fuego.

«En aquellos días se presentó Juan Bautista, predicando en el desierto de Judea, y dijo: arrepiéntanse, porque el Reino de los Cielos está cerca». El Reino de los Cielos está cerca en cada momento. En este mismo instante, el Reino de los Cielos está cerca; es urgente arrepentirse. Ese era su significado. No desperdicies un solo instante, porque si lo haces, nunca podrás recobrarlo, ni recuperarlo. Todo el tiempo perdido, perdido está. Podría haber sido una profunda celebración en Dios, pero lo desperdiciaste por nada, por sueños. «Arrepiéntanse, porque el Reino de los Cielos está cerca».

«Yo los bautizo con agua para que se arrepientan. Pero el que viene después de mí es más poderoso que yo, y ni siquiera merezco llevarle las sandalias. Él los bautizará en el Espíritu Santo y en el fuego». Juan Bautista preparaba a las personas para que Dios pudiera descender a ellas, y luego Jesús las preparaba para que pudieran ascender a Dios. Existen dos posibilidades: o tú asciendes a Dios, o Dios desciende sobre ti. El descenso es más fácil porque solo tienes que esperar, receptivo como un vientre.

Debes haber observado: Lao Tsé nunca habla del fuego, siempre habla sobre el agua. Su método de iniciación fue como el de Juan Bautista. Por eso habla sobre la mente femenina; uno tiene que ser femenino para recibir. Así como el agua desciende de las nubes, también Dios desciende.

Juan Bautista dice «Jesús te bautizará en el fuego». Él te llevará a Dios, Él te ayudará a ir hacia arriba. Eso es difícil, una tarea cuesta arriba, y antes de que alguien pueda ir cuesta arriba, tiene que aprender a ir cuesta abajo. Antes de que uno esté listo para ser bautizado por el fuego, uno tiene que estar listo y ser bautizado por el agua, porque si no puedes ir hacia abajo, no puedes ir hacia arriba. Es muy fácil ir hacia abajo; simplemente tienes que esperar y recibir, pero aunque fuera difícil, ¿qué decir de ir cuesta arriba? Es muy difícil. Así que deja primero que Dios descienda sobre ti. En el instante en que lo haga, tendrás mucho poder porque ya no serás tú mismo. Entonces será muy fácil subir, y podrás volar y convertirte en fuego.

Juan Bautista preparaba a las personas, preparó el terreno para que descendiera la semilla. Cuando arrojas una semilla, ésta baja al suelo. Entonces brota y comienza a subir. El primer acto es el bautismo por el agua: arrojas la semilla al suelo, desciende a las profundidades y descansa allí. La semilla no tiene que hacer nada, solo descansar, y todo lo demás sucede. Entonces se presenta una energía hacia arriba, la semilla comienza a moverse, a brotar, se convierte en un árbol grande en dirección al cielo.

El árbol necesita ser regado todos los días para que las raíces puedan adentrarse más y más profundamente en la tierra. También necesita Sol y fuego, de modo que las ramas puedan subir cada vez más alto. En las selvas profundas de África, los árboles son muy altos porque las selvas son tan densas que si los árboles no suben mucho, no llegarán al fuego. Tienen que elevarse más y más alto para que puedan abrir su ser al Sol y puedan recibir el fuego. Un árbol morirá si solo le echas agua; y si solo le das fuego, también morirá. El árbol no puede existir solo con agua, no puede existir en un desierto solamente con fuego. Necesita una profunda combinación.

Así que en un comienzo se necesita un bautismo con agua, que es la primera iniciación. Luego, es necesario un bautismo con fuego, que es la segunda iniciación. Y cuando se logra un equilibrio entre los dos, llega la trascendencia. Cuando el equilibrio es alcanzado en su totalidad y no es demasiado, ni poco, apenas la proporción justa, aparece súbitamente la trascendencia. Hay trascendencia en el equilibrio.

«Yo los bautizo con agua para que se arrepientan. Pero el que viene después de mí es más poderoso que yo, y ni siquiera merezco llevarle las sandalias. Él los bautizará en el Espíritu Santo y en el fuego». El «Espíritu Santo» es solo un símbolo de equilibrio. En el cristianismo, el concepto de la triada se manifiesta como la Trinidad. Dios es el padre, Cristo es el hijo, pero ellos son dos polos, padre e hijo. Algo tiene que equilibrarlos: el Espíritu Santo. Es espíritu puro, ni hijo ni padre, que está justo entre los dos: el equilibrio. Entre el fuego y el agua está el Espíritu Santo. Estos son términos simbólicos: el Espíritu Santo no es un ser que está en alguna parte. El Espíritu Santo es la música, la armonía entre la dualidad. El Espíritu Santo es el río entre dos orillas. El Espíritu Santo es allí donde, si vas a buscarlo en algún lugar, no lo encontrarás. El Espíritu Santo es allí donde toda dualidad cesa en tu interior. El amor-odio cesa en tu interior, y entonces surge un equilibrio súbito. No sabes si es amor, o si es odio; no es ni lo uno ni lo otro. Es algo absolutamente desconocido, el Espíritu Santo se ha manifestado.

«Un día Jesús fue de Galilea al Jordán para que Juan lo bautizara». Debe haber sido uno de los raros momentos en la historia de la conciencia humana: el maestro iba a ser iniciado por el discípulo. Pero Juan trató de disuadirlo, diciendo: «Yo soy el que necesita ser bautizado por ti, ¿y tú vienes a mí?». Un par de cosas antes de que podamos entender esto. Hasta ahora, Jesús había llevado una vida muy normal. Era hijo de José, un carpintero, y ayudaba a su padre en el taller, haciendo lo que se necesitaba. Nadie sabía nada de Él. Ni siquiera su familia estaba al tanto de lo que era. Un manto lo envolvía, una nube que tuvo que ser despejada. Estaba esperando el momento adecuado. Cuando Juan terminó su labor y preparó el terreno, Jesús pudo ir hacia él. Luego se quitaría el manto y la nube desaparecería. Él necesitaba establecer una relación con Juan, porque era la única manera de relacionarse con los discípulos de Juan; de lo contrario, no habría ningún vínculo. Juan lo reconoció de inmediato: «Este es el hombre que he estado esperando, este es el hombre para el que he estado trabajando. Él ha venido». Juan trató de disuadirlo, diciendo: «Yo soy el que necesita ser bautizado por ti, ¿y tú vienes a mí?». Esto parece absurdo.

Jesús está en un plano superior, en el plano del fuego. Juan está en un plano inferior, en el plano del agua. Juan no es todavía un alma completamente realizada. Ha alcanzado su primer *satori*; de lo contrario, no habría podido trabajar para Jesús. Ha visto el primer destello; de lo contrario, no habría podido reconocer a Jesús. Pero todavía no ha alcanzado la iluminación absoluta, todavía no es un Cristo.

«Yo soy el que necesita ser bautizado por ti, ¿y tú vienes a mí?», preguntó Juan Bautista; entonces Jesús contestó: «Dejémoslo así por ahora, pues nos conviene cumplir con lo que es justo. Que así sea, porque está dicho en las Escrituras»,

Jesús vivió y murió siendo judío, nunca fue un cristiano, y se esforzó mucho en ser parte de la sociedad judía. Esas fueron las formas en que lo intentó. Estaba indicado en las antiguas Escrituras que el mesías que habría de venir sería bautizado por un hombre llamado Juan, que también bautizaría a la gente cerca del río Jordán. Era una vieja profecía. Jesús dijo: «Que así sea, porque está dicho en las Escrituras». Intentó por todos los medios ser parte de la tradición para que la revolución interior que intentaba hacer no se perdiera en el desierto de la política. Y sin embargo, así sucedió: se perdió en el desierto de la política, porque hacer esa revolución interior es pedirle casi lo imposible a la mente humana.

La mente humana se aferra a lo antiguo. Por eso Jesús dice: que así sea. Por favor, bautízame para que no parezca un intruso y un extraño, y pueda ser parte de la tradición y trabajar desde adentro hacia afuera, y crear una gran revolución desde adentro. Pero no sería así. Jesús lo intentó, pero era imposible; Buda lo intentó, pero era imposible. Buda fue hinduista toda su vida, solo quería crear una revolución en la mentalidad hinduista desde adentro, pero en el momento en que empezó a decir sus cosas, la mentalidad antigua entró en estado de alerta.

Una vez escuché en una historia:

Había una iglesia muy antigua, muy vieja pero muy hermosa, santificada por la tradición, pero estaba casi en ruinas y en peligro de caerse cualquier día. Los fieles habían dejado de asistir, pues podía caerse en cualquier momento. Ni siquiera los custodios de la iglesia se reunían en ella; lo hacían en otro lugar para decidir los asuntos de la iglesia. Pero ellos se mostraron renuentes a destruirla.

Buscaron a grandes arquitectos, pero todos sugirieron que el edificio era demasiado peligroso, que era imposible repararlo, que debía ser destruido y construir una nueva iglesia. Pero ellos no querían destruirla, ya que era muy antigua; tenía una larga tradición y se había convertido en una parte de sus seres. Destruirla sería como destruirse a sí mismos. En contra de su voluntad, convocaron a una reunión de los miembros del consejo y se aprobaron tres resoluciones. Son hermosas. La primera resolución: que la antigua iglesia tenía que ser destruida y una nueva debía construirse, fue aprobada por unanimidad. La segunda resolución: que hasta que la nueva iglesia no estuviera terminada, seguirían celebrando los rituales en la vieja iglesia, fue aprobada por unanimidad. Y la tercera resolución: que la nueva iglesia tenía que ser construida exactamente en el mismo lugar donde estaba la antigua ¡y con las piedras de la vieja iglesia!, también fue aprobada por unanimidad.

Así es como funciona la mente tradicional. Se aferra una y otra vez, aunque sea contradictoria. Evita ver la contradicción. Evita ver la muerte que ya se ha hecho presente. Evita ver que el cuerpo ya no está vivo, el cadáver maloliente, el deterioro.

Jesús procuró identificarse con la antigua mentalidad. Él le dice a Juan: bautízame. Que así sea. «Dejémoslo así por ahora, pues nos conviene cumplir con lo que es justo», Juan entendió su punto de vista; de otra manera, Jesús habría sido un intruso desde el principio y todo sería casi imposible.

Y aunque las cosas fueran imposibles, nadie puede decir que Jesús no lo intentó, nadie puede decir que Buda no lo intentó. Ellos hicieron todo lo que estuvo a su alcance para convertirse en un flujo continuo con lo antiguo, con lo viejo, con lo tradicional. Ellos querían una revolución no en contra de la tradición, sino en la revolución. Pero nunca sucedió; la mente antigua es realmente muy, muy obstinada y terca.

> En cuanto Jesús fue bautizado, salió del agua.
> En ese momento se abrió el cielo,
> y vio al Espíritu de Dios bajar como una paloma
> y posarse sobre Él.

Y una voz del cielo decía:
Éste es mi Hijo amado;
estoy muy complacido con Él.

Jesús salió del río, inmediatamente después de ser bautizado por Juan, y tuvo una visión en la orilla. Esta visión no era un sueño, porque Juan también fue testigo de ella, así como algunos discípulos que estaban presentes. Se trataba de una realidad objetiva. Todo el mundo vio algo que descendía como paloma, muy tranquila y pura, un ave blanca descendiendo del cielo e iluminando a Jesús como si el cielo se hubiese abierto. Esto sucedió así. Cuando tú te abres al cielo, el cielo se abre para ti. De hecho, el cielo siempre ha estado abierto para ti, solo que tú no has estado abierto.

Hasta ahora, Jesús había vivido una vida cerrada. Era algo bueno, Él lo necesitaba; de lo contrario, habría estado en peligro desde el comienzo mismo. Los cristianos no tienen historias sobre la juventud de Jesús. Debe haber vivido en el anonimato absoluto. Nadie sabía de Él, era un hombre común y corriente como cualquier otro joven. Su ministerio duró solo tres años. Tenía treinta años cuando Juan lo bautizó, y fue crucificado cuando tenía treinta y tres. La mentalidad antigua, vieja y tradicional no podía tolerarlo por más de tres años, y en ese lapso fue crucificado. Esa es la razón por la que fue absolutamente desconocido, un hombre común, entre otros mortales comunes y corrientes, sin revelar su identidad.

Inmediatamente después de ser bautizado reveló por primera vez quién era realmente. Juan fue un testigo, así como algunos discípulos que estaban en la orilla. Pero la cualidad de ser de Juan y de Jesús era muy diferente. Juan era un profeta apasionado y Jesús era un mensajero de la paz. Poco después, Juan fue arrestado y encarcelado, y Jesús comenzó a predicar.

Juan recibió noticias que no podía creer, porque este hombre estaba diciendo algo más, algo que nunca había querido decir. Las diferencias llegaron a ser tan grandes que incluso Juan, que había iniciado a Jesús y que había visto con sus propios ojos la apertura de los cielos y el descenso de la paloma, comenzó a sospechar. En los últimos días de su vida, antes de ser decapitado, le envió una pequeña nota a Jesús, preguntándole: «¿Realmente eras tú a quien estábamos esperando?». Comenzó a sospechar, porque este hombre decía algo más, otra cosa completamente distinta. «Sean humildes» decía, «Bienaventurados los humildes, porque ellos heredarán la tierra». Juan no era un hombre humilde, realmente era muy orgulloso, un hombre muy fuerte, que creía que podría traer la revolución a todo el mundo, casi loco con su fuerza, mientras que Jesús decía: «Bienaventurados los humildes», y Juan debió pensar: «¡Qué tonterías está diciendo este hombre!».

Jesús dijo: «Si alguien te golpea en una mejilla, ofrécele la otra también», algo muy diferente a lo pregonado por Juan. Jesús decía: «Si alguien toma tu abrigo, dale también tu camisa». ¿Cómo va a traer este hombre la revolución? No son enseñanzas revolucionarias. Éstas son las únicas enseñanzas revolucionarias. Pero Juan no podía entenderlas, pues tenía su propia idea de la revolución. Él podría haber entendido a Lenin, a Trotsky, a Marx, pero no podía entender a Jesús, a su propio discípulo. El problema era un tipo de revolución completamente diferente. Una revolución, que ocurre gracias a la violencia y la agresión, es social de una manera forzada. Otra revolución, que no sucede por la fuerza, ni siquiera por la disciplina, sino que se da por la espontaneidad, por la comprensión, es del corazón.

Jesús estaba trayendo un tipo de revolución totalmente nueva para el mundo. Nadie había hablado de esa revolución. Por eso dicen que Jesús es el punto de inflexión en la historia de la conciencia humana, incluso más que Buda, porque han existido muchos otros como Buda, que han hablado en el mismo sentido, así que Buda no era nuevo. Él pudo haber sido el final de una larga procesión de budas, pero no fue el primero.

Jesús trajo algo totalmente nuevo a la Tierra, era el comienzo de una nueva línea, de una nueva búsqueda, de una nueva información. Juan no podía entender. Si Lao Tsé hubiera estado allí, habría comprendido, pero Juan no. Él era un hombre completamente diferente. En sus últimos días le preocupaba mucho que algo hubiera salido mal: ¿Este discípulo me ha traicionado mí, o qué? Le escribió una nota, «¿Eres tú a quien estábamos esperando, o acaso algo ha salido mal?». Cuando tienes una cierta idea de una cosa determinada, se convierte en un obstáculo para la comprensión. ¿Qué decir de los demás? Ni siquiera Juan pudo entender perfectamente a Jesús.

Una vez escuché una historia:

Había un comerciante muy rico que solía viajar por todo el mundo para comprar seda, especias y perfumes. Era uno de los mejores comerciantes en esos tres campos: sabía dónde conseguirlos a un precio bajo, cuáles eran los mejores mercados del mundo, y dónde venderlos con la mayor ganancia. Y él se había beneficiado mucho. Saber más y más sobre perfumes y especias era su único interés.

Un día, mientras pasaba por una ciudad, alguien le dijo: «Aquí vive un hombre muy sabio. Puedes preguntarle lo que quieras, que su respuesta siempre será útil». El comerciante pensó: «Tal vez sepa algo sobre sedas, especias y perfumes. Quizá me muestre algún mercado donde pueda conseguir productos más baratos». Se dirigió al hombre sabio. Pero antes de preguntarle algo, este le dijo: «Sí, lo sé. Ve al norte, al Himalaya», y le dijo el nombre de un nevado. «Ve a la cima y permanece tres días allí. En esos tres días verás algo que nunca has visto antes. Luego, regresa»

El hombre se apresuró a hacerlo. Tenía el caballo más veloz del país. Cabalgó por las montañas y encontró la cumbre. Permaneció tres días allí, ayunando y orando, mirando a su alrededor y soñando con sedas, perfumes y especias. Esperaba que alguna puerta desconocida se abriera y él se convirtiera en el amo de toda la seda que había en el mundo, de todas las especias, de todos los perfumes. La clave le iba a ser entregada en esos tres días. Esperó y esperó, fantaseando y soñando. Ni siquiera pudo ver el hermoso valle que había alrededor o el hermoso río, que pasaba en silencio sin hacer el menor ruido. No podía oír el canto de los pájaros en la mañana, no podía ver el hermoso atardecer. No podía ver nada porque estaba tan lleno de sueños y estaba muy tenso, en espera de algo.

Tres días pasaron y nada sucedió. Se puso muy molesto y enojado. Visitó de nuevo al sabio y le dijo: «No pasó nada. No vi nada que no hubiera visto antes. ¿Qué salió mal?».

El sabio se echó a reír y le dijo: «Es tu idea de la riqueza. No vayas de nuevo; nunca lo encontrarás, porque a lo largo de la orilla del río había muchos diamantes. No eran piedras, eran diamantes. Pero no los viste». Entonces el hombre recordó, como si hubiera visto algo a través de su sueño, algo tenue, vago, nublado. Lo cierto era que había visto algo. Sí, había visto muchas piedras que brillaban bajo el sol matinal. Pero él tenía su propia idea de la riqueza, y eso era demasiado.

Juan tenía su propia idea de la revolución, de lo que era la religión. Comenzó a sospechar. Pero ese día, cuando Jesús fue bautizado, él fue un testigo. Había visto la apertura de los cielos.

> En cuanto Jesús fue bautizado, salió del agua.
> En ese momento se abrió el cielo,
> y vio al Espíritu de Dios bajar como una paloma
> y posarse sobre Él.

La paloma es uno de los símbolos más antiguos del silencio, de la paz, la pureza y la armonía. ¿Has visto una paloma descendiendo? Mira una paloma descender, en el descenso mismo sentirás un silencio que envuelve a la paloma. Por eso se ha convertido en un símbolo. Y Jesús es la paz, el silencio. No es la guerra, no es la revolución en el sentido ordinario de la palabra, no es la violencia. Él es el hombre más humilde y más puro que haya vivido jamás sobre la Tierra.

El bautismo de agua siempre trae el descenso del espíritu más puro, que te rodea siempre, justo en el momento en que estés preparado descenderá sobre ti. Llueve todo el tiempo, pero tu olla está al revés. No puedes recoger la lluvia porque la olla está al revés. Pero cuando tu olla esté hacia arriba, se llenará de inmediato. En la iniciación profunda, el maestro trata de poner tu olla hacia arriba.

En Occidente, la ciencia de la iniciación se ha perdido por completo. En Oriente también está casi perdida. En Occidente se ha perdido porque nunca existió en su totalidad, solo en fragmentos que llegaron de Oriente. En Oriente se ha perdido porque se ha convertido casi en una cosa muerta: todo el mundo lo sabe, y al mismo tiempo, nadie lo sabe. Se ha convertido en un negocio: vas y puedes ser iniciado por cualquier persona.

La iniciación no es tan fácil. Solo puedes ser iniciado por alguien que ha alcanzado al menos el primer satori, el primer *samadhi*. Hay tres satoris. El primero significa que has tenido una visión lejana: has visto el Himalaya lejos, muy lejos, brillando en el sol. Ese es el primer satori. El segundo es cuando has llegado a la cima. Ya has llegado. Y el tercer satori es cuando tú y el pico se han convertido en uno solo. Ese es el último, el samadhi final. La persona que te inicie tendrá que haber alcanzado al menos el primero. De lo contrario, será una iniciación falsa. Esto le corresponde al maestro: haber alcanzado el primer satori. Y lo mismo es necesario por parte del discípulo, porque a menos de que el discípulo esté listo, a través de una profunda meditación y purificación, a través de una profunda catarsis y limpieza, incluso si el maestro está presente, no le permitirás que ponga tu olla hacia arriba. Te resistirás, no te rendirás, no tendrás una actitud de renuncia.

El discípulo debe tener una profunda confianza; solo entonces puede el maestro hacer algo en el ser interior del discípulo. Es un gran cambio, una conversión. Eso es lo que se necesita por parte del discípulo. Solo entonces es posible la iniciación.

Acabo de leer una historia sobre un peregrino que fue a ver a Bayazid, un gran maestro. El peregrino le dijo: «Permíteme ser parte de tu familia». Bayazid respondió: «Pero hay requisitos que debes cumplir. Si realmente quieres ser un discípulo, tendrás que hacer muchas tareas». «¿Cuáles son los deberes?», le preguntó el peregrino. El maestro le dijo: «En primer lugar, el invierno está llegando. Tendrás que ir al bosque y cortar y apilar leña para el invierno. Luego, comenzarás a trabajar en la cocina. Y después de eso, te diré lo que debes hacer». El hombre preguntó: «Pero yo estoy buscando la verdad. ¿Cómo habría de ayudarme el hecho de trabajar en el bosque y cortar leña?, ¿qué relación hay entre cortar leña y alcanzar la verdad?, ¿y trabajar en la cocina?, ¿qué quieres decir? Yo soy un peregrino».

El maestro le dijo: «Entonces busca en otro lugar, porque tendrás que escucharme. Y tendrás que cumplir la exigencia por absurda que sea. Así estarás listo para renunciar. Sé que cortar leña no tiene nada que ver con la verdad, pero prepárate para cortarla, porque el maestro lo ha dicho, tiene algo que ver con la verdad. Sé que trabajar en la cocina no tiene nada que ver con la verdad: muchas personas trabajan allí, todas las amas de casa lo hacen. Si ese fuera el camino, todo el mundo lo habría logrado. No tiene nada que ver con la verdad, pero cuando yo digo que tienes que hacerlo, tienes que hacerlo con un amor y una confianza profundas. Esto te preparará, esto tiene algo que ver con la verdad. Pero no puedo revelarte eso ahora, tendrás que esperar». El peregrino dijo a regañadientes: «De acuerdo, pero también me gustaría saber cuáles son los deberes de un maestro». «El deber del maestro es sentarse y ordenar», respondió. El discípulo señaló: «Entonces, ayúdame, por favor, a ser un maestro, enséñame a ser un maestro. Estoy listo».

El ego siempre está buscando su propia grandeza. Y el ego es la barrera. Por culpa del ego, la olla está al revés. La lluvia sigue cayendo y tú permaneces vacío.

Por parte del discípulo, la iniciación consiste en dejar que el maestro haga lo que tenga que hacer, sin imponerle condiciones. Y por parte del maestro, la iniciación solo es posible cuando haya alcanzado al menos el primer satori. De lo contrario, puedes ser iniciado por mil y un maestros y no obtendrás nada. Cuando estos dos requisitos se cumplen, entonces hay una comunión entre el maestro y el discípulo.

Esta comunión sucedió ese día. Jesús se «abrió», como dicen los que creen en el Subud. Jesús fue «abierto» por Juan Bautista y el espíritu de Dios descendió sobre Él como una paloma: «Y una voz del cielo decía: este es mi Hijo amado; estoy muy complacido con Él».

Esto sucede siempre. Cada vez que alguien se abre al cielo, siempre lo escucha en el fondo del corazón; resuena: Este es mi Hijo amado; estoy muy complacido con Él. El cristianismo ha interpretado esto de manera errónea. Creen que Jesús es el hijo único de Dios, y eso es una tontería. Toda la existencia proviene de Dios, toda la existencia está relacionada con Dios, así como un hijo con el padre.

Hay que entender un par de cosas: habría sido mejor si hubiéramos pensado en Dios como una madre, porque el hijo tiene una relación más profunda con la madre. Vive en el útero, es parte de la madre, incluida la sangre, los huesos, la carne y todo lo demás. Pero hay también un significado muy importante en el pensamiento de Dios como un padre. No carece de fundamento.

El padre es indirecto, la madre es directa. Tú sabes quién es tu madre, pero simplemente crees quién es tu padre. Una madre sabe exactamente que tú eres su hijo, pero el padre simplemente lo cree. El padre es indirecto, la madre es muy directa. Y Dios no es completamente directo, es muy indirecto. Él te engendró, y eso significa que estás relacionado con Él, pero la relación está basada en una confianza, en una creencia, en una fe profunda. Solo conocerás a tu padre cuando confíes en él.

La madre es más un hecho científico y empírico. El padre es más un hecho poético, no tan empírico. La madre está muy cerca; de hecho, demasiado cerca, pero el padre está muy lejos, en algún lugar en el cielo. Sentir a la madre es instintivo; pero hay que aprender a sentir al padre. La madre ya está ahí, pero Dios tiene que ser descubierto. Por lo tanto, el símbolo del padre también es muy significativo; contiene algunos significados ocultos.

Pero siempre que a alguien le sucede que el corazón se abre y la paloma desciende, siempre escuchará esto: este es mi Hijo amado; esto es muy complacido con Él. ¿Por qué Dios está complacido? Porque tú has regresado a casa. Te habías extraviado, hiciste todo tipo de cosas irrelevantes para tu ser. Pero te has arrepentido y has regresado a casa.

Toda la existencia se complace cada vez que alguien se convierte en un Cristo o en un Buda, toda la existencia celebra, ya que si una sola persona se convierte en un Buda o en un Cristo, toda la existencia se vuelve más consciente y alerta de algún modo.

Ciertamente, el mundo era diferente antes de Jesús que después de Él. Los árboles son más alertas después de Jesús y las rocas están más vivas después de Jesús, porque su conciencia, la consecución de su conciencia, se ha extendido por toda la existencia. Tiene que ser así. Las flores germinan más. Es probable que no sean conscientes, pero la calidad misma de todo ha cambiado. Si una sola gota de conciencia alcanza a Dios, el océano no podrá ser el mismo. Esa única gota ha elevado el ser al todo, y la calidad es diferente.

No podrías concebirte a ti mismo si no hubieran existido un Buda y un Cristo, un Krishna. Basta con retirar doce nombres de la historia y toda ella desaparecerá. Y entonces la humanidad no estará ahí. De hecho, la existencia tal como la conoces ya no estará ahí. Estarás mucho más dormido e inconsciente, te habrás extraviado mucho más. Serás mucho más violento y agresivo: el rayo de amor que late en tu corazón no estará ahí, la gracia que a veces aflora a tus ojos no estará ahí. Tus ojos serán más como los de los animales, feroces y violentos.

Pero cuando ha existido un Jesús, sus ojos se vuelven parte de tus ojos; una parte muy pequeña, pero a veces sucede que esa parte se extiende por todos los ojos y vemos la existencia de un modo totalmente diferente. El mundo sigue siendo el mismo, pero tus ojos han cambiado, y todo cambia con ellos. Una parte muy pequeña de tu corazón se ha convertido en Buda con Buda, en Cristo con Cristo, en Krishna con Krishna. Sé que es una parte muy pequeña, pero ella te ofrece la posibilidad de crecer.

Mira la parte que han aportado Cristo o Buda a lo más profundo de tu interior. Protégela, ayúdala a crecer, sacrifica todo lo que tienes para que crezca, y estarás en la senda correcta. Deja que triunfe esa parte, deja que alcance la victoria, deja que el Galileo que hay en ti salga triunfante, e inmediatamente, dondequiera que esa parte alcance la victoria, tú también escucharás: Y hubo una voz del cielo que decía: este es mi Hijo amado; estoy muy complacido con Él.

Es todo por hoy.

Capítulo 4

UN EQUILIBRIO MUY PROFUNDO

La primera pregunta:

Osho, una sola sesión de tu Meditación Dinámica me ha producido una mayor felicidad y un sentido del ser que la que hubiera tenido al escuchar durante veinte años las historias del Nuevo Testamento o al orar a un Dios todopoderoso y distante, que siempre fue un Godot que yo no podía experimentar. ¿Es posible que las enseñanzas de Jesús, además de ser útiles a todos los que lo buscan, también pudieran ser tóxicas, al menos para algunos?

No se debe confundir al cristianismo con Cristo. Cristo es totalmente diferente del cristianismo, así que siempre que quieras entender a Cristo, acude a Él directamente y de inmediato; no a través de Roma, porque entonces nunca lo entenderás. Cristo, Krishna o Buda no pueden ser organizados: son tan grandes que ninguna organización puede hacerles justicia. Solo las pequeñas cosas pueden organizarse.

La política puede ser organizada, pero no la religión. El nazismo se puede organizar, el comunismo se puede organizar, pero no Cristo ni Krishna. Su inmensidad es tal que en el momento en que intentes imponerle un patrón por la fuerza, los matarás. Es como si intentaras agarrar el cielo con tus pequeñas manos y los puños cerrados. Puedes tocar el cielo con la mano abierta, pero este se escapará si tienes el puño cerrado.

Todo lo que hemos escuchado sobre Jesús no es sobre Él, el hombre real, sino sobre el Jesús que los cristianos han inventado y decorado para venderlo en el mercado. El Jesús cristiano es una mercancía que se vende. Cristo mismo es una revolución. Tú tendrás que ser transformado a través de Él; Él es un bautismo de fuego. Tú puedes ser cristiano de un modo acomodaticio. Pero nunca se puede ser un verdadero cristiano de un modo acomodaticio.

Si realmente estás siguiendo a Jesús, se presentarán problemas con seguridad. Él terminó en la cruz, así que tú no puedes terminar en el trono. Pero no habrá problemas si sigues al cristianismo; es una forma muy acomodaticia de adaptar a Cristo a ti, en lugar de que tú te adaptes a Él. Si te adaptas a Cristo habrá una transformación; si adaptas a Cristo a ti mismo, no podrá haber ninguna. Entonces, Cristo mismo se convertirá en parte de la decoración de tu prisión, en una parte de tu mobiliario, de tu automóvil, de tu casa. Será una conveniencia a lo sumo, pero no estarás relacionado con Él. Por eso crees haber desperdiciado veinte años.

Lo mismo me sucederá a mí. Tienes suerte de estar meditando conmigo. Cuando yo me haya ido, la meditación será organizada; es imposible evitarlo, es así como suceden las cosas. Entonces lo harás durante veinte años, o doscientos, y no pasará nada. Esto no se da a través de la técnica, la técnica está muerta. Se da por el amor que sientes por mí, que yo tengo por ti. La técnica es solo una excusa, no es lo más importante. Lo más importante es tu amor, tu confianza. En esa confianza, la técnica funciona y surte efecto, se hace viva y echa raíces en tu corazón.

Todo es organizado tarde o temprano: la oración, la meditación, todo. Entonces la gloria se pierde. Puedes seguir haciéndolo, y alcanzar una perfección y una destreza absolutas. Podrá darte algún tipo de consuelo, pero la mutación ya no estará disponible. Tú seguirás siendo el mismo, una continuidad. No será un bautismo: no morirás y no renacerás. De ahí mi insistencia en la búsqueda de un maestro realmente vivo. Las Escrituras están ahí.

Hubo un tiempo en que los ríos fluían, pero ahora están congelados, perdidos en la tierra desértica de las iglesias, templos y organizaciones. La poesía ya no palpita en ellos, son dogmas muertos, argumentos; el amor ha desaparecido. Recuerda siempre esto: si puedes encontrar un maestro vivo, olvídate de todas las Escrituras. El maestro vivo es la única escritura que está viva. Lee su corazón y deja que tu corazón sea leído por él. Permanece en comunión: ese es el único camino.

Jesús trabajó del mismo modo en que tú percibes que yo lo hago, pero han pasado veinte siglos. Los primeros discípulos que acudieron a Él, arriesgaron sus vidas, abandonaron todo lo que tenían, se fueron con este hombre y lo arriesgaron todo. Valió la pena. Este hombre era un tesoro del mundo; era desconocido. Nada era demasiado para ellos. Hacían todo lo que Él les pedía. Y tuvieron la oportunidad de caminar con un Dios en la Tierra, de estar en una afinidad estrecha con la divinidad. Otros decían: «Este hombre está equivocado», pero quienes estaban cerca de Él sabían que solo este hombre estaba en lo cierto; y si este hombre no lo estaba, entonces nada podría estar en lo cierto y no podía existir lo «correcto». Crucificaron a ese hombre, pero los que estaban cerca sabían que no se le podía crucificar. Este hombre ya había entrado en la inmortalidad, este hombre se había convertido en parte de sus almas inmortales. Puedes matar el cuerpo, pero no el espíritu. Habían vivido, caminado y respirado en el ser de este hombre; se transformaron. No fue una cuestión de técnica. Ellos oraron con este hombre, pero lo real no era la oración, lo real era simplemente estar en presencia de este hombre. Este hombre tenía una presencia.

¿Han observado algo? Muy pocas personas tienen lo que llamamos presencia. Rara vez te encuentras con una persona que tiene presencia, algo indefinible que lo rodea, algo que se siente súbitamente, pero que no se puede nombrar, algo que te llena, pero es inefable, algo muy misterioso y desconocido. No puedes negarlo, no puedes demostrarlo. No es el cuerpo, porque todo el mundo tiene un cuerpo; no es la mente, porque todo el mundo tiene una mente: A veces, un cuerpo muy bello puede estar ahí, tremendamente hermoso, pero la presencia no está ahí. A veces, un genio de la mente está ahí, pero la presencia no, y a veces pasas al lado de un mendigo y te sientes lleno, tocado, sacudido: una presencia.

Los que estaban en presencia de Jesús, los que estaban en su *satsang*, aquellos que vivían cerca, los que vivían en su entorno, lo respiraban a Él. Si me permiten decirlo, quienes lo bebieron y lo comieron, los que le permitieron entrar en sus santuarios más íntimos se transformaron, no fue por medio de la oración. La oración era solo una excusa para estar con Él. Eso habría sucedido incluso sin la oración, pero sin la oración no podrían haber encontrado una excusa para estar con Él.

Ustedes están aquí conmigo. Y yo invento meditaciones para ustedes. Solamente son excusas para que ustedes puedan estar un poco más aquí, para que puedan permanecer a mi alrededor, porque nadie sabe cuándo mi presencia los tocará. Nada se puede decir al respecto, no puede ser manipulado. Esto sucede cuando sucede, nada se puede hacer directamente para que ocurra esto: solo estar aquí. Sucederá incluso sin meditar, pero sin meditar, ustedes no tendrían ninguna excusa para estar aquí.

Yo hablo con ustedes. Puede suceder aunque yo no hablara, pero si no hablo, ustedes se irán yendo porque ya no tendrán una excusa. ¿Qué estás haciendo aquí? Tengo que darles algo que hacer para que ustedes puedan ser. Tengo que involucrarme y ocuparlos para que no se sientan inquietos. Todo provendrá de otra dimensión, pero si estás ocupado, esa dimensión permanece abierta. Si no estás ocupado, te sentirás muy inquieto. Todas las meditaciones, oraciones y métodos son juguetes inventados para que los niños jueguen con ellos, pero eso es útil, muy importante. Si estás ocupado, tu santuario más íntimo estará abierto para mí; no te sentirás inquieto y estarás meditando, y entonces podré hacer mi trabajo. No sería apropiado decir que hago mi trabajo, entonces comenzará a suceder.

Tienes razón; veinte años de enseñanzas cristianas, de escuchar las historias del Nuevo Testamento, pueden haber sido inútiles, pero no porque las historias sean inútiles, ya que son excelentes. La poesía del Nuevo Testamento, la poesía de toda la Biblia es algo que no es de este mundo. Hay grandes poetas: Shakespeare y Milton y Dante, pero ninguno puede superar a la Biblia. Su poesía es tremendamente sencilla, pero tiene una cualidad que no tiene la poesía común. Contiene asombro, y esa es una cualidad religiosa.

¿Han visto alguna vez una flor hermosa? Puedes apreciarla, tiene una calidad estética. La observas y sigues adelante. Puedes ver una cara bonita, incluso la cara de una Cleopatra, las líneas, las proporciones, el cuerpo escultural, pero eso también es estética. Y a veces te encuentras con un par de cosas o con unos pocos seres que inspiran no solo apreciación estética, sino también respeto. ¿Qué es el asombro? Dejamos de pensar cuando estamos frente a algo o alguien. Tu mente no puede con eso. Puedes hacerle frente a una Cleopatra, incluso a un Einstein, independientemente de lo abstruso, abstracto y difícil. Es posible que solo se requiera un poco más de entrenamiento de la mente, pero cuando te encuentras con un Jesús o un Buda, la mente se desinfla, se atasca. Algo es demasiado para ella. No puedes pensar en nada, te sientes en una profunda conmoción y, sin embargo, la conmoción es feliz. Es algo impresionante.

La Biblia contiene asombro: la cualidad de detener tu mente por completo; pero eso es algo que tendrás que alcanzar directamente. El misionero, el sacerdote, el obispo lo destruyen porque empiezan a interpretar. Ponen sus mentes en eso y sus mentes son mediocres. Es como si estuvieras viendo algo tremendamente hermoso en la mente de un hombre muy estúpido. O como si te estuvieras mirando en un espejo completamente roto y oxidado, que no puede reflejar con precisión, y te miras en el espejo y ves la Luna distorsionada. Así es como ha estado sucediendo.

La Biblia es uno de los mayores acontecimientos del mundo. Es muy pura, más que el Bhágavad-guitá, porque el Bhágavad-guitá es muy refinado. Las personas que lo escribieron eran muy cultas y educadas y, por supuesto, cada vez que una cosa es muy refinada, se vuelve etérea y sobrenatural. La Biblia está arraigada en la Tierra. Todos los profetas de la Biblia son hombres terrenales. Incluso Jesús es mundano, es hijo de un carpintero, sin educación, y no sabe nada de estética ni de poética. Si habla de poesía, es porque Él es, sin saber nada de ella, un poeta. Su poesía es cruda y salvaje. Jesús tiene algo de campesino: la sabiduría, pero no el conocimiento. No es un hombre de conocimiento, ninguna universidad estaría dispuesto a otorgarle un doctorado *honoris causa*; no. No encajaría en Oxford ni en Cambridge, se vería muy ridículo con túnicas y gorras de payaso. Se vería muy risible, no encajaría. Él pertenece a la tierra, al pueblo, a la gente común y corriente.

La otra noche estaba leyendo una pequeña historia de Arabia:

Un hombre murió. Tenía diecisiete camellos y tres hijos y dejó un testamento en el que, cuando fue abierto y leído, se decía que la mitad de los camellos eran para el primer hijo, una tercera parte para el segundo y una novena para el tercero. Los hijos estaban desconcertados. ¿Qué hacer? Diecisiete camellos: la mitad era para el primer hijo. ¿Cortar un camello en dos? Y eso tampoco resolvería mucho, porque la tercera parte era para el segundo. Eso tampoco sería de mucha ayuda, pues la novena parte era para el tercero. Tendrían que matar a casi todos los camellos.

Como era de esperarse, fueron a hablar con el hombre más informado de la ciudad: el *mulá*, el experto, el erudito, el matemático. Él meditó largamente en este asunto y se esforzó, pero no pudo encontrar ninguna solución, porque las matemáticas son las matemáticas. Les dijo: «Nunca he dividido camellos en mi vida, todo esto parece una tontería. Pero ustedes tendrán que cortarlos. Tienen que hacerlo si quieren seguir el testamento con exactitud; tienen que dividirlos». Los hijos no estaban dispuestos a cortar los camellos, ¿qué harían ahora? Entonces alguien les sugirió: «Es mejor que vayan a hablar con alguien que sepa de camellos, y no de matemáticas». Así que fueron a consultarle al jeque de la ciudad, un hombre de edad y sin educación, pero a quien la experiencia le había dado sabiduría. Los hijos le contaron su problema. El viejo se echó a reír. Les dijo: «¡No se preocupen. Es muy simple». Les prestó uno de sus camellos. Ahora había dieciocho camellos, y entonces los dividió. Nueve camellos le fueron entregados al primer hijo, que estuvo muy satisfecho. Seis camellos le fueron entregados al segundo, una tercera parte, y también quedó muy satisfecho. Y dos camellos le fueron entregados al tercero, la novena parte, y se sintió igualmente satisfecho. Quedó un camello, el mismo que el jeque les había prestado. Tomó su camello y les dijo: «Pueden irse».

La sabiduría es práctica; el conocimiento es poco práctico. El conocimiento es abstracto, la sabiduría es terrenal; el conocimiento es solo palabras, la sabiduría es la experiencia.

La Biblia es muy simple. No se dejen engañar por su sencillez. En su simplicidad, contiene la sabiduría de todas las épocas. Es muy poética; yo nunca he encontrado nada que sea más poético que la Biblia. Uno puede disfrutar simplemente de ella una y otra vez, uno puede seguir repitiendo las palabras de Jesús. Estas vienen del corazón y van al corazón. Pero no lo hacen a través de un mediador. Los mediadores son mediocres y lo arruinan todo. He leído muchos comentarios sobre la Biblia, pero nunca he encontrado uno solo que sea inteligente. Todos ellos destruyen. Nunca he visto un solo comentario de ningún teólogo que le haya añadido algo a la Biblia, que haya hecho que su gloria sea más evidente. Ellos la oscurecen. Y está destinado que sea así. Solo un hombre de la calidad de Jesús puede revelar su verdad, solamente un hombre de la calidad de Jesús puede realzar su belleza. Las personas que viven en los valles oscuros y las personas que viven en las cumbres soleadas del Himalaya no entienden el idioma del otro. Cuando el hombre de la cima habla y el hombre del valle interpreta, todo sale mal.

Sí, está bien: tus veinte años pudieron haber sido en vano. Pero será todo un malentendido si crees que Jesús no es para ti. Jesús es para todos, esa no es la cuestión. Pero toma el camino directo: sé más meditativo, ora más y ve directo. Y olvida todo lo que te han dicho sobre la Biblia; basta con ella.

En cierto sentido, si quieres entender los Upanishads, puede ser difícil comprenderlos directamente porque son muy refinados. Las personas que hablan en los Upanishads eran grandes filósofos y necesitan comentarios. Pero Jesús es simple, su verdad es simple. Él es un campesino común y corriente, no es necesario ningún comentario. Él es su propia luz. Y si no puedes entender a Jesús, entonces ¿a quién podrás entender? Desecha todos los comentarios tontos. Ve directo a Él. Jesús es tan simple que puedes tener un contacto directo con Él.

No estoy comentando a Jesús, simplemente estoy respondiendo. Yo no soy un comentarista. Para ser un comentarista hay que hacer un trabajo muy feo. ¿Por qué debería comentar a Jesús? Él es simple, es absolutamente simple, así como dos más dos son cuatro; es así de simple. Así como el Sol sale en la mañana y todo el mundo sabe que ya ha amanecido. Él es así de simple. No estoy comentando sobre Él, te estoy respondiendo. He leído sus palabras: algo hace eco en mí. Eso no es un comentario. Mi corazón palpita con Él, algo paralelo hace eco en mí, y yo te digo qué es. Así que no tomes mis palabras como comentarios. No estoy tratando de explicarte a Jesús, no es necesario. Simplemente estoy reflejando. Te estoy contando mi corazón. Estoy diciendo lo que me pasa cuando escucho a Jesús.

La segunda pregunta:

Osho, durante tus conferencias, descubro con frecuencia que una parte de mí espera tu mirada. Cuando finalmente me miras, algo en mí se escapa. La sensación es como estar en un desierto, esperando una eternidad a que venga un poco de agua, y cuando finalmente llueve, mi boca se cierra. ¿Por qué me sucede esto?

No necesitas pensar que hay un gran secreto en eso: es solo la mujer, solo la mujer que hay dentro de ti. Ese es el camino de la mujer. Ella espera algo, ella atrae algo, pregunta, invita algo y, cuando finalmente llega, ella se asusta y escapa. Es la manera de todas las mujeres. Y a menos que tú lo entiendas y lo elimines, toda tu vida será miserable.

Tú atraes inicialmente, y cuando lo que has invitado viene a ti, sientes miedo y huyes. Esto es lo que he observado: que la mente femenina pide algo, pero cuando llueve, nunca está ahí para recibirla. Entonces, la mente femenina se convierte en una espera larga y sin fin. El cumplimiento era posible a cada momento, pero siempre que se acerca, la mujer se asusta. La mujer pide amor y tiene miedo del amor, porque cuando el amor llega, trae la muerte con él. El amor tiene que traer la muerte, porque solo entonces puedes renacer. No hay otra manera.

Voy a leer la pregunta de nuevo: «Durante tus conferencias, descubro con frecuencia que una parte de mí espera tu mirada. Cuando finalmente me miras, algo en mí se escapa». Tú esperas mi mirada. Un profundo amor surge en ti, una espera. Pero cuando mi mirada viene a ti, trae la muerte. Entonces sientes miedo y escapas, porque estabas esperando al amor y la mirada trae la muerte. También trae amor, pero el amor y la muerte son dos aspectos de la misma mirada. Si realmente te amo, tengo que ser la muerte para ti. No hay otra manera, el amor no puede suceder de otro modo. Y cuando la mirada penetra en ti, algo se encoge, se escapa. Algo huye y se asusta.

Entonces mi mirada se mueve y tú te sientes bien esperándome de nuevo. No hay otro secreto en esto: solo la mujer. Y no deberías malinterpretarme cuando digo «la mujer». Muchos hombres se comportan como una mujer.

En el amor, todo el mundo se comporta como una mujer. Te gustaría dar un salto hacia lo desconocido, pero no quieres renunciar a lo conocido. Quieres ir en dos barcos al mismo tiempo, pero ellos avanzan en dimensiones diferentes, diametralmente opuestas. Quieres ser tú misma, pero también te gustaría tener una nueva vida. Pides lo imposible. Te quieres aferrar a todo lo que tienes, y también te gustaría crecer, y este aferramiento te impide crecer. No; no es posible tener las dos cosas al mismo tiempo.

Cuando esperas que yo te mire, tú esperas como eres, pero cuando llego y llamo a tu puerta, he ido a destruirte como eres, porque sé que solo entonces lo oculto que hay en tu interior será liberado. Entonces, te asustas.

A las personas les gusta la libertad, pero también tienen miedo. Piensan en la libertad cuando no la tienen; sueñan con ella, fantasean, pero cuando la libertad llega sienten miedo, pues ser libre trae consigo muchas cosas más de lo que pensaban. La libertad trae inseguridad. La libertad trae aventura, pero también inseguridad. La libertad trae un cielo más grande, te da alas, pero un cielo más grande puede ser peligroso también. La libertad es muy peligrosa. Vivir en libertad es vivir peligrosamente. Tú vienes a mí buscando la libertad, pero en el fondo veo que también dices: «No nos hagas libres; por favor, no nos empujes a la libertad. Deja que nos aferremos a ti, que dependamos de ti». Y seguirás pidiendo y orando: «Danos la libertad». Con una mano preguntas, con la otra niegas; una parte de ti dice que sí, otra parte de ti dice que no.

¿Has visto tu mente? Dice sí y no al mismo tiempo. Tal vez dices una cosa un poco más alto y la otra no tan fuerte, tal vez eres muy astuta y no escuchas lo segundo cuando dices lo primero. Presta atención; cada vez que dices sí, el no asoma por un lado. Y entonces estás en un conflicto continuo. Te gustaría que yo llamara a tu puerta, pero luego la cierras porque yo vendré como soy, no como me esperabas. Vendré como soy, no según tus sueños.

Recuerda siempre encontrar las pequeñas causas para encontrar las cosas que suceden en ti y a tu alrededor. A veces comienzas a preguntar por razones muy profundas y grandes que no están allí, particularmente en Occidente, debido a los 200 años de psicología, y a la formación en psicología y psiquiatría. El conocimiento de la psicología se ha convertido en un conocimiento común, todo el mundo lo sabe. Las personas excavan profundamente en las cosas pequeñas donde no hay mucho; únicamente hechos, y entonces sacan conclusiones que no tienen mucha relación.

Esta mañana estaba leyendo una anécdota:

Un psicoanalista y un amigo estaban de pie, mirando el cielo a través de la ventana y hablando de algo. El psicoanalista dijo: «¡Notable!, ¡mira!». Algo estaba sucediendo. Un edificio iba a ser demolido y unos pocos obreros trabajaban con carretillas.

Él dijo: «Doce personas están trabajando con carretillas; once las están empujando y una las está halando. Once empujan, uno hala: tiene que haber una explicación para ello. Debe haber alguna inhibición muy arraigada en ese hombre. O tal vez algo le sucedió en la infancia con sus padres, algo que tiene que ver con su origen. Debe haber algún problema profundamente arraigado. Tenemos que ir a preguntarle». Entonces, bajaron. Detuvieron al obrero que estaba tirando de la carretilla detrás de él y el psicoanalista dijo: «Por favor, simplemente ayúdanos a descubrir algo muy arraigado en ti. Once personas están empujando sus carretillas delante de ellos, pero solo tú estás tirando las carretillas. Debe haber alguna explicación para ello. Algo tremendamente traumático que ha ocurrido en tu infancia, una profunda represión, obsesión, compulsión, algunos complejos. Por favor, dinos algo al respecto, ¿qué sientes?».

El obrero los miró y dijo: «Simplemente detesto mirar esa cosa, eso es todo. Por eso las estoy cargando de espaldas»

No hay nada en ello, eres solo una mujer. Ve más allá. El hombre tiene que ir más allá de su masculinidad y la mujer tiene que ir más allá de su feminidad. Y si no eres hombre ni mujer, entonces podrás permitir que mi vista llegue a lo más profundo de tu ser. Entonces podrás abrir tus puertas. Entonces mi llamado no quedará sin respuesta.

La tercera pregunta:

Osho, seguramente lo que sucede en el instante de la muerte por ahogamiento es la verdadera explicación del bautismo de Jesús a manos de Juan. ¿La destreza y la fortaleza del bautista no consiste en llevar a un hombre a ese punto, y la preparación de la que hablaste anteriormente no fue empleada para que un hombre fuera transformado por la experiencia en lugar de sentirse aterrorizado?

Sí, es exactamente así. El bautismo solo es posible cuando estás preparado para morir. Ese es el significado simbólico: que Juan Bautista acostumbraba llevar a sus discípulos al río cuando estaban preparados para morir, cuando estaban preparados para renunciar, cuando ellos estaban preparados para fluir con el río. Cuando la resistencia fue vencida, cuando ellos dejaron de pelear, cuando toda la resistencia para sobrevivir había desaparecido, solo entonces los llevó al río. Ellos estaban preparados para que él los ahogara, para ser asesinados por él.

Hay una historia que me gustaría contarles sobre el jeque Farid, un místico *sufí*:

Él se dirigía a tomar su baño matinal en un río. Un peregrino lo siguió y le preguntó: «Por favor, espera un minuto. Te ves tan lleno de lo divino, pero yo ni siquiera siento el deseo de eso. Te ves tan exaltado que solo con verte he llegado a pensar que debe haber algo en ello. Eres tan feliz y dichoso y yo soy tan miserable, pero incluso el deseo de buscar lo divino no está ahí. ¿Qué debo hacer?, ¿cómo crear el deseo?».

Farid miró al hombre y le dijo: «Ven conmigo. Voy a tomar mi baño matinal. Toma un baño conmigo en el río y tal vez, mientras te bañas, la respuesta pueda aparecer. De lo contrario, nos veremos después del baño». El hombre se sorprendió un poco. El jeque Farid parecía estar ligeramente loco: ¿cómo iba a responderle mientras tomaba un baño? Pero nadie conoce los caminos de los místicos, y el hombre lo siguió. Ambos entraron en el río y cuando el peregrino se estaba bañando, Farid saltó sobre él y lo sumergió en el agua. El hombre empezó a sentirse inquieto. ¿Qué tipo de respuesta era esa? Al principio pensó que Farid estaba bromeando, pero pronto se volvió peligroso, ¡no quería soltarlo!

El peregrino opuso una gran resistencia. Farid era muy fuerte y robusto y el peregrino era muy delgado, tal como suelen serlo. Pero cuando la vida está en juego, incluso ese hombre delgado consiguió soltarse de Farid, saltó sobre él y le dijo: «¿Eres un asesino?, ¿qué haces? Soy un hombre pobre. Simplemente he venido a preguntarte cómo puede surgir el deseo en mi corazón con el fin de buscar lo divino, y ¡tú ibas a matarme!».

Farid le dijo: «Espera. Primero te haré unas preguntas. Cuando te estaba hundiendo en el agua, tú te estabas ahogando, ¿cuántos pensamientos estaban en tu mente?». «¿Cuántos? Solo uno, salir de nuevo al aire para respirar», respondió el peregrino. «¿Cuánto tiempo duró ese pensamiento?», le preguntó Farid. El hombre dijo: «No mucho tiempo, porque mi vida estaba en juego. Puedes darte el lujo de pensar cuando no hay nada en juego. Mi vida estaba en peligro: incluso ese pensamiento desapareció. Entonces, salir del río no era una idea, era todo mi ser».

Farid le mencionó: «Tienes que entender. Esta es la respuesta. Si te sientes sofocado en este mundo, presionado por todos lados, y si sientes que nada va a pasar en este mundo, excepto la muerte, el deseo de buscar la verdad, a Dios o a lo que sea, surgirá. Y eso tampoco durará mucho tiempo. Poco a poco ese deseo dejará de serlo y se convertirá en tu ser. La sed misma se convierte en tu ser. Te he mostrado el camino», dijo Farid. «Ahora, puedes irte».

Solo trata de entender toda la situación mundial: si te está destruyendo, sal de ella. La verdadera pregunta no es cómo buscar a Dios; la verdadera pregunta es cómo entender que allí donde tú crees que está la vida, no hay vida, únicamente muerte.

Juan Bautista, o cualquiera que haya bautizado a otra persona, que haya iniciado a otro, que haya llevado a alguien al mundo de la verdad que brota del mundo de los sueños, tiene que prepararse para la muerte. Sí, ese es el significado. Por medio del bautismo, él quería decir: «Tu antiguo "yo" se ha ido con el río, ya no eres el mismo. Una nueva identidad ha surgido y ahora tienes un nuevo núcleo. Actúa por medio de él y no por medio del pasado». Lo mismo se hace a través de la iniciación por el fuego.

En la India se ha utilizado tradicionalmente la iniciación por el fuego y no por el agua. Unas cuantas corrientes secundarias han utilizado el bautismo con el agua, pero la corriente principal de la India ha utilizado el fuego. Así que en la casa de todos los maestros, lo que solían llamar un *gurukul*, siempre había un fuego que ardía continuamente en el centro de la casa, las veinticuatro horas del día. Todas las enseñanzas eran impartidas cerca del fuego. Con el tiempo, el símbolo del fuego se arraigó profundamente en los discípulos.

WITHDRAWN

Hay una hermosa historia en los antiguos Upanishads, cuando Svetaketu, un discípulo muy famoso, estaba con su amo. El maestro esperó durante doce años y no iniciaba aún en los misterios. El discípulo le servía y le servía, cuidando el fuego de la casa, pues tenía que mantenerlo con vida durante las veinticuatro horas. Se dice que el mismo fuego se sintió muy preocupado por Svetaketu. Durante doce años había estado atendiendo el fuego, alimentándolo, trayendo madera del bosque. La historia es hermosa. Se dice que el fuego se preocupó. Incluso el fuego empezó a sentir que el maestro era duro e injusto. El fuego sintió compasión por Svetaketu. Entonces habló con la esposa del maestro cuando este se encontraba afuera y le dijo: «Esto está yendo demasiado lejos. Svetaketu ha servido tan silenciosamente durante doce años. Ya se lo ha ganado, el secreto le tiene que ser revelado. Persuade a tu marido».

«Él no escuchará», dijo la mujer. «Si digo algo, él podría ser más severo incluso. No es un hombre a quien se pueda persuadir. Hay que esperar. Él sabe cómo trabajar y cómo no trabajar, qué hacer y qué no hacer, y yo no puedo decir nada».

Se dice que el fuego se preocupó tanto que le reveló el secreto a Svetaketu. Y cuando el secreto fue revelado, el maestro bailó y le dijo: «Svetaketu, estaba esperando. Porque cuando el fuego se revela, eso es algo. Yo estaba obligando al fuego a que él mismo te revelara el secreto; así surgirá la compasión, pues la existencia es compasiva. Yo podría haberte revelado el secreto cualquier día, pero eso no habría sido tan vital, pues habría provenido de mí. Pero ahora las puertas de la existencia se han abierto para ti por la existencia misma. Ahora estás en comunión con el fuego en sí. Has sido iniciado por el fuego».

¿Qué secreto puede darte el fuego? El secreto de la muerte. En la India hemos quemado los cadáveres para que esto se asocie profundamente con la muerte. Incluso aquellos que no son peregrinos también saben que el fuego es el símbolo de la muerte, y que uno muere en él. Pero los que saben y buscan el camino también saben que uno resucita por medio de él: morimos y renacemos. Pero en ambos casos, bien sea a través del agua o del fuego, la muerte es lo esencial. Uno tiene que morir para obtener una vida abundante, uno tiene que cargar su propia cruz. Nadie más puede iniciarte, solo la muerte. La muerte es el maestro. O bien, el maestro es la muerte.

Si estás preparado para morir, entonces nadie puede impedir que vuelvas a nacer. Pero esta muerte no debe ser suicida. Muchas personas se suicidan, pero no resucitan. Una muerte suicida no es una muerte por medio del entendimiento; una muerte suicida es una muerte por medio de un malentendido. Uno muere confuso, en agonía. Mueres obsesionado con el mundo, mueres apegado al mundo. Mueres con una queja. Mira la gente que piensa en suicidarse. No están en contra de la vida. Por el contrario, están tan apegados a la vida que ésta no puede llenarlos. Toman venganza, se quejan. Asesinan, se matan a sí mismos, solo para presentar una denuncia contra toda la existencia y decir que no fue satisfactoria. Ellos se quejan y dicen: «La vida no vale la pena». Pero, ¿por qué no vale la pena vivir la vida? Porque esperaban demasiado, por eso no vale la pena. Pidieron demasiado y no se lo ganaron. Pidieron demasiado y no les fue concedido. Se sienten frustrados. Aquel que está dispuesto a morir sin frustración, al ver la verdad de la vida, al ver que la verdad de la vida es solo un sueño, al ver que la vida no puede cumplir nada. Y por lo tanto, la vida tampoco provocar frustración. El cumplimiento y la frustración son partes de la ilusión de que la vida es real. Quien vea que la vida es irreal, como un sueño, se desapegará. Y entonces llega la renuncia.

En los Upanishads hay un dicho muy importante: *Ten bhunjithah tykten*, los que se han entregado en la vida siempre han renunciado. Esto es muy revolucionario, las implicaciones son enormes. Significa que los que se han entregado en la vida están obligados a renunciar porque han visto la verdad; la vida es falsa. Han indagado en ella y no han encontrado nada. No es que se sientan frustrados, porque si te sientes frustrado eso demuestra que seguías esperando algo. La frustración muestra una profunda expectativa. Aquel que haya sido consciente de que la vida solo puede prometer, pero nunca puede entregar,¡porque es un sueño!, no se siente ni frustrado ni realizado en la vida. Luego, viene la renuncia. La renuncia no es abandonar la vida, la renuncia es ver la vida tal como es. Entonces uno está preparado para morir porque no hay nada en la vida.

Estar preparado para la muerte era el punto al que Juan Bautista llevaba a la gente. Cuando estaban preparados los llevaba al río Jordán y hacía el ritual, el toque final. El ego, la antigua personalidad, desaparecía cuando el agua fluía por las cabezas y por el río. La esencia pura, bañada en un nuevo sentido del ser, con un nuevo misterio de estar vivo, con un nuevo sentido de la existencia, ha nacido.

Obviamente, la muerte puede ser una experiencia muy aterradora o tremendamente hermosa. Todo depende de la actitud. Si te sientes aterrorizado por la muerte, entonces morirás, pero no habrá resurrección. Si la muerte se convierte en una experiencia muy bonita, entonces estarás muriendo y resucitando al mismo tiempo. Por lo general, la muerte es el terror; por eso le tienes tanto miedo a morir. Nada hermoso ocurre en la vida hasta que mueres, pero te sientes aterrorizado. Un maestro tiene que persuadirte poco a poco sobre la belleza de la muerte. Tiene que cantar las glorias de la muerte. Tiene que convencerte lentamente y crear una confianza en la muerte para que te dejes llevar. Y cuando te dejas llevar, nada muere, únicamente el ego. Tú sigues siendo por los siglos de los siglos.

Tú eres la eternidad, no puedes morir, el miedo es absolutamente inútil e infundado, pero el ego tiene que morir. El ego es un fenómeno creado. No existía cuando naciste, la sociedad lo ha creado. La sociedad te ha dado un ego, y ese ego puede ser tomado por la sociedad, y con toda seguridad, ese ego va a ser tomado por la muerte. Tú te irás como habías llegado: con las manos vacías vienes, con las manos vacías te vas. El ego es una ilusión que se interpone. El ego le tiene miedo a la muerte. Cuando comprendes que no vas a morir, solo el ego, solo la enfermedad, entonces estarás preparado. Ya estarás preparado para el bautismo.

La cuarta pregunta:

Osho, dices que la seriedad es una enfermedad. Siempre me recuerdo a mí mismo como alguien serio. ¿Qué debo hacer?

No ser serio al respecto. Deja que así sea, y ríete. Si puedes reírte de ti, todo estará bien. Las personas se ríen de los demás, pero nunca se ríen de sí mismas. Es algo que hay que aprender. Si puedes reírte de ti mismo, la seriedad se habrá ido: no puede habitar en ti si eres capaz de reírte de ti mismo.

En los monasterios zen cada monje tiene que reír. Lo primero que debe hacer en la mañana es reírse. Cuando el monje advierte que ya no está dormido, tiene que saltar de la cama, permanecer de pie como un bufón, como un payaso de circo, y empezar a reír, a reírse de sí mismo. No puede haber un mejor comienzo del día. Reírse de uno mismo mata el ego, y tú eres más transparente y tienes más luz en todo lo que haces. Y si te has reído de ti mismo, entonces no te molestará que los demás se rían de ti. De hecho, simplemente están cooperando, haciendo lo mismo que tú. Te sentirás feliz.

Reírse de los demás es egoísta, reírse de uno mismo es muy humilde. Aprende a reírte de ti mismo, de tu seriedad y cosas por el estilo. Sin embargo, puedes tomarte la seriedad en serio. Entonces, en lugar de una, habrás creado dos enfermedades. También puedes tomarlas en serio y puedes seguir así por siempre. Es algo que no tiene fin, y que puede prolongarse hasta la saciedad. Así que ten cuidado desde el principio. Cuando sientas que eres serio, ríete de ello y mira en dónde está esa seriedad. Ríete con ganas, cierra los ojos y mira en dónde está. No la encontrarás. Solamente existe en un ser que no puede reír. No se puede concebir una situación más lamentable, no puede encontrarse un ser más pobre que el hombre que no puede reírse de sí mismo. Así que empieza por reírte de ti mismo en la mañana, y siempre que encuentres un momento donde no tengas que hacer nada. Ríete sin razón, solo porque todo el mundo es tan absurdo, solo porque tu forma de estar en él es muy absurda. No hay necesidad de encontrar una razón en particular. Las cosas son de tal modo que uno se tiene que reír.

Que la risa sea una risa del vientre, no una cosa embriagadora. Uno puede reírse en la cabeza, pero entonces estará muerto. Todo lo que venga de la cabeza está muerto, la cabeza es absolutamente mecánica. Puedes reírte en la cabeza; tu cabeza creará la risa, pero no profundizará en el vientre hasta el *hara*. No llegará a los dedos de tus pies, ni invadirá todo tu cuerpo. Una risa auténtica tiene que ser así como se ríe un niño pequeño. Mira cómo tiembla su vientre, cómo palpita todo su cuerpo. Quiere rodar por el suelo porque es un asunto de totalidad. Se ríe tanto que empieza a llorar, se ríe tan profundamente que la risa se convierte en lágrimas, las cuales brotan de él. Una risa debe ser profunda y total. Esta es la medicina que prescribo para la seriedad.

¿Te gustaría que te diera una medicina seria? No te ayudaría. Tienes que ser un poco tonto. De hecho, el pináculo más alto de la sabiduría siempre tiene un poco de tontería, los hombres más sabios del mundo también fueron los más tontos. Es algo difícil de entender. Tú no puedes pensar cómo son los tontos, porque tu mente siempre se divide: un hombre sabio nunca puede ser un tonto, y un tonto nunca puede ser un hombre sabio. Ambas actitudes son erróneas. Ha habido grandes tontos que eran muy sabios.

En los viejos tiempos, en la corte de cada rey había un gran tonto: el bufón de la corte. Era una fuerza de equilibrio porque la sabiduría en exceso puede ser tonta, cualquier cosa en demasía puede ser tonta. Se necesitaba a alguien que pudiera llevar las cosas de regreso a la tierra. Las cortes de los reyes los necesitaban para que los ayudaran a reír; los sabios tienden a ser personas serias, y la seriedad es una enfermedad. La seriedad te hace perder las proporciones y la perspectiva. Así que cada rey tenía un tonto en su corte, un gran tonto que decía cosas y cosas y los traía de regreso a la tierra.

Una vez escuché que un emperador tenía un tonto. Un día el emperador se estaba mirando en el espejo. El tonto llegó, saltó y le dio un puntapié en la espalda. El emperador cayó contra el espejo. Obviamente, se enojó mucho y dijo: «Serás condenado a muerte, a menos que puedas darme una explicación para tu acto estúpido, lo cual es más criminal que el acto en sí». El tonto respondió: «Mi Señor, nunca pensé que estuvieras aquí. Pensé que la reina estaba aquí». Tuvo que ser perdonado, porque había dado una razón aún más tonta. Sin embargo, el tonto debe haber sido muy sabio para encontrar semejante explicación.

Todos los grandes sabios, Lao Tsé, Jesús, tienen una cierta clase de locura sublime. Esto tiene que ser así porque, de lo contrario, un hombre sabio sería un hombre sin sal, tendría un mal sabor. También tiene que ser un poco tonto. Entonces las cosas se equilibran. Miren a Jesús, montado en un burro y diciéndole a la gente, «Yo soy el hijo de Dios». ¡Mírenlo! Él debe haber sido las dos cosas al mismo tiempo. Las personas debieron reírse, «¿Qué está diciendo? Decir esas cosas y comportarse de esa manera». Pero sé que así es como aparece la sabiduría perfecta. Lao Tsé dice: «Todo el mundo es sabio, excepto yo. Tal parece que soy un tonto. La mente de todos está clara, solo mi mente parece estar turbia y confusa. Todo el mundo sabe qué hacer y qué no hacer; únicamente yo estoy confundido», ¿Qué nos quiere decir? Él está diciendo que «En mí, la sabiduría y la locura se reúnen». Y cuando la sabiduría y la locura se reúnen hay una trascendencia.

Así que no tomes en serio la seriedad. Ríete de ella, sé un poco tonto. No condenes la tontería, pues tiene su propia belleza. Si puedes ser las dos cosas, tendrás un aura de trascendencia en tu interior.

El mundo se ha vuelto cada vez más serio. De ahí que haya tantos casos de cáncer, enfermedades del corazón, tanta hipertensión arterial y tanta locura. El mundo ha sido obligado a ir a un extremo. Hay que ser un poco tontos también. Reír un poco, ser como un niño. Disfrutar un poco, no tener una cara seria en todas partes y descubrir de un momento a otro que un problema de salud más delicado surge en ti.

¿Alguna vez has oído hablar de un tonto que se haya vuelto loco? Nunca ha sucedido. Siempre he estado buscando un informe sobre un tonto que se haya vuelto loco, pero no he encontrado uno solo. Un tonto no se puede volver loco, porque para estar loco tienes que ser una persona muy seria.

También he estado investigando para ver si los tontos tienden de algún modo a ser más saludables que los llamados sabios. Y es así: los tontos son más saludables que los llamados sabios. Viven en el momento y saben que son tontos, así que no les preocupa lo que otros piensen de ellos. Esa preocupación se convierte en un fenómeno canceroso en la mente y en el cuerpo. Viven mucho tiempo y tienen la última risa.

Recuerden que la vida debe ser un profundo equilibrio. Entonces, justo en el centro, tú escapas. La energía se eleva muy alto y comienzas a moverte hacia arriba. Y esto sucede con todos los opuestos. No seas un hombre y no seas una mujer: sé ambos para que no puedas ser ninguno. No seas un sabio, no seas un tonto: sé ambos para que puedas ir más allá.

La quinta pregunta:

Osho, por favor, explícanos por qué no sentimos lo divino, qué es el aquí y el ahora, el adentro y el afuera, tú, yo y todos.

Esto viene de Yoga Chinmaya. Debido a que eres demasiado pesado contigo mismo. Lo divino está oculto, porque no puedes reírte. Está cerrado porque eres demasiado tenso. Y todas estas cosas que tú piensas, que lo divino, el aquí/ahora, adentro/afuera, tú/yo, son simplemente cosas de la cabeza, y no tus sentimientos. Son pensamientos, no comprensiones. Y si sigues pensando de este modo, nunca se convertirán en experiencias. Puedes convencerte con mil y un argumentos de que esto es así, pero nunca se convertirá en tu experiencia. No lograrás hacerlo. No es un asunto de argumentación, de filosofía, de pensamiento, de contemplación. Consiste en ahogarte a ti mismo profundamente en la sensación del fenómeno. Uno tiene que sentir, no pensar en ello. Y para sentirlo, uno tiene que desaparecer. Estás intentando algo absolutamente imposible: estás tratando de comprender a Dios por medio del pensamiento. Eso seguirá siendo una filosofía, pero nunca se convertirá en tu experiencia. Y no será algo liberador a menos que se trate de una experiencia. Se convertirá en una esclavitud, y morirás en la esclavitud de las palabras.

Eres demasiado; la cabeza de Yoga Chinmaya tiene que ser cortada, decapitada por completo; hay demasiadas cosas en la cabeza y en ti mismo. Dios no es más importante; tú eres más importante. ¿Quieres conocer a Dios? Dios no es el énfasis, tú eres el énfasis. Quieres alcanzar a Dios: Dios no es importante, tú eres importante, ¿y cómo puedes vivir sin alcanzar a Dios? Dios tiene que ser poseído, pero el énfasis está en ti. Por eso sigues sin comprender. Elimina el tú. Entonces no tendrás que preocuparte por Dios; Él vendrá por sí mismo. Cuando dejes de ser, Él vendrá. Cuando estés ausente, su presencia se hará sentir. Cuando estés vacío, se apresurará hacia ti. Elimina todas las filosofías y todo lo que has aprendido, y todo lo que has tomado prestado y todo lo que se ha vuelto pesado en tu cabeza. ¡Elimínalo! Deshazte de todo eso; es podredumbre. Cuando estés limpio, comenzarás a sentir que algo sucede en la limpieza. En esa inocencia está la virginidad. Dios siempre está disponible.

La última pregunta:

Osho, ¿Cómo es posible que la mente pueda seguir produciendo pensamientos constantemente y cómo podemos detener aquello que no hemos comenzado?

No se puede detener lo que no has comenzado. No intentes hacerlo; de lo contrario, será una simple pérdida de tiempo, de energía, de vida. No puedes detener la mente porque no has comenzado a moverla. Simplemente puedes observar, y ella se detiene al observar. No digo que la detengas, sino que ella se detenga en la observación. Detener es una función de ver, es una consecuencia de ver. No se trata de que la detengas, pues no hay manera de detener la mente. Si intentas detenerla, irá más rápido; si intentas detenerla, se peleará contigo y te creará muchos problemas. Nunca intentes detenerla. Esta es exactamente la verdad: tú no has creado tu mente ni la has puesto en marcha, así que ¿quién eres para detenerla? Ella ha venido a través de tu falta de conciencia y se irá a través de tu conciencia. No tienes que hacer nada para detenerla. Sé cada vez más alerta. Incluso la idea de que uno tiene que detenerla se convierte en un obstáculo, porque puedes decir: «Bueno, ahora intentaré ser consciente para poder detenerla». Y entonces, no conseguirás hacerlo. Tu conciencia no te será de mucha ayuda, porque la misma idea estará ahí de nuevo: cómo detenerla. Entonces, después de unos días de esfuerzos inútiles, puesto que no ocurrirá porque la idea sigue allí, vienes a mí y me dices: «He estado intentando ser consciente, pero mi mente no se detiene». No se puede detener, no existe ningún método para detenerla. ¡Pero ella se detiene! No es que tú la detengas; ella se detiene por sí misma. Solo tienes que observar. Y al hacerlo, suprimes la energía que la ayuda a moverse.

Si observas, la energía se convierte en el vigilante y el pensamiento se hace débil y endeble de manera automática. Los pensamientos están ahí, pero se vuelven impotentes porque la energía no está disponible. Se mueven a tu alrededor, casi muertos, pero poco a poco llegará más energía a tu conciencia. Hasta que un día, la energía ya no se adentrará en tus pensamientos porque estos habrán desaparecido. No pueden existir sin tu energía. Así que por favor olvídate de detenerlos. Eso no es asunto tuyo.

Preguntas otra cosa: «¿Cómo es posible que la mente pueda seguir produciendo pensamientos constantemente?». Es solo un proceso natural. Así como tu corazón sigue latiendo constantemente, tu mente sigue pensando constantemente, así como tu cuerpo sigue respirando permanentemente, tu mente sigue pensando constantemente, así como la sangre sigue circulando permanentemente y el estómago continúa digiriendo continuamente, la mente sigue pensando de manera permanente. No hay ningún problema en ello; es simple. Pero tú no te identificas con la circulación de la sangre, no piensas que tú estás circulando. De hecho, ni siquiera eres consciente de que la sangre circula; sigue circulando, y tú no tienes nada que ver con eso. Tu corazón sigue latiendo, pero tú no piensas que está latiendo. El problema de la mente ha surgido porque tú crees que estás pensando; la mente se ha convertido en un foco de identidad. La identidad simplemente tiene que ser destruida. No se trata de que tu mente dejará de pensar para siempre si la detienes. Solo pensará cuando sea necesario; no lo hará si no necesita hacerlo. La capacidad de pensar estará ahí, pero ahora será natural: una respuesta, una actividad espontánea, no una obsesión.

Por ejemplo, comes cuando tienes hambre. Pero puedes obsesionarte y comer todo el día. Entonces te enloquecerás y luego te suicidarás. Caminas cuando quieres caminar. Si quieres ir a alguna parte, entonces mueves tus piernas. Pero si sigues moviendo tus piernas cuando estés sentado en la silla, la gente pensará que estás loco y tendrán que hacer algo para detenerte. Si preguntas qué debes hacer para detener las piernas y alguien dice «Agárralas con tus manos», entonces el problema aumentará, porque tus piernas se mueven y ahora tus manos también están ocupadas, y concentras todo tu esfuerzo en detenerlas. Ahora tu energía está peleando contigo. Te has identificado con la mente, eso es todo. Eso también es natural porque la mente es muy cercana a ti y tienes que utilizarla mucho. Uno está sentado allí constantemente.

Es como si un conductor ha manejado un automóvil por varios años y nunca sale de él. Ha olvidado que puede salir, que es un conductor. Lo ha olvidado por completo; cree que él mismo es el vehículo. Él no puede salir, porque ¿quién está allí para salir? Ha olvidado cómo abrir la puerta, o está completamente bloqueada por no haber sido utilizada durante varios años, o se ha oxidado o atascado. El conductor ha estado tanto tiempo en el automóvil que se ha convertido en el automóvil, eso es todo. Se ha presentado un malentendido. Ahora él no puede detener el vehículo, porque ¿cómo habría de detenerlo? ¿Quién lo va a detener? Eres solo el conductor en la mente. Es un mecanismo que te rodea, y tu conciencia lo utiliza. Pero tú nunca has estado fuera de tu cabeza. Por eso insisto: olvídate un poco de la cabeza, dirígete al corazón. Desde el corazón tendrás una idea más clara de que el automóvil está separado de ti. O intenta salir de tu cuerpo. Eso también es posible. Si sales de tu cuerpo, estarás absolutamente fuera del vehículo. Podrás ver que ni la mente; ni el cuerpo ni el corazón son tu ser, que tú estás separado.

En este momento, sigue recordando una sola cosa: que tú estás separado. Estás separado de todo lo que te rodea. El conocedor no es lo conocido. Sigue sintiendo más y más para que eso se convierta en una cristalización sustancial en ti, de que aquel que conoce no es lo conocido. Tú conoces el pensamiento, tú ves el pensamiento; ¿cómo puedes ser el pensamiento? Tú conoces la mente, ¿cómo puedes ser la mente? Simplemente elimínala. Es necesario un poco de distancia. Un día, cuando estés realmente lejos, el pensamiento se detendrá. Cuando el conductor sale, el automóvil se detiene, porque ya no hay nadie que lo conduzca. Entonces te reirás mucho al ver que ha sido un simple malentendido. Pero piensa siempre que necesites hacerlo.

Me haces una pregunta: yo te respondo. La mente funciona. Tengo que hablar contigo a través de la mente, no hay otra manera de hablar. Pero cuando estoy solo, la mente no funciona. La mente no ha perdido la capacidad de funcionar. De hecho, ha adquirido más capacidad de hacerlo con mayor eficiencia, y como no funciona constantemente, reúne más energía y se hace más clara. Así que «cuando la mente se detiene» no significa que no podrás volver a pensar. De hecho, solo después de esto podrás pensar por primera vez. El simple hecho de tener pensamientos relevantes o irrelevantes no es pensar. Es una especie de cosa loca. Ser claro, limpio, inocente, es estar en el camino correcto para pensar. Entonces, si surge un problema, no te confundes, no ves el problema a través de los prejuicios. Tú lo miras directamente y, entonces, el problema comienza a diluirse. Si el problema es un problema, se diluirá y desaparecerá. Si el problema no es un problema sino un misterio, también se diluirá y desaparecerá. Y entonces podrás ver qué es un problema. Un problema es aquello que puede ser resuelto por la mente. Un misterio es aquello que no puede ser resuelto por la mente. Un misterio tiene que ser vivido; un problema tiene que ser resuelto. Cuando pasas demasiado tiempo enfrascado en pensamientos, no puedes saber qué es un misterio y qué es un problema. A veces piensas que un misterio es un problema. Entonces, lucharás toda tu vida y nunca resolverás nada. Y a veces piensas que un problema es un misterio y esperas inútilmente, cuando podrías haberlo resuelto.

Se necesita una claridad, una perspectiva. Cuando el pensamiento se detiene, ese parloteo interior y exterior incesante, y te vuelves alerta y consciente, podrás ver las cosas como son, encontrar soluciones, y saber también qué es un misterio. Y cuando llegas a sentir un misterio, sientes reverencia, sientes respeto. Esa es la cualidad de ser religiosos. Sentir reverencia es ser religioso; sentir respeto es ser religioso. Estar tan profundamente maravillado que has vuelto a ser un niño de nuevo es entrar en el Reino de Dios.

Es todo por hoy.

Capítulo 5

LA CONFIANZA ES NATURAL AL HOMBRE

Mateo 4

[17] Desde entonces comenzó Jesús a predicar y decir: Arrepiéntanse, porque el Reino de los Cielos está cerca.
[18] Mientras caminaba junto al mar de Galilea, Jesús vio a dos hermanos: Simón, llamado Pedro, y su hermano Andrés, echando la red al mar, pues eran pescadores.
[19] Vengan, síganme, les dijo Jesús, y los haré pescadores de hombres.
[20] Al instante dejaron las redes y lo siguieron (...)
[23] Jesús recorría toda Galilea, enseñando en sus sinagogas, anunciando la buena nueva del Reino, y sanando toda enfermedad y toda dolencia en el pueblo.
[24] Su fama se extendió por toda Siria, y le llevaban todos los que padecían de distintas enfermedades y sufrimientos diversos, endemoniados, epilépticos y paralíticos, y Él los sanaba.
[25] Y lo siguió una gran multitud de Galilea, Decápolis, Jerusalén, Judea y del otro lado del Jordán.

Una vez le pidieron a un rabino que resumiera todo el mensaje de la Biblia. Él contestó que todo el mensaje de la Biblia era muy simple y corto: Dios le grita al hombre: «¡Entronízame». Eso ocurrió esa mañana en el río Jordán. Jesús desapareció, Dios fue entronizado. Jesús abandonó la casa, Dios entró. Eres tú o Dios; ambos no pueden existir juntos. Si insistes en existir, entonces deja de buscar a Dios, porque no podrás encontrarlo. Será imposible, absolutamente imposible. Si estás allí, entonces Dios no podrá estar: tu propio ser, tu presencia, son el obstáculo. Si tú desapareces, Dios permanece. Él siempre ha estado ahí.

El hombre puede vivir como una parte, separado del todo. El hombre puede crear ideas, sueños, un ego, una personalidad, y pensar en sí mismo como una isla, sin conexión con el todo, sin relación con el todo. ¿Alguna vez has visto la relación entre tú y los árboles? ¿Has visto alguna relación entre tú y las rocas? ¿Has visto alguna relación entre tú y el mar? Si no ves la relación, entonces no podrás saber lo que Dios es. Dios, la divinidad, no es más que el todo, lo total, lo único. Si tú existes como una parte separada, existirás como un mendigo de manera innecesaria, cuando podrías haberlo sido todo. Incluso cuando piensas que estás separado, realmente no lo estás; es solo un pensamiento en la mente. Este pensamiento no está engañando a Dios, sino únicamente a ti. El pensamiento es solo un obstáculo para que abras tus ojos.

Esa mañana en el río Jordán, cuando Juan Bautista inició a Jesús, mató a Jesús por completo. Jesús desapareció. Y en ese momento, de la nada, apareció un buda, lo que Buda llama *shuniata* vacío. Los cielos se abrieron y el espíritu de Dios descendió sobre Jesús como una paloma y lo iluminó. Esto es apenas simbólico: Jesús murió, Dios fue entronizado. Esto es lo que en el zen se llama una transmisión especial, por fuera de las Escrituras. Juan Bautista no le transmitió ningún conocimiento a Jesús, no le transmitió las Escrituras, ni una sola palabra fue pronunciada. No hubo dependencia de palabras o letras, solo un apuntar directamente al alma del hombre: ver la propia naturaleza de uno, un logro de la «iluminación». Esto fue lo que sucedió ese día.

Los cristianos no han entendido: no es el conocimiento lo que fue transferido de Juan Bautista a Jesús, sino una visión. No fue algo verbal, sino existencial. Fue más bien el hecho de saber antes que el conocimiento. Los ojos se transfirieron: una nueva forma de ver el mundo y de estar en él fue transferida, una transmisión especial por fuera de las Escrituras. Por eso Jesús se sintió inmediatamente uno con Dios, pero separado de los judíos. Ellos son «el pueblo del libro». La Biblia no significa otra cosa; simplemente significa «el libro». Los judíos son el pueblo del libro, el pueblo que ha creído tremendamente en las Escrituras, que las han amado y se han basado en ellas durante siglos.

Jesús llegó a ser uno con Dios, pero fue separado inmediatamente de su propia tradición. Luego, hizo todo lo posible para seguir formando parte de la comunidad, pero fue imposible. No podía ser parte de las Escrituras, no podía ser parte de la tradición. Algo del más allá entró en Él y cuando Dios entra, todas las Escrituras se hacen inútiles. Cuando llegas a conocer, todo el conocimiento es una tontería. Esa fue la disputa entre Jesús y los rabinos. Ellos tenían el conocimiento, Jesús tenía la sabiduría, y estas dos cosas nunca se encuentran. El hombre que sabe, es rebelde: el hombre que sabe, tiene sus propios ojos, dice todo lo que ve. El hombre de conocimiento es ciego: lleva la Escritura, pero nunca mira a su alrededor; simplemente a la escritura. El hombre de conocimiento es mecánico, no tiene contacto personal con la realidad.

Hace pocos días estaba leyendo sobre un psiquiatra muy prestigioso de Nueva York. Estaba hablando con uno de sus nuevos pacientes y le dijo: «Estoy muy ocupado, demasiado ocupado. Sería bueno si pudieras ayudarme. La primera sesión siempre tiene un solo ingrediente:

me dirás todo lo que quieras contarme. Si yo puedo procesarlo y analizarlo, y estudiarlo más adelante según mi propia conveniencia, será de gran ayuda. Así que aquí está la grabadora. Enciéndela y habla todo lo que tengas que decir.Di todo lo que quisieras decirme y más tarde lo escucharé. ¿Te parece bien?», le preguntó el psiquiatra.

El hombre dijo: «Por supuesto. Me parece perfecto». La grabadora se encendió y el psiquiatra se marchó, pero solo dos minutos después vio al hombre salir del consultorio. Corrió tras él, lo detuvo y le dijo: «¿Tan pronto? No podrás haberle dicho gran cosa a la grabadora».

El hombre respondió: «Escucha, yo también soy un hombre muy ocupado. De hecho, más ocupado que tú. Y tú no eres el primer psiquiatra que he consultado. Vuelve a la sala de consulta y verás al lado de tu grabadora, a mi dictáfono pequeño hablar con ella».

El conocimiento es así. Nadie está presente: los dictáfonos hablan con grabadoras. Tu mente es solo una grabadora, y las Escrituras son dictáfonos antiguos; son un medio antiguo, pero siguen siendo lo mismo. Alguien dice algo y queda registrado allí. Entonces tú lo lees y queda grabado en tu grabadora, pero no hay un toque personal.

La sabiduría es personal; el conocimiento es mecánico. Nunca podrás descubrir la realidad ni la verdad por medio de un enfoque mecánico. Será un asunto muerto. Obtendrás mucha información, pero nunca obtendrás la transformación. Llegarás a saber muchas cosas, pero nunca sabrás lo que es necesario saber: el ser que eres y el ser que te rodea; y aquello que te rodea es lo mismo que el que está dentro de ti. Se necesita profundo contacto personal. Esa mañana, en el río Jordán, Jesús se puso en contacto personal con lo divino. Juan Bautista lo inició para que Jesús fuera la nada.

Cuando tú vienes a mí, no estás viniendo a un hombre que sabe mucho, sino a un hombre que tiene mucho de la nada en él. Puedo compartir esa nada contigo. El día en que estés preparado para compartir mi nada, te habrás iniciado. Puedes estar aquí de dos maneras. Puedes ser un estudiante, y entonces te relacionarás conmigo de un modo mecánico, recolectarás información de mí, algo que no debía suceder. Empezarás a conocer muchas cosas de mí. Eso es una adicción. El ego puede sentirse más fuerte, pero el alma se hará más y más pobre. O puedes ser un discípulo y no un estudiante. Entonces compartirás mi nada hasta desaparecer por completo. Entonces no habrá nadie dentro de ti que sepa, y esa despersonalización es la única manera de saber. En esa nada, tu corazón está abierto, en esa nada la isla desaparece y te conviertes en un continente. En esa nada la separación desaparece: te conviertes en el todo. Y entonces, el todo existe a través de ti.

El rabino tenía razón al decir: «Dios le grita al hombre: "¡Entronízame!"». Jesús, Krishna, Cristo, Mahoma, Lao Tsé, todos ellos son gritos de Dios al hombre: «¡Entronízame!».

«Desde entonces comenzó Jesús a predicar»(...) El conocimiento necesita tiempo, el saber es inmediato. Si quiero compartir mis conocimientos contigo, eso tomará tiempo, pero si quiero compartir mi nada contigo, el tiempo no es necesario. Es posible inmediatamente, aquí, ahora. Solo se necesita tu preparación. El tiempo no es un requisito, puede suceder en una fracción de segundo. Cada vez que leo este evangelio, hay algo que me conmueve de inmediato: en el instante en que Jesús fue bautizado y los cielos se abrieron y el espíritu de Dios descendió como una paloma, Jesús salió del río, fue a la orilla, donde se había reunido una multitud, y comenzó a predicar. Nunca antes había pronunciado una sola palabra, nunca antes le había enseñado nada a nadie. Así es como debe ser.

Un profesor puede enseñar sin saber, pero un maestro no. Los profesores abundan, los maestros son pocos. Un maestro es aquel que enseña a través de su saber y un profesor es aquel que enseña a través de su conocimiento. Un profesor se prepara durante varios años, y entonces podrá enseñar. Pero un maestro, en un momento de coraje, en un solo momento de audacia, en un solo momento de muerte, en un solo momento de saltar hacia lo desconocido, llega a ser capaz de enseñar. Una vez que sepas, esa sabiduría querrá ser compartida. Una vez que eres muy feliz, esa misma felicidad comienza a fluir y a buscar al corazón. Una vez que seas, ya estarás camino a ser compartido por muchos.

«Desde entonces comenzó Jesús a predicar y decir: Arrepiéntanse, porque el Reino de los Cielos está cerca». Juan Bautista decía lo mismo. Jesús pudo haber dicho lo mismo con solo oír a Juan Bautista: era un predicador muy conocido, grandes multitudes acudían a él y solían esperar para escucharlo. Todo el mundo sabía que su mensaje era el siguiente: «Arrepiéntanse porque el Reino de los Cielos está cerca». Jesús debe haber sabido eso, pero nunca antes había pronunciado esas palabras. Pronunciar palabras tan grandes sin saber es un sacrilegio, una traición. Nunca pronuncies palabras grandes, a menos que te conozcas a ti mismo, ya que puedes destruir las mentes de los demás. Podrías llenar sus mentes con tu podredumbre.

Mira a los sacerdotes en las iglesias, templos y mezquitas: enseñan y predican sin saber nada, independientemente de lo que digan. No son conscientes de lo que hacen: ¡son dictáfonos! Han aprendido, pero no han sabido. Han estudiado, pero no tienen ojos propios; sus corazones están tan muertos como los de sus feligreses. Es probable que sus mentes sean cultivadas, pero sus corazones están tan enfermos como cualquier otro.

Jesús no había pronunciado estas palabras. Nadie sabía de este hombre antes de esto. Permaneció en el taller de su padre, trabajando y ayudándole. De repente, nació una nueva calidad de hombre, un hombre nuevo, totalmente nuevo. El bautismo es un nacimiento. Desde ese mismo momento, comenzó a predicar y decir arrepiéntanse, porque ahora Él podía pronunciar esas palabras con la autoridad. Ahora ya no son palabras de Juan Bautista las que se repiten, sino las suyas. Él se arrepintió y llegó a conocer su significado. Ahora no son palabras inútiles, de loros, sino que están preñadas, vivas. Él tocó la realidad de esas palabras, vio el misterio en ellas.

La palabra en hebreo es *teshuvá*: arrepentirse. Teshuvá significa regresar y también significa responder. Ambos significados son hermosos. Regresar a Dios es una respuesta a Él. Esta es una de las cosas más hermosas del judaísmo, una de las mayores contribuciones del judaísmo al mundo. Hay que entender esto, pues de lo contrario nunca podrás entender a Jesús.

El judaísmo es la única religión en el mundo que dice que no solo el hombre busca a Dios, sino que Dios también busca al hombre. Nadie más en el mundo cree esto. Hay hinduistas, musulmanes y otras religiones, y todos creen que el hombre busca a Dios. El judaísmo cree que Dios también está buscando al hombre. Y esto debería ser así, ya que Él es un padre. Esto debe ser así. Él es el todo, y si una parte se ha perdido, el todo, gracias a su compasión, debe buscar esa parte.

El judaísmo tiene una belleza propia. El hombre que busca a Dios está tropezando en la oscuridad. A menos que Dios también te esté buscando, no parece posible un hallazgo. ¿Cómo vas a buscarlo si no lo conoces?, ¿dónde lo buscarás? No sabes su paradero, ¿adónde dirigirás tus oraciones?, ¿adónde irás, qué harás? Solo puedes tropezar, llorar y sollozar. Las lágrimas pueden ser tu única oración. Sientes un deseo profundo, pero, ¿cómo cumplirlo?, ¿cómo alcanzarlo, por más ardiente que sea este deseo? El judaísmo dice: «El hombre puede buscar, pero el hombre no puede encontrar, a menos que Dios lo quiera».

Dios está a nuestro alcance, pero no puedes llegar a Él. Puedes extender tus manos, pero no puedes llegar a Él. Él puede llegar a ti porque Él también te está buscando. Él puede buscarte de inmediato y directamente, Él sabe exactamente dónde encontrarte. Pero Él no te puede buscar a menos que tú lo estés buscando. Él podrá buscarte únicamente cuando lo estés buscando, cuando hagas todo lo posible, cuando no escondas nada, cuando tu búsqueda sea total. Si tu búsqueda es total, el cielo se abre de inmediato y el espíritu de Dios desciende sobre ti. Él está esperando con un profundo deseo de encontrarte. Esto debe ser así, porque la existencia es una historia de amor. Se trata de un juego de escondite, de un juego. La madre juega con el niño y se esconde. La madre espera, y si el niño no viene, la madre saldrá a buscarlo. Pero Dios te da una libertad absoluta. Si no quieres buscarlo, Él no interferirá, no será un intruso; si quieres buscarlo, solo entonces Él llamará a tu puerta. Si has invitado a alguien, solo entonces el invitado vendrá. El huésped puede esperar para tocar la puerta, solamente necesita tu invitación. De lo contrario, Él podrá esperar por toda la eternidad: no hay prisa. Dios no tiene prisa.

«Arrepiéntanse, porque el Reino de los Cielos está cerca». Habría sido una frase absolutamente diferente si la palabra no hubiera sido traducida como arrepentimiento, si se hubiera dejado como «regreso», la palabra original. Eso es lo que dice Patañjali en el *Yoga-Sutra*: que el pratyahara regresa a uno mismo. A eso se refiere Mahavira cuando habla de moverse hacia adentro: *pratikraman*, adentrarse.

La palabra teshuvá tiene un significado totalmente distinto a arrepentirse. En el momento en que dices «arrepiéntete», es como si el hombre fuera un pecador: una condena profunda entra en juego, pero si dices «regresa», no hay ninguna mención al pecado, no hay ninguna condena. Simplemente quiere decir que has ido lejos, que ya has jugado mucho, que regreses por favor. El niño ha estado jugando en la calle y está oscureciendo. El Sol se pone y la madre dice: «Por favor, regresa». Es una cualidad totalmente diferente, una connotación totalmente distinta. No hay condena en ella, únicamente un llamado de amor profundo: Regresa.

Solo escucha esta frase: «Regresen, porque el Reino de los Cielos está cerca». Toda condena, todo pecado y sinsentido que han creado toda la culpa en el hombre desaparecen exclusivamente por una sola palabra traducida en forma correcta. Una sola palabra puede ser importante, pero todo el cristianismo desaparecerá si traduces arrepentir como regresar. Todas las iglesias, el Vaticano, todo ello desaparecerá porque ellas dependen del arrepentimiento.

Si se trata de un asunto de regreso, y tú no has sido condenado ni has cometido ningún pecado, entonces la culpa desaparece. Y sin culpa no puede haber iglesias; sin culpa, el sacerdote no puede vivir. Él explota la culpa, te hace sentir culpable; ese es su secreto comercial. Y cuando te ha hecho sentir culpable, tú tienes que buscar su ayuda porque él pedirá perdón por ti, orará por ti; él sabe orar. Él está en una relación más profunda con Dios. Él te defenderá, él persuadirá a Dios en nombre tuyo y te mostrará cómo no volver a ser un pecador, a ser virtuoso. Él te dará los mandamientos: haz esto y no aquello.

Todas las iglesias del mundo se basan en la palabra arrepentimiento. Si es solo un asunto de regresar, no es necesario un sacerdote; tú puedes regresar a casa. No es un asunto de condena: no necesitas a nadie para purificarte; nunca te has equivocado. Tú te alejaste un poco, pero no hay nada malo en ello. De hecho, no podría haber sido así si Dios no hubiera estado dispuesto a que tú fueras tan lejos. Debe haber algo en eso: el acto de alejarse debe ser una manera de regresar. Porque cuando se ha ido demasiado lejos y luego vuelves a casa, por primera vez te das cuenta de lo que es el hogar.

Se dice que los viajeros en países extranjeros se dan cuenta por primera vez,como ustedes se deben estar dando cuenta aquí en Pune, de lo hermoso que es el hogar. Es difícil comprenderlo cuando estás en casa: todo se da por sentado. Pero cuando sales de ella, todo se hace difícil. Ya no es una casa, tú no puedes dar nada por sentado. Se presentan muchos inconvenientes, molestias, y no hay nadie que te cuide; tienes que cuidarte a ti mismo. No le importas a nadie, estás en un mundo extraño, eres un extraño. Pero cuando estás por primera vez en casa, aparece el significado del hogar. Primero fue solamente una casa para vivir, ahora es un hogar. Ahora sabes que las casas son diferentes de los hogares. Una casa es una casa, un hogar no es solo una casa, es algo más, tiene más amor. Tal vez sea necesario que el hombre deba desviarse un poco,salirse del camino, adentrarse en la naturaleza, para que su regreso a casa sea importante y significativo.

Yo digo regresa y no arrepiéntete. Jesús nunca dijo arrepiéntete. Él se reiría de esa palabra, porque lo corrompe todo. Las iglesias saben muy bien que esta palabra es una traducción incorrecta, pero siguen insistiendo en ella porque se ha convertido en su fundamento. Regresar es muy simple: depende de ti y de tu Dios; no se necesita ningún mediador, no se necesita ningún agente.

Otro significado de la palabra teshuvá es «respuesta». Tu regreso es la respuesta. ¿Respuesta a qué? Respuesta al llamado: ¡Entronízame! La respuesta a la pregunta que Dios te ha estado formulando: «¿Regresarás a casa?».

Esta es también una contribución muy hermosa del judaísmo. Todas las religiones han hecho una contribución original. El judaísmo dice: «Dios hace la pregunta, el hombre la responde». Normalmente, las otras religiones dicen que el hombre hace la pregunta y Dios la responde. El judaísmo dice: «No, Dios hace la pregunta y el hombre la contesta». En el momento en que tú respondes, ese es el regreso. En el momento en que el niño dice: «Sí, ya voy», ya está en camino. ¿Has oído la pregunta? Si no la has escuchado todavía, ¿cómo podrás responderla?

La gente viene y me pregunta: «¿Dónde está Dios?». Yo les digo: «Olvídense de Dios. ¿Han oído la pregunta?» Ellos dicen:«¿Cuál pregunta?». «¡La pregunta que ha hecho Dios!». Si no has oído la pregunta, no podrás saber dónde está Dios. En el instante en que escuches la pregunta, la dirección será clara; en el instante en que escuchas la pregunta que surge en lo más profundo de tu ser, en el fondo de tu interior, y se convierte en una obsesión constante en el corazón: ¿Quién eres tú?, ¿por qué estás aquí?, ¿por qué sigues existiendo?, ¿para qué?

Si la pregunta ha surgido en tu corazón, sabrás que Dios existe, porque ¿quién hace esta pregunta? Tú no puedes formularla. Tú estás sumergido en la inconsciencia, en un sueño profundo y no puedes preguntar. En algún lugar en lo más profundo de ti, Dios te interroga: «¿quién eres tú?». Si has escuchado la pregunta, sabrás la dirección. Y la respuesta solo puede ser: «Regresa. Sigue esta dirección, vuelve». Sin embargo, tus preguntas son falsas. No las has escuchado; alguien te las ha enseñado. Tus preguntas son falsas y tu respuesta se vuelve falsa. Aprendes la pregunta de los demás, aprendes la respuesta de los demás y sigues siendo falso.

La palabra falso* viene de teléfono. ¿Alguna vez has escuchado a un hombre, a tu esposa, marido o amigo directamente, cara a cara? Es una realidad, porque el contacto personal está allí, pero cuando lo escuchas por teléfono todo se vuelve falso. No se sabe quién está ahí; si la persona realmente está ahí o es una grabadora, un dictáfono. Nadie lo sabe. Y el sonido parece venir no del corazón, sino del mecanismo. ¿Has observado a las personas? Yo lo he hecho. Conozco a algunas personas que se ponen sus gafas cuando hablan por teléfono. Esto me pareció preocupante: ¿Cuál es el problema? La persona no está allí, ¿a quién intentas ver? Se trata simplemente de un profundo deseo de ver a la otra persona. Un deseo profundo; de lo contrario, la conversación parece ser falsa. Pero es así como se ha corrompido la mente.

---

* Del inglés *phony*, que significa «falso» (N. del T.).

Una vez fui a visitar el Taj Mahal con un amigo. Él es un buen fotógrafo, y como no tenía tiempo para ver el Taj Mahal, lo estaba viendo a través de la lente de la cámara. Yo le dije:«Hemos venido aquí para ver el Taj Mahal». Él señaló: «Olvídate de eso. ¡Es tan bello que le tomaré fotos y las veré en la casa!». Pero esas imágenes están en todas partes. ¿Cuál es la necesidad entonces de visitar el Taj Mahal? La visión directa se pierde.

El Mulá Nasrudín tuvo su primer hijo y fui a conocerlo. Estaba sentado con el bebé, un niño pequeño y hermoso. Le dije: «¡Qué lindo!». Él señaló: «Esto no es nada; ¡tienes que ver las fotografías!» Falso, todo se hace más y más indirecto. Entonces se pierde el toque de la realidad, la concreción, la claridad. Y después se va mucho más lejos, muy lejos.

La respuesta puede ser cierta solo si la pregunta ha sido realmente escuchada. Todos los días me encuentro con alguien que me dice: «Quiero meditar, quiero buscar, pero no pasa nada». Se queja, como si la existencia no fuera únicamente para él. «No pasa nada», pero miro en sus ojos: su deseo es falso. En primer lugar, esa persona nunca quiso meditar, ha venido para ser parte de una multitud. Alguien más había venido, un amigo, y él lo estaba siguiendo. O habría una fiesta y él pensó: «Vamos a ver qué sucede». No está sucediendo nada. Nada puede ocurrir porque la meditación y la oración y Dios no son cuestiones de técnica. Puedes aprender la técnica, pero no pasará nada a menos que la pregunta haya sido escuchada, a menos que se haya convertido en un profundo deseo en ti por el que estás dispuesto a arriesgar la vida, a menos que se haya convertido en un asunto de vida o muerte, a menos que penetre todo el centro de tu ser, a menos que se convierta en una espina en tu corazón, a menos que se convierta en un dolor y en una angustia profunda.

Podemos traducir la frase de tres maneras: «Arrepiéntanse, porque el Reino de los Cielos está cerca». O podemos traducir, «Regresen, porque el Reino de los cielos está cerca». O también: «Respondan, porque el Reino de los Cielos está cerca». Y el Reino de los Cielos siempre está cerca, es su naturaleza. No tiene nada que ver con la época de Jesús: ahora mismo es cierto, tal y como era entonces. Era cierto antes de Jesús y siempre será cierto. El Reino de Dios está siempre cerca, pero solo a tientas. Su mano siempre te ha buscado, pero tu mano no está tanteando. Y si tú respondes y regresas, Él estará disponible. Todo lo que tú necesitas está disponible, pero no estás preparado para ir por ello. Tienes miedo de perder algo que no tienes, y debido a este miedo, no puedes obtener aquello que siempre ha sido tuyo, para que lo reclames.

> Mientras caminaba junto al mar de Galilea,
> Jesús vio a dos hermanos: Simón, llamado Pedro,
> y su hermano Andrés, echando la red al mar,
> pues eran pescadores.
> Vengan, síganme, les dijo Jesús, y los haré pescadores
> de hombres.
> Al instante dejaron las redes y lo siguieron

Esto sucedió muchas veces en la vida de Jesús. Es sorprendente el tipo de personas con quienes andaba: gente sencilla, agricultores, campesinos, pescadores, carpinteros; era gente real, no era falsa. Las personas que viven con la naturaleza son reales, pues hay que ser reales con ella; de lo contrario, no les daría nada. Tienes que estar vivo con la naturaleza, pues de lo contrario, no podrás hacerle frente. Cuanto más rodeado estés de cosas artificiales, más artificial serás. Si vives rodeado solo de mecanismos, te convertirás en un mecanismo.

Se dice que el hombre es conocido por su empresa. Yo les digo: el hombre es hecho por su compañía. Si vives rodeado de artilugios mecánicos, tal como vive el hombre moderno, poco a poco te convertirás en un ser irreal. Si vives con la naturaleza; con árboles y rocas, y el mar y las estrellas, y las nubes y el Sol, no podrás ser irreal, no podrás ser falso. Tendrás que ser real porque cuando te encuentras con la naturaleza, ella crea algo en ti que es natural. Y responder de manera continua a la naturaleza te vuelve natural.

Un hombre que vive con la naturaleza siempre confía. Un agricultor que siembra semillas tiene que confiar. Si dudara, nunca sembraría las semillas, pues lo asaltarían miles de dudas: si este año la tierra hará lo mismo que el año pasado o no. Y quién sabe, la tierra puede haber cambiado de opinión. ¿Quién sabe si va a llover o no?, ¿quién sabe si el sol brillará mañana por la mañana o no? Puedes dudar si estás sentado en tu sillón, rodeado de tus libros, pues no hay nada en juego. Pero si un campesino que trabaja en el campo duda, estará perdido; si un pescador duda, estará perdido.

Si vives con la naturaleza, la confianza surge. La confianza es natural al hombre, así como la salud también es natural. La duda no es natural, así como la enfermedad no es natural. Un niño nace confiando. No estoy hablando acerca del niño moderno; tal vez un niño moderno no nace confiando porque ha nacido en un clima de escepticismo.

Un día leí este relato:

Una madre le estaba contando una historia a su hija; la hija estaba inquieta, se estaba haciendo tarde, y la madre le estaba narrando un cuento para que se durmiera. La madre le dijo: «Había una princesa muy encantadora, hermosa, y muy sabia y cariñosa. Toda la corte del rey la amaba y respetaba. Ella era muy amable, especialmente con los animales. Un día vio una rana en el patio. Ella temió que alguien la pisara y la llevó a su dormitorio. Y por la mañana se sorprendió: la rana se había convertido en un príncipe muy apuesto. Y el príncipe pidió su mano en matrimonio». Entonces, la madre miró a su hija y sintió que ella estaba completamente escéptica. Sus ojos, sus modales, su cara: todo estaba diciendo, «No, no puedo creer eso». Su rostro reflejaba una incredulidad total. «¿Qué? ¿No crees esta historia?», le preguntó. «No, y apuesto a que la madre de la princesa tampoco», respondió la niña.

El clima actual es de escepticismo. Incluso un niño duda, es escéptico. En los viejos tiempos, hasta los ancianos confiaban; existía una atmósfera de fe y de confianza. Eran personas sanas. Mírate a ti mismo: cada vez que dudas, algo se reduce en ti, te vuelves pequeño y diminuto. Te endureces, te mueres y dejas de fluir; quedas congelado. Pero si surge la confianza, comienzas a fluir de nuevo. Los bloques se derriten y te expandes, te haces grande. Si confías, asciendes a una cumbre de sentirte vivo; cada vez que dudas, caes en brazos de la muerte.

Debido a que el hombre moderno carece de confianza, las drogas han comenzado a tener un fuerte atractivo para él. No parece haber otra manera de tener la sensación de expandir su ser y su conciencia. Las drogas son los métodos químicos para sentir, por unos momentos o unas horas, una expansión de la conciencia. La confianza te ofrece esto mismo de manera fácil y gratuita. La confianza no te ofrece esto por unos momentos: se convierte en una cualidad eterna en ti. ¡Y la confianza no tiene efectos secundarios!

Si tú me lo preguntas, te diré que la confianza es el único medicamento confiable si quieres expandir tu conciencia. Aquellos que nunca han sabido lo que es la expansión de la conciencia no han vivido todavía. La conciencia puede expandirse y seguir haciéndolo, oleadas de felicidad se dirigen a todos los rincones de la existencia, en expansión con el infinito de la existencia. Cuando te expandes, te conviertes en parte del todo, pero cuando te encoges, te conviertes en una isla.

Las personas que siguieron a Jesús eran realmente simples, y confiaban:

> Mientras caminaba junto al mar de Galilea,
> Jesús vio a dos hermanos: Simón, llamado Pedro,

> y su hermano Andrés, echando la red al mar,
> pues eran pescadores.
> Vengan, síganme, les dijo Jesús, y los haré pescadores
> de hombres.

Esto no tiene nada extraño. Lo extraño es lo siguiente: «Al instante dejaron las redes y lo siguieron». Se trataba de una confianza muy profunda. No dudaron un solo instante, no dijeron: «Un momento, ¿qué quieres decir?, ¿pescadores de hombres?». Ni por un instante se preguntaron: «¿Quién eres?, ¿con qué autoridad hablas?». No, no era necesario, porque eran simples pescadores. Seguramente miraron a Jesús, su presencia era la autoridad.

Si tú confías, nadie podrá engañarte. Eres engañado por tus dudas y entonces piensas que necesitas dudar más, pues de lo contrario la gente te engañará más. Entonces, tu autoengaño aumenta y se crea así un círculo vicioso. Dudas para no ser engañado, pero eres engañado por tus dudas. Si confías, nadie te podrá engañar. ¿Qué quiero decir cuando digo: «Si confías, nadie te podrá engañar?». ¿Tu confianza va a impedir que alguien te engañe? No, pero si confías, tendrás ojos para ver, y quien te vaya a engañar será descubierto de inmediato; quedará desnudo. Me gustaría que recordaran esto como un parámetro: un hombre que confía no puede ser engañado. Si es engañado, entonces debe tener algunas dudas en su interior, porque no puedes ver solo si tus ojos están completamente nublados por la duda. Cuando puedes ver y tu visión es clara, la presencia misma de la persona te dirá si es un impostor o no.

Esos hombres tienen que haber mirado. El Sol debía estar surgiendo en el firmamento porque ellos estaban listos para echar sus redes al mar. Deben haber mirado a ese hombre: ¿Qué clase de hombre era Jesús? Deben haber sentido la presencia de Jesús en aquella mañana silenciosa. La presencia era la convicción, la presencia era la prueba. Ellos echaron sus redes e inmediatamente siguieron a este hombre. En un solo instante, toda su vida quedó completamente al revés. Fueron convertidos en un solo momento de visión.

Jesús dice: «Vengan, síganme (...) y yo los haré pescadores de hombres». ¿Hasta cuándo van a lanzar sus redes al mar?, ¿por cuánto tiempo van a coger solo peces? Él les dijo: «Los haré pescadores de hombres». Y así lo hizo.

Era casi increíble en aquellos días, es casi increíble incluso ahora, la forma como Jesús transformó a personas ordinarias en seres extraordinarios. Buda transformó a Mahakashyapa, Shariputra, Mandgalya y a Ananda, pero el mérito es más de ellos y menos de Buda, ya que eran seres raros. Si Mahavira transformó a Gautama y a Sudharma, el crédito pertenece más a los discípulos, porque eran seres extraños. Pero Jesús era tremendamente poderoso. Pedro, un pescador, sin educación, o Andrés o Mateo o Tomás o Juan, todos ellos eran pobres y sin educación, se habrían perdido entre la multitud y no habrías podido encontrarlos, no eran más que piedras, guijarros ordinarios en el camino, y Jesús transformó a cada uno en un *Koh-i-Noor*.

Mahakashyapa fue un ser raro en su derecho propio; es muy posible que aun sin Buda se hubiera convertido en un Buda. Habría tardado un poco más, pero es casi seguro que se habría convertido en un buda, incluso sin Buda. Pero pensemos en Simón, también llamado Pedro, y en su hermano Andrés. Nadie puede concebir que pudieran haberse convertido en absolutamente nada, si no hubiera sido por Jesús.

Jesús no solo prometió, sino que hizo el milagro. «Vengan, síganme (...), y yo los haré pescadores de hombres». Seguramente más hombres quedaron atrapados en la red que Jesús había arrojado al mar de la humanidad que en cualquier otra red. La mitad del mundo está atrapada en la red. Todos los apóstoles, los doce apóstoles, eran personas muy comunes y corrientes, sin educación, y Él construyó toda la estructura sobre ellos.

A Simón, llamado Pedro, Jesús lo convirtió en la roca misma en la que descansa todo el cristianismo actual. La palabra Pedro quiere decir piedra. Sobre la roca de Pedro descansa toda la cristiandad, la cual es soportada por él. Sí, Jesús los hizo pescadores de hombres, y no solo pescadores de hombres. Hizo más de lo que prometió: los hizo pescadores de Dios. Al instante dejaron sus redes, y lo siguieron.

Cuando Mahakashyapa acudió a Buda, discutió con Él; ya tenía cinco mil discípulos y era un gran maestro. Cuando Shariputra acudió a Buda, ya tenía miles de discípulos, pues era un gran erudito. Durante varios años esperó y argumentó. Ellos no eran hombres de confianza, sino hombres de duda y de escepticismo; eran mentes muy cultas, mentes cultivadas, de alguna manera genios. Pero Jesús trabajó con barro ordinario y lo transformó en oro. No puedes encontrar un alquimista más grande que Jesús. Al instante dejaron sus redes y lo siguieron. Este es el milagro.

La gente iba adonde estaba Mahavira y discutía, la gente iba adonde estaba Buda y discutía, porque todo el continente indio lleva miles de años discutiendo. La gente se ha formado aquí, han nacido con filosofías. La gente viene a mí, gente común y corriente, pero nunca descienden por debajo del nivel del brahmán, lo último. Hablan sobre el brahmán, se ha convertido en parte de su sangre. Pero Jesús trabajó con gente muy sencilla. Su presencia misma fue la prueba. La presencia es lo primero en la religión; la prueba está en segundo lugar. En la filosofía, la prueba está en primer lugar, la presencia viene después. Shariputra abrió sus ojos a Buda solo cuando este había demostrado y discutido por sus propios medios, cuando había derrotado a Shariputra y a su mente por completo. Solamente entonces abrió sus ojos. La prueba era lo primero, la presencia era lo segundo.

Jesús, y la gente con la que Él trabajó, no eran teólogos, no eran filósofos, no eran argumentativos. Eran gente sencilla, gente común de la naturaleza, así como los árboles, las rocas y los ríos. Para ellos la presencia era lo primero; la prueba venía después. De hecho, la presencia es la prueba. Ellos se enamoraron: es la única manera de expresarlo correctamente. Miraron a Jesús: se enamoraron de Él.

Cuando te enamoras, tú sigues. No hay preguntas, simplemente sigues, porque tu corazón sabe más de lo que tu mente pueda demostrar. Tu corazón ha sentido algo, algo del misterio, algo de Dios. Tu corazón ha sentido la presencia, algo que no es de esta Tierra. Basta con eso. Has probado algo, y simplemente sigues. Al instante dejaron las redes y lo siguieron.

> Jesús recorría toda Galilea,
> enseñando en sus sinagogas,
> anunciando la buena nueva del Reino,
> y sanando toda enfermedad y toda dolencia
> en el pueblo.

Esto tiene que entenderse desde una perspectiva completamente nueva y no de la forma en que lo han intentado los cristianos: bajo una luz totalmente nueva, bajo la nueva luz que la ciencia moderna ha arrojado sobre el fenómeno de la enfermedad.

Una enfermedad, cualquier enfermedad, surge en primer lugar en lo más profundo de la mente y luego pasa al cuerpo. Puede tardar un tiempo considerable en llegar al cuerpo, pues la distancia es grande. No eres consciente de ella cuando está en la mente y solo la percibes cuando ataca con fuerza las raíces de tu cuerpo. Sentimos la enfermedad en el cuerpo, pero siempre se origina en la mente. No eres consciente de ella en ese momento, por lo que no puedes hacer nada al respecto. Pero cuando llega al cuerpo, obviamente buscas un médico, un poco de ayuda. El médico, al verla en el cuerpo, comienza a tratarla allí. La enfermedad puede ser atacada en el cuerpo, pero surgirá otra enfermedad, porque la fuente original no ha sido tratada. Has estado obrando sobre el efecto y no sobre la causa.

Si la enfermedad puede ser cambiada en la mente, entonces desaparecerá inmediatamente del cuerpo. Es así como la investigación moderna sobre la hipnosis ha demostrado que todas las enfermedades, al menos en principio, se pueden transformar, cambiar, se pueden erradicar si se cambia la mente. Y lo contrario también es cierto: si la hipnosis logra convencer a la mente, entonces la enfermedad también puede ser creada.

Hace apenas dos o tres días alguien me envió un artículo con un profundo significado. Un hombre, un médico de California, ha tratado a muchos pacientes con cáncer solo a través de la imaginación. Esta es la primera llave que abre la puerta. Y no a un paciente, sino a muchos. Lo que él hace es decirles simplemente que imaginen. Si tienen cáncer de garganta, les dice que se relajen y piensen que toda la energía de su cuerpo se está moviendo hacia la garganta y el tumor está siendo atacado por su energía, como si fueran flechas que vinieran de todas partes, avanzando hacia la garganta y atacando la enfermedad. En tres, cuatro o seis semanas, el tumor simplemente desaparece sin dejar rastro. ¡Y creemos que el cáncer es incurable!

El cáncer es una enfermedad moderna: ha surgido debido al estrés, a la tensión y a la ansiedad de la vida. De hecho, no ha existido cura para ella hasta ahora a través del cuerpo. Pero si el cáncer se puede tratar a través de la mente, entonces todo se puede manejar a través de la mente.

Los milagros de Jesús sucedieron porque las personas confiaron mucho. Una vez sucedió lo siguiente: Él iba caminando y una mujer, una mujer muy pobre, que temía que Él no la tratara porque siempre estaba rodeado de tanta gente. La mujer pensó: «Solo tengo que tocar la ropa de Jesús por la espalda», y ella se curó.

Jesús miró hacia atrás y la mujer comenzó a darle las gracias. Ella cayó a sus pies y estaba muy agradecida. Él le dijo: «No estés agradecida conmigo. Agradece a Dios. Tu fe te ha curado, no yo».

El mundo tenía una profunda confianza, las personas tenían una gran fe. Entonces, la simple idea de que «Si Jesús toca mis ojos, me curará», la idea misma se convierte en la causa de la cura. No es que Jesús cure: si eres escéptico, entonces Jesús no podrá ayudarte, entonces no podrá curarte.

Leí una historia:

Un día Jesús estaba saliendo de una ciudad. Un campesino que trabajaba en el campo lo vio correr, y le preguntó: «¿Cuál es el problema?, ¿adónde vas?», pero Él iba con tanta prisa que no le respondió.

El campesino lo siguió, lo alcanzó después de un rato y le dijo: «Por favor, dime; siento una gran curiosidad. Si no me lo dices, esto me perseguirá una y otra vez. ¿Por qué corres?, ¿adónde vas?, ¿de quién huyes?». Jesús le dijo: «De un tonto».

El campesino se echó a reír y señaló: «¿Qué estás diciendo? Sé muy bien que has curado a personas ciegas, que has curado a personas que estaban al borde de la muerte. He oído que has curado a personas que ya habían muerto. ¿No puedes curar a un tonto?».

Jesús le respondió: «No. Lo intenté, pero no pude, porque es un tonto y no cree. He curado todo tipo de enfermedades y nunca he fallado, pero he fracasado con este tonto. Él me sigue y me dice, "Cúrame", pero he probado todas las maneras que conozco y todas fallan. Por eso estoy huyendo de la ciudad».

Un tonto no puede ser curado, y un tonto no puede ser hipnotizado. Por lo general, entre las masas, se tiene la idea de que las personas muy inteligentes no pueden ser hipnotizadas. Eso es absolutamente falso. Solo los tontos no pueden ser hipnotizados, los idiotas no pueden ser hipnotizados, los locos no pueden ser hipnotizados. Cuanto mayor es la inteligencia, más probabilidades hay de que estés profundamente hipnotizado, porque tu confianza es necesaria en la hipnosis: el primer requisito es tu confianza. El primer requisito es la cooperación, y un idiota, un loco, no pueden cooperar ni confiar.

Jesús podía hacer milagros. Los milagros eran simples y sucedían porque la gente confiaba. Si puedes confiar, entonces tu mente comenzará a funcionar desde el interior, se extenderá al cuerpo y lo cambiará todo. Pero si no puedes confiar, entonces nada podrá ayudarte. Incluso la medicina ordinaria te ayuda porque confías en ella. Se ha hecho la observación de que cada vez que se inventa un nuevo medicamento, funciona muy bien durante un período de seis meses a dos años, los pacientes sienten sus efectos, pero pierde su efectividad después de seis, ocho o diez meses. Los médicos se han preocupado: ¿qué pasa?

Cada vez que se inventa un nuevo medicamento, crees más en este medicamento que en otro que ya existía. Ahora sabes que la panacea está ahí: «me hará bien». ¡Y así sucede! La confianza en un nuevo medicamento, en un nuevo descubrimiento, ayuda. Hablan de él en la televisión, en la radio, en los periódicos, y hay un clima de confianza y esperanza. Pero después de unos meses, cuando muchas personas lo han tomado, y también unos cuantos tontos, ya que es inevitable, surge la sospecha. «Este hombre ha tomado el medicamento y no ha pasado nada». Entonces, estos tontos crean un anticlima, y poco después el medicamento pierde su efecto.

El médico ayuda aún más que la medicina si confías en él. ¿Has visto que cuando viene el médico porque estás enfermo, sientes alivio con su simple visita si confías en él? Él no te ha dado ninguna medicina, simplemente ha examinado tu cuerpo, tu presión arterial, esto y aquello, y sientes sin embargo que la mitad de la enfermedad ha desaparecido. Confías en él y ya no necesitas cargar con todo el peso; puedes dejárselo a él: el médico se ocupará de ello. Si no confías en él, no podrá hacer nada por ti.

En medicina se llama placebo a un medicamento falso. Es solo agua o algo que no tiene nada que ver con la enfermedad, pero si un médico de confianza te lo da, te ayudará tanto como la verdadera medicina: no hay ninguna diferencia. La mente es más poderosa que la materia, la mente es más poderosa que el cuerpo.

> Jesús recorría toda Galilea,
> enseñando en sus sinagogas,
> anunciando la buena nueva del Reino,
> y sanando toda enfermedad y toda dolencia
> en el pueblo.
> Su fama se extendió por toda Siria,
> y le llevaban todos los que padecían de distintas
> enfermedades y sufrimientos diversos, endemoniados,
> epilépticos y paralíticos, y Él los sanaba.
> Y lo siguió una gran multitud de Galilea, de Decápolis,
> Jerusalén, Judea y otra del lado del Jordán.

Jesús era más un sanador que un profesor. Un sanador no solo del cuerpo, no solo de la mente, sino también del alma. Era un médico, un médico del alma. Es así como debe ser todo maestro.

Tú estás dividido en tu interior, eres fragmentario, no eres completo. Si te vuelves completo, serás curado. Si las tensiones del futuro y las tensiones acumuladas del pasado desaparecen dentro de ti, te curarás, tus heridas desaparecerán. Si puedes estar en el presente, estarás completo, totalmente vivo y una profunda alegría te envolverá.

Jesús no es un filósofo que le haya enseñado algún dogma a la gente. Él es un médico, no un filósofo. Él está tratando de enseñar la confianza, y si esta se da, todo será posible. Él dice: «Si tienes fe, la fe puede mover montañas». Es probable que no se trate de las montañas que existen allá afuera, sino de las montañas de la ignorancia, las montañas de la fealdad, las montañas de la inconsciencia que hay en tu interior. Él no tiene un credo, un dogma. Más bien, Él está liberando una fuerza sanadora a través de ti mismo. Todo su esfuerzo es para ayudarte a que vuelvas a Dios. Por eso dijo: «No estés agradecido conmigo. Agradece a Dios.»

Él dijo también: «Tu fe te ha curado». Ni siquiera Dios puede ayudarte a sanar, sino tu fe. Su insistencia es en la fe. Y recuerda la distinción que hay entre la creencia y la fe: la creencia es una idea; la fe es en la realidad total, la fe es una reverencia por el todo. La creencia es de la mente; la fe es de tu totalidad.

Cuando crees en Dios, crees en un Dios de los filósofos. Cuando crees en Dios, Dios es una idea, una doctrina. Se puede demostrar o refutar y no te transformará. Pero si tienes fe, ésta ya te habrá transformado. No diré que te transformará. Si tienes fe, ya te habrá transformado. La fe no conoce el futuro: tiene un efecto inmediato. Pero la fe no es de la cabeza. Cuando tienes fe, tienes fe en tu sangre, en tus huesos, en tu médula, en tu corazón. Tienes fe en todo tu ser. Un hombre de fe es un hombre de Dios.

Todo el esfuerzo que hace Jesús es para traerte de regreso a casa. Sí, Dios grita a través de Él: «¡Entronízame! Si tienes fe, estarás disponible y Dios será entronizado en ti». Esa es la única manera de alcanzar la felicidad. A menos que Dios esté entronizado en ti, seguirás siendo un mendigo, seguirás siendo pobre, seguirás enfermo. Nunca estarás completo ni sano, y nunca conocerás el éxtasis de la existencia. Nunca podrás bailar y reír y cantar y simplemente ser, solo si Dios está entronizado en ti, y esto significa solo si tú eres destronado y Dios es entronizado.

Así que existe esta opción, la mejor que el hombre puede encontrar: o tú continúas en el trono, o te destronas a ti mismo y dejas que Dios ocupe el trono.

Es todo por hoy.

Capítulo 6

NUNCA OLVIDARÁS LAS BROMAS

La primera pregunta:

Osho, ¿Cuál es la necesidad de mantener el secreto en la relación maestro-discípulo, y también en las relaciones humanas cotidianas?

El ser tiene dos lados: el adentro y el afuera. El afuera puede ser público, pero no el adentro. Si haces público el adentro, perderás tu alma, perderás tu rostro original. Entonces vivirás como si no tuvieras un ser interior. La vida se volverá gris e inútil. Esto le sucede a las personas que llevan una vida pública: los políticos, los actores de cine. Se convierten en personajes públicos, pierden su ser interior por completo; no saben quiénes son, sino lo que el público dice acerca de ellos. Dependen de la opinión ajena, no tienen su propio sentido del ser.

Marilyn Monroe, una de las actrices más famosas, se suicidó, y los psicoanalistas han estado especulando sobre el motivo. Era una de las mujeres más bellas que han existido, una de las más exitosas. Hasta Kennedy, el presidente de Estados Unidos, estaba enamorado de ella. Marilyn tenía miles de amantes. Es imposible pensar que se pueda tener más. Ella lo tenía todo. Pero ella era un personaje público y lo sabía. Incluso en su habitación para encuentros románticos, cuando el presidente Kennedy estaba allí, ella solía dirigirse a él como «Señor presidente», como si se tratara de hacer el amor no con un hombre, sino con una institución. Ella era una institución. Al poco tiempo se dio cuenta de que no tenía nada que fuera privado. Una vez posó desnuda para un calendario y alguien le preguntó: «¿Tenías algo cuando posaste desnuda para el calendario?».

Ella respondió: «Sí, yo tenía algo: la radio».

Se trataba de un «yo» que ya no era privado, sino expuesto y desnudo. Tengo la sensación de que ella se suicidó porque eso era lo único que podía hacer en privado. Todo lo suyo era público, era lo único que podía hacer por su propia cuenta, por sí misma, algo absolutamente íntimo y secreto. Las figuras públicas siempre se han sentido tentadas al suicidio, ya que solo a través del suicidio pueden tener una idea de quiénes son.

Todo lo bello es interior y lo interior significa privacidad. ¿Has visto a las mujeres cuando hacen el amor? Siempre cierran sus ojos. Ellas saben algo. Un hombre hace el amor con los ojos abiertos: sigue siendo un observador, está totalmente inmerso en el acto. Sigue siendo un mirón, como si otro hombre estuviera haciendo el amor y él estuviera observando, así como se hace el amor en la televisión o en el cine. Pero una mujer sabe más porque tiene una sintonía más delicada con su interior. Ella siempre cierra los ojos. Entonces el amor tiene una fragancia totalmente diferente.

Haz una cosa algún día: llena la bañera y luego enciende y apaga la luz de manera intermitente. Cuando esté oscuro, oirás caer el agua con mayor claridad: su sonido será muy claro. Si enciendes la luz, el sonido no será tan claro. ¿Qué sucede en la oscuridad? Que todo lo demás desaparece porque no puedes ver. Solo tú y el sonido están allí. Por eso, todos los buenos restaurantes evitan tener luces fuertes; solo utilizan velas. A la luz de las velas, el sabor es más intenso, comes bien y saboreas más. La fragancia te envuelve. Si la luz es muy brillante, el sabor desaparece. Los ojos hacen que todo sea público.

En el primer párrafo de su *Metafísica*, Aristóteles dice que la visión es el sentido más elevado del hombre. No lo es. De hecho, el sentido de la visión se ha vuelto demasiado dominante. Ha monopolizado todo el yo y ha destruido todos los demás sentidos. Platón, el maestro de Aristóteles, dice que existe una jerarquía de los sentidos: la vista en la parte superior, el tacto en la parte inferior. Está completamente equivocado: no existe ninguna jerarquía.

Todos los sentidos están en el mismo nivel y no debería haber ninguna jerarquía. Pero tú vives a través de los ojos: el ochenta por ciento de tu vida está orientada a la visión. Esto no debería ser así; hay que restaurar un equilibrio. También deberías tocar, porque tocar algo es algo que no pueden darte los ojos. Pero intenta tocar a la mujer que amas, o al hombre que amas bajo una luz brillante y luego hazlo en la oscuridad. El cuerpo se revela en la oscuridad, pero se oculta en la luz brillante.

¿Has visto los cuerpos femeninos en las pinturas de Renoir? Hay algo milagroso en ellos. Muchos pintores han pintado el cuerpo femenino, pero no hay comparación con Renoir. ¿Cuál es la diferencia? Todos los pintores han pintado el cuerpo femenino tal como lo ven los ojos. Renoir lo ha pintado como se siente con las manos, por lo que sus pinturas tienen una calidez y una cercanía, una vivacidad.

Si tocas algo, te parecerá que está muy cerca. Cuando ves algo, te parecerá que está muy lejos. En la oscuridad, en secreto, en privado, se revela algo que no puede revelarse al aire libre, en el mercado. Otros están viendo y observando; algo en lo más profundo de tu interior se encoge, no puede florecer. Es como si arrojaras las semillas al suelo abierto a la vista de todo el mundo. No brotarán nunca. Tienen que ser arrojadas profundamente en las entrañas de la tierra, en una oscuridad profunda donde nadie pueda verlas. Entonces comenzarán a brotar y nacerá un gran árbol. Así como las semillas necesitan oscuridad y privacidad en la tierra, todas las relaciones que sean íntimas y profundas permanecen en el interior. Necesitan privacidad, necesitan un lugar donde solo existan dos personas. Llega un momento en que incluso los dos se disuelven y solo existe uno. Dos amantes en una sintonía profunda se disuelven el uno en el otro. Solo existe uno. Respiran juntos, están juntos, existe una unión conjunta. Esto no sería posible si hubiera observadores. No podrían entregarse si los demás los estuvieran viendo. Los ojos ajenos se convertirían en un obstáculo. Así que todo lo que es bello, todo lo que es profundo, sucede en la oscuridad.

La privacidad es necesaria en las relaciones humanas cotidianas. Y cuando preguntas por la relación entre un maestro y un discípulo, se necesita una mayor privacidad, porque se trata de una transmisión de la energía más elevada posible para el hombre. Es la cumbre más alta del amor, donde un hombre se da a sí mismo en otro, y el otro se transforma en un vientre receptivo. Incluso la más mínima perturbación, alguien que esté mirando, será un obstáculo.

El secreto tiene su propia razón de estar ahí. Recuerda siempre que tú te comportarás de una manera muy tonta en la vida si te vuelves completamente público. Es como si alguien te sacara los bolsillos de adentro hacia afuera. Esa será tu forma: unos bolsillos al revés. No hay nada de malo en estar afuera, pero recuerda que es solo una parte de la vida y que no debería convertirse en el todo.

No estoy diciendo que siempre te mantengas en la oscuridad. La luz tiene su propia belleza y su propia razón de ser. Si la semilla se mantiene en la oscuridad por los siglos de los siglos y nunca recibe el sol de la mañana, morirá. Tiene que internarse en la oscuridad para germinar, para reunir fuerzas, para ser vital, para renacer, y luego tiene que salir y enfrentar el mundo y la luz y la tormenta y las lluvias. Tiene que aceptar el reto del mundo exterior. Pero ese desafío solo puede aceptarse si está profundamente arraigada en tu interior.

No estoy diciendo que haya que ser escapista, no estoy afirmando que cierres los ojos, que te vayas adentro y no salgas nunca. Simplemente estoy diciendo que vayas adentro para que puedas salir con energía, con amor, con compasión. Ve adentro de modo que cuando salgas no seas un mendigo, sino un rey. Ve adentro de modo que al salir tengas algo para compartir: las flores, las hojas. Ve adentro de modo que tu salida te enriquezca y no te empobrezca. Y recuerda siempre que cada vez que te sientas agotado, la fuente de energía está adentro de ti. Cierra los ojos y ve adentro.

Establece relaciones exteriores, pero también interiores. Obviamente, estarán destinadas a ser relaciones exteriores: si estás en el mundo, tendrás relaciones de negocios, pero no solo éstas deben existir. Jugarán un papel, pero debe haber algo absolutamente secreto y privado, algo que puedas llamar tuyo. Eso es lo que no tenía Marilyn Monroe. Ella era una mujer pública y exitosa; sin embargo, fracasó por completo. Se suicidó cuando estaba en la cima del éxito y la fama. La causa de su suicidio sigue siendo un enigma. Ella lo tenía todo para vivir, no se puede pensar en más fama, en más éxito, en más carisma, en más belleza, en más salud. Todo estaba allí, no había nada que pudiera mejorarse y, sin embargo, le faltaba algo. Su interior, lo de adentro, estaba vacío. Así, el suicidio era el único camino.

Es probable que no seas lo suficientemente osado para suicidarte como Marilyn Monroe. Puedes ser muy cobarde y suicidarte muy lentamente; podrías tardar setenta años en hacerlo. Pero aun así será un suicidio. A menos que haya algo dentro de ti que no dependa de nada exterior, que sea solo tuyo, un mundo, un espacio propio donde puedas cerrar los ojos y moverte, y donde puedas olvidar que existe cualquier otra cosa, estarías cometiendo un suicidio.

La vida surge de esa fuente interior y se propaga al cielo exterior. Tiene que haber un equilibrio; siempre estoy a favor del equilibrio. Así que no diré, como Mahatma Gandhi, que tu vida debe ser un libro abierto: no. Está bien unos pocos capítulos abiertos. Y unos cuantos capítulos completamente cerrados, que sean un misterio absoluto. Si es un libro abierto, serás una prostituta, estarás desnudo en el mercado, solo con la radio. No, eso no será suficiente.

Si todo el libro está abierto, solo serás el día y no la noche, solo el verano y no el invierno. Entonces, ¿dónde descansarás?, ¿dónde te centrarás a ti mismo?, ¿dónde te refugiarás?, ¿adónde irás cuando el mundo se canse de ti?, ¿adónde vas a rezar y a meditar? No, la perfección está en mitad de una cosa y mitad de otra. Deja que la mitad de tu libro esté abierta; abierta a todos, al alcance de todos. Y deja que la otra mitad de tu libro sea tan secreta que solo unos pocos invitados puedan verla, que en muy raras ocasiones alguien pueda entrar en tu templo. Debe ser así. Si entran y salen multitudes, entonces el templo ya no será un templo. Podría ser una sala de espera de un aeropuerto, pero no podrá ser un templo. Permite que únicamente en raras ocasiones, muy rara vez, alguien entre a tu ser. Eso es lo que es el amor.

La segunda pregunta:

Osho, A veces me pregunto qué estoy haciendo aquí, sentado frente a ti. De repente eres demasiado para mí, demasiada luz y amor. Y sin embargo, también siento deseos de irme. ¿Me podrías explicar esto?

Sí. Es una pregunta que todos se harán un día u otro. ¿Qué estás haciendo aquí? La pregunta surge porque mi énfasis no está en hacer, yo te estoy enseñando a no hacer. La pregunta es pertinente. Si yo te estuviera enseñando a hacer algo, no te plantearías la pregunta, pues estarías ocupado. Si vas a otra persona, hay miles de *ashrams* en todo el mundo donde te enseñarán a hacer algo, no te dejarán desocupado en absoluto, porque ellos creen que una mente desocupada es el taller del diablo. Mi visión es total y diametralmente opuesta. Cuando estás absolutamente vacío, Dios te llena; cuando estás desocupado, solo entonces eres tú. Pero si estás haciendo algo, estarás solo en la periferia. Todos los actos están en la periferia; los buenos y los malos: todos. Sé un pecador y estarás en la periferia; sé un santo y también estarás en la periferia. Tienes que salir de ti mismo para hacer el mal, pero también tienes que salir de ti mismo para hacer el bien.

El hacer está afuera, el no hacer está adentro. El no hacer es tu yo privado, el hacer es tu yo público. No les estoy enseñando a que sean santos; de lo contrario, habría sido muy fácil: no hagas esto, haz aquello, cambia solamente la periferia, cambia tus actos. Estoy intentando una cosa totalmente diferente, una mutación; no un cambio de una parte a otra de la periferia, sino una transmutación de la periferia al centro. El centro está vacío, es nulo en absoluto. Allí, tú eres. Allí está el ser, el no hacer.

Está destinado que a veces te suceda: estás sentado frente a mí, preguntándome qué estás haciendo aquí. Nada; no estás haciendo nada aquí. Estás aprendiendo simplemente a ser, no a hacer, a no hacer nada: no hay acción, no hay movimiento, como si todo se detuviera, el tiempo se detuviera. Y en ese momento de inmovilidad, estás en sintonía con el presente, estás en sintonía con Dios.

Los actos se convierten en parte del pasado. Los actos pueden estar en el futuro, pueden estar en el pasado. Dios está siempre en el presente. Dios no tiene pasado ni futuro. Y Dios no ha hecho nada. Cuando piensas que Él ha creado el mundo, estás creando una imagen de Él según tu propia imagen. No puedes permanecer sin hacer nada; te vuelves demasiado inquieto, te sientes muy incómodo, así que también has concebido a Dios como un creador. Y no solamente como un creador. Los cristianos dicen que Él creó durante seis días y en el séptimo día, el domingo, descansó; era un día de fiesta. La Biblia dice que Dios creó al hombre según su propia imagen. Todo lo contrario parece ser el caso: el hombre ha creado a Dios según su propia imagen. Como no puedes permanecer desocupado, piensas: ¿Qué haría Dios si no estuviera creando el mundo? Y como te cansas de hacer cosas, crees que Dios también debe haberse cansado al cabo de seis días, y por eso descansó el séptimo. Esto es solo un asunto antropomórfico. Piensas en Dios como pensarías en ti mismo. No, Dios no ha creado el mundo, el mundo ha surgido de su inactividad, el mundo surge de su no hacer. El mundo es un florecimiento de Dios, al igual que un árbol. ¿Crees que un árbol crea las flores luego de hacer un gran esfuerzo, de hacer experimentos, de planear, de preguntarle a los expertos? El árbol no hace nada en absoluto. El árbol está ahí, totalmente desocupado. En ese estado de desocupación, la flor brota por sí misma. Y recuerda: si algún día los árboles se vuelven tontos, tan tontos como lo es el hombre, y empiezan a tratar de producir flores, entonces las flores dejarán de brotar. Dejarán de hacerlo porque siempre brotan sin esfuerzo: Mira una flor. ¿Puedes ver algo de esfuerzo en ella? La esencia misma de una flor es tan carente de esfuerzo: simplemente se abre. Pero no podemos concebir esto. Los pájaros cantan en la mañana, ¿crees que ellos acuden a Ravi Shankar para que les enseñe a cantar? ¿Crees que están haciendo otra cosa cuando empiezan a cantar en la mañana? No, nada de eso. Sale el Sol, y el canto surge de su vacío. El milagro más grande del mundo es que Dios ha creado sin hacer nada. Lo ha hecho a partir de la nada.

Estaba leyendo sobre la vida de Wagner, el compositor y gran músico alemán. Alguien le preguntó: «¿Puedes decir algo sobre tu secreto para haber creado una música tan bella y cómo lo hiciste?». Wagner dijo: «Porque yo no era feliz. Si hubiera sido feliz, no hubiera escrito una sola nota. Las personas que son infelices tienen que llenar sus vidas con imaginación, porque su realidad carece de algo». Y él tiene razón en muchos aspectos. Las personas que nunca han amado escriben poemas de amor. Se trata de un sucedáneo. Si el amor realmente ha sucedido en la vida, ¿quién se molestaría en escribir poemas sobre él? No sería la poesía misma; no habría necesidad de escribir.

Wagner dijo: «Los poetas escriben sobre el amor porque no lo han encontrado». Y luego dijo algo que es tremendamente significativo: «Y creo que Dios creó el mundo porque era infeliz». Es una gran idea, pero ésta es relevante para el hombre, no para Dios. Si me dices: Dios creó el mundo, en primer lugar, Él no es «un creador», sino «una creatividad». Como dice la vieja expresión, Dios creó el mundo no porque no fuera feliz, sino porque era tan feliz que se desbordó, tenía mucho en Él.

El árbol florece en el jardín no porque sea infeliz. La flor brota solo cuando el árbol también tiene mucho que compartir y no sabe qué hacer con eso. La flor es un desbordamiento. Si el árbol no está bien alimentado, si no está bien regado, si no ha recibido la cantidad adecuada de luz solar, de cuidado y amor, entonces no dará flores, porque la floración es un lujo. Esto ocurre únicamente cuando se tiene demasiado, más de lo necesario. Si tienes demasiado, ¿qué haces? Eso se convertirá en una pesadez, será una carga que tiene que ser liberada. El árbol brota y florece, ha llegado a su punto más exuberante.

El mundo es la exuberancia de Dios, un florecimiento. Él tiene tanto: ¿qué hacer con todo eso? Él comparte, lo regala, comienza a expandir, comienza a crear. Pero recuerda siempre que Él no es un creador, como un pintor que pinta. El pintor está separado de la pintura. Si el pintor muere, la pintura seguirá viva. Dios es un creador como un bailarín: la danza y el bailarín son uno solo. Si el bailarín se detiene, la danza se detiene. No se puede separar la danza de la bailarina. No puedes decirle a la bailarina: «Dame tu danza, me la llevaré a casa. Estoy dispuesto a comprarla». La danza no se puede comprar. Es una de las cosas más espirituales en el mundo porque no se puede comprar. No se puede llevar, no se puede hacer un producto de ella. Cuando la bailarina está bailando, la danza está allí; cuando la bailarina se detiene, la danza desaparece como si nunca hubiera existido.

Dios es creatividad. No es que Él haya creado algo en el pasado y luego hubiera hecho una pausa y descansado. ¿Qué ha estado haciendo entonces? No, Él está creando continuamente. Dios no es un evento, es un proceso. No es que haya creado una vez y luego se hubiera detenido, porque entonces el mundo estaría muerto. Él está creando continuamente, así como los pájaros cantan y los árboles florecen y las nubes se mueven en el cielo. Él está creando y no necesita tomar ningún descanso, porque la creatividad no es un acto. Él no puede estar cansado. La creatividad surge de su nada.

Este es el significado que tiene en Oriente cuando decimos que Dios es el vacío. Solo la nada puede ser infinita; «algo» está destinado a ser finito. Solo de la nada es posible una extensión infinita de la vida, de la existencia, y no de algo. Dios no es alguien; Él es nadie, o más correctamente, la «despersonalización». Dios no es algo: Él es la nada, es un vacío creativo, lo que Buda llamó śūnyatā. Él es un vacío creativo. ¿Qué les estoy enseñando a ustedes? Les estoy enseñando lo mismo: a que se conviertan en vacíos creativos, en hacedores, y a deleitarse solo en ser.

Por eso la pregunta está destinada a surgir en la mente de todos en un momento u otro. Me dices: «A veces me pregunto qué estoy haciendo aquí». Te lo preguntas con razón, pues no estás haciendo nada aquí. Tu mente puede ofrecerte respuestas, pero no las escuchas. Escucha mi respuesta: No estás haciendo nada aquí, yo no te estoy enseñando a hacer algo. Tu mente puede decir que estás aprendiendo a meditar: que estás haciendo meditación, yoga, esto y lo otro, o que están intentando alcanzar la iluminación, el satori, el samadhi, todo tipo de tonterías. Este es el producto de tu mente, porque la mente es activa, no puede permanecer sin actividad. La mente crea algún tipo de actividad. Gana dinero: si has terminado de hacerlo, entonces gana meditación, pero gana algo. Logra algo, haz algo. Sientes miedo cuando no estás haciendo nada, porque estás frente a frente con el vacío creativo. Ese es el rostro de Dios: cuando estás en medio del caos y estás cayendo a un abismo infinito no puedes ver el fondo; no hay ninguno.

¿Qué estás haciendo sentado frente a mí? Simplemente estar sentado. Ese es el significado del *zazen*, como se le llama a la meditación en el zen. Zazen significa estar sentado sin hacer nada. Si solo puedes sentarte cerca de mí, eso será suficiente, más que suficiente; no necesitas nada más. Si puedes sentarte sin hacer nada, sin producir siquiera un pensamiento, sin pensar ni soñar, si únicamente puedes sentarte cerca de mí, eso hará todo lo demás.

«De repente, eres demasiado para mí», dices. Sí: si solo te sientas, yo seré demasiado, porque si solamente te sientas, comenzaré a fluir dentro de ti. Si te sientas simplemente, de inmediato percibirás la luz y el amor. Y entonces dices: «Quiero irme», porque le tienes miedo al amor y a la luz. Te has convertido en un habitante de la oscuridad. Has vivido tanto tiempo en la oscuridad que tus ojos tienen miedo. No importa lo que digas que te gustaría vivir en la luz, tus hábitos profundamente arraigados se encogen y dicen: «¿Adónde vas?». Has invertido mucho en la oscuridad. Todo tu conocimiento se relaciona con la oscuridad. Pero en la luz serás absolutamente ignorante. Toda tu sabiduría y experiencia proviene de las tinieblas; estarás desnudo bajo la luz. Todo lo que sabes pertenece a la oscuridad; en la luz te sentirás como un niño inocente, como un niño pequeño, sin saber nada.

Has vivido en la esclavitud y ahora tienes miedo de ser libre. Hablas de la libertad y del *moksha*, la libertad absoluta, pero si te miras a ti mismo, sabrás que huyes cada vez que la libertad viene a ti; te asustas. Tal vez hablas de libertad solo para engañarte a ti mismo, tal vez se trata de un sucedáneo, del sucedáneo del cual hablaba Wagner. Estás esclavizado; nunca has conocido la libertad. Hablas sobre la libertad, cantas canciones de libertad y por medio de ellas sientes una satisfacción vicaria, como si hubieras alcanzado la libertad. Se trata de una «presunta libertad». Pero conmigo, no será una «presunta realidad» : será una realidad. Y tú sientes miedo de la realidad.

Pides amor, pero huyes cuando este llega porque el amor es peligroso. Uno de los mayores peligros en la vida es el amor. La mente puede acomodarse con el matrimonio, pero el amor no. La mente siempre quiere la ley, no el amor. La mente siempre ama el orden y no el caos que es el amor. La mente quiere permanecer en la seguridad y el amor es la mayor inseguridad que puedas encontrar. Siempre que viene el amor, sientes miedo en lo más profundo de tu ser, te agitas y tiemblas porque si permites que entre en ti, el amor destruirá tu mente. La mente dice: «¡Huye! ¡Escapa de inmediato!». La mente está tratando de salvarse a sí misma.

Has vivido en un contacto muy profundo con la mente y te has aferrado demasiado. Crees que todo lo que la mente dice es correcto, piensas que todo lo que sea seguro para la mente es seguro para ti. Esto es un verdadero malentendido. La muerte de la mente será vida para ti, y la vida de la mente no es más que muerte para ti. La identidad tiene que ser fragmentada. Debes ser consciente de que tú no eres la mente. Solo entonces podrás estar cerca de mí, solo entonces se disolverá tu deseo de marcharte y huir. De lo contrario, podrías encontrar varias razones para irte, pero todas serán falsas. La verdadera razón será la siguiente: que no pudiste dejar que entrara la luz, no pudiste permitir que entrara el amor y destruyera tu mente y tu ego, y te ofreciera un renacimiento.

La tercera pregunta:

Osho, Tu enseñanza parece ser la siguiente: ser absolutamente uno mismo. No entiendo eso. ¿Cómo se puede ser uno mismo si uno no es uno mismo?

Déjame hacerte otra pregunta: ¿cómo puedes no ser tú mismo? Puedes creer eso, pero no puedes ser otra cosa diferente a ti mismo. Piensa que eres otra persona, puedes imaginar que eres otra persona, pero siempre eres tú mismo y nada más. Si crees que eres tú o no, es algo irrelevante. Tú sigues siendo tú mismo todo el tiempo. Puedes salir a perseguir las sombras, pero un día u otro tendrás que comprender que has hecho algo absurdo.

¿Cómo es posible que no seas tú?, ¿cómo? Me preguntas cómo es posible ser uno mismo. Yo te pregunto: ¿cómo puede ser uno otro diferente de uno mismo?, y mi pregunta es la respuesta. Nadie ha sido otro diferente de sí mismo, nadie puede ser otro diferente de él. Ser uno mismo es la única manera de ser, no hay nada que pueda hacerse al respecto.

Tú puedes creer. Es como si duermes de noche en Pune y sueñas que estás en Filadelfia. Eso no produce ningún cambio en la realidad. Tú permaneces en Pune; Filadelfia sigue siendo solamente un sueño. Recuerda: no te despiertas en Filadelfia por la mañana; te despiertas en Pune. Puedes sentirte muy miserable. ¡Pero esa es la realidad! No hay nada que pueda hacerse al respecto; a lo sumo, soñar de nuevo con Filadelfia.

Ustedes son dioses. Esa es la realidad de ustedes. Puedes creer, has creído en muchas cosas. A veces creías que eras un árbol: muchos árboles todavía están creyendo eso. A veces creías ser un animal, un tigre, un león. Pocas personas pertenecen al «club de leones». ¡No están satisfechos con ser hombres, sino leones! A veces creías ser un león, y entonces fuiste un león: un sueño. A veces creías que eras una roca y eras una roca: un sueño. Has ido cambiando tus sueños.

Ya ha llegado el momento. ¡Despierta! Yo no te daré otro sueño, recuerda. Tú lo anhelas, te gustaría que yo te diera otro sueño, pero no lo haré. Por eso estar conmigo es arduo y difícil, porque estoy insistiendo en que despiertes. Ya basta. Has soñado mucho, has estado soñando desde la eternidad. Has estado cambiando tus sueños. Cuando te cansas de un sueño, comienzas a cambiarlo; sueñas. Todo mi esfuerzo es para sacudirte, para conmocionarte, para despertarte.

No se trata de lograr algo nuevo, sino de tu ser. Solo abrir tus ojos, solo olvidarte de los sueños, de las nubes y de la visión; es una cuestión de claridad y de entendimiento, eso es todo. Entre tú y Jesús, entre tú y yo, entre tú y el Buda no hay diferencia de ser, nada. Tú eres exactamente el mismo. La diferencia, a lo sumo, es que tú estás dormido y Jesús no está dormido. Eso es todo.

Así que no me preguntes cómo ser uno mismo, no puede ser de otra manera. Más bien pregúntame cómo estar despierto. ¡Tú eres tú mismo todo el tiempo! Simplemente debes estar un poco más alerta, alcanzar un nuevo tipo de conciencia; simplemente observa. No intentes ser nada porque eso se convertirá en un sueño. Simplemente observa: quienquiera que seas, dondequiera que estés, simplemente observa, sé, y permite que eso se manifieste. Entonces el suceso, el suceso repentino, puede llegar en cualquier momento. Los cielos se abren y el espíritu de Dios puede entrar en ti como una paloma. De hecho, esto es solo una manera de decir algo que no puede decirse. Pero también se puede decir justamente en los términos opuestos. Permítanme expresarlo: cuando Juan Bautista inició y bautizó a Jesús, Jesús se abrió y el espíritu de Dios se liberó de Él y voló hacia el cielo infinito, al igual que una paloma. Esto es exactamente la misma verdad. Es únicamente una manera de decirlo a partir de dos polaridades.

Ustedes son dioses y nunca han sido otra cosa. Por eso, no me preocupa si quieres dormir un poco más. No hay nada malo en ello: la elección depende de ti. Puedes dormir un poco más, darte vuelta y roncar un poco más, eso no tiene nada de malo. Pero no trates de mejorar, no trates de lograr nada más. ¡No intentes convertirte en nada porque ya eres eso que puedes llegar a ser! El ser es tu único devenir, llevas tu propio destino en tu interior. Relájate y sé.

La cuarta pregunta:

Osho, ¿Tú también estás aprendiendo?

Sí, porque estarás muerto si dejas de aprender. El aprendizaje es la vida. Puedes preguntarme: «¿Todavía estás vivo?». Sería la misma pregunta.

El ego es un perfeccionista y piensa que cuando has llegado, cuando te has iluminado, entonces no hay aprendizaje porque ya lo sabes todo. Pero si lo sabes todo, ese «todo» será finito. Se ha vuelto finito solo porque ya lo conoces. No puedes conocer lo infinito. El infinito solo significa que puedes aprender y aprender y el final no llega nunca, es un viaje eterno. Comienza, pero nunca termina. Y entonces el ego piensa: ¿cuál es la diferencia cuando también estamos aprendiendo? La diferencia es que tú estás aprendiendo mientras duermes profundamente y estás inconsciente, y un hombre que está iluminado aprende de manera consciente. Tu aprendizaje no es saber, tu aprendizaje es conocimiento, es información muerta. Si un hombre ha despertado, su aprendizaje no es como el conocimiento, su aprendizaje es simplemente saber. Él es como un espejo. El espejo sigue reflejando. Un pájaro vuela frente a él, y el espejo lo refleja. ¿Hay un punto en el que puedas decir: «Ahora el espejo es perfecto; no refleja nada»? Si el espejo es perfecto, reflejará a la perfección, eso es todo. Cuando has despertado, aprendes a la perfección. No es que dejes de aprender, no es que te hayas vuelto perfecto y no haya nada más qué saber: todo lo contrario. Cuanto más sepas, más hay que saber; cuanto más abras los ojos, más te rodeará el infinito. Se trata de un viaje infinito. Todavía estoy aprendiendo. Y soy feliz, no me gustaría que fuera de otra manera. No me gustaría llegar a un punto en el que pueda decir: «Lo sé todo», porque eso sería la muerte. Entonces, ¿qué? El río se congelaría, dejaría de fluir. No, un río perfecto sigue fluyendo, nunca se congela. Seguiré aprendiendo. Buda y Jesús todavía están aprendiendo. Tiene que ser así.

Mahavira todavía está aprendiendo, a pesar de lo que dicen los jainistas. Ellos dicen que Él lo sabe todo, que se ha vuelto omnisapiente, porque sus egos están involucrados. Es su maestro: ¿cómo puede seguir aprendiendo? ¿No significa eso que todavía no es perfecto? Así que los jainistas dicen que Mahavira lo sabe todo, que se ha convertido en un *sarvagya*; omnisciente «el que lo sabe todo». Es el ego de ellos, no Mahavira.

Si les dices a los cristianos que Jesús todavía está aprendiendo, se enojarán mucho. El hijo de Dios, el hijo unigénito de Dios, ¿cómo puede estar aprendiendo todavía? ¡Él lo sabe todo! Pero yo les digo que Él todavía está aprendiendo, porque todavía está vivo, vivo con el infinito, aprendiendo infinitamente, y es obvio, aprendiendo de manera perfecta. Esto es muy difícil de entender porque tu ego siempre busca metas y si el aprendizaje continúa por siempre, entonces no hay objetivo. Pero yo les digo: así es la vida. La vida no tiene meta, es un río inagotable: llega siempre, pero nunca lo hace; siempre llega, pero cada llegada se convierte en un nuevo punto de partida. Si vas al Himalaya, escalas, caminas, asciendes a la cima. Durante el tiempo que estuviste caminando, no había picos más allá de él. Entonces llegas a la cima y ves muchos picos más. Sigues y sigues y sigues; es un proceso continuo. Dios es el proceso. Incluso Dios está aprendiendo. Tiene que ser así; de lo contrario, sería una estupidez. Él no es tonto, Él está aprendiendo. Él está evolucionando y eso es hermoso. Nada es estático, todo es dinámico. Eso es lo que quiero expresar cuando digo: no digas que Dios es; di siempre que Dios está sucediendo. No utilices un término estático, no utilices un término antiguo para Él; utiliza un verbo. Di que Él está sucediendo, di que está aprendiendo, di que está evolucionando, di que es un proceso, que es un río, y habrás encontrado la verdad.

Sí, estoy aprendiendo en forma continua. A cada momento, la vida es tan tremendamente hermosa, y tan supremamente vasta, tan tremendamente infinita y misteriosa. Decir que uno ya lo sabe todo sería un sacrilegio.

La quinta pregunta:

Osho, ¿Por qué Jesús habla constantemente con parábolas oscuras que casi siempre desconciertan incluso a sus discípulos? ¿Fue esta una técnica deliberada? ¿Por qué no podía ser tan claro como tú?

¿Quién te dijo que yo soy claro? Puedes tener esa impresión mientras me escuchas. Piénsalo y medita en ello más tarde: encontrarás que soy más desconcertante que Jesús. ¡Al menos Él es coherente! Y nunca hagas ese tipo de preguntas, porque ellas demuestran que estás actuando como un juez. ¿Por qué Jesús hizo esto o aquello? Si no puedes dejar siquiera a Jesús por fuera de tu juicio, ¿cómo podrás dejar por fuera a los demás?, ¿por qué no puedes aceptar las cosas como son?, «¿por qué esta flor es blanca y no roja?», ¿no es acaso una pregunta tonta? Esta flor es de color rojo, esa flor es de color blanco: ¿Por qué?

Un niño caminaba con D. H. Lawrence por un jardín y le preguntó: «¿Por qué los árboles son verdes?». D. H. Lawrence miró al niño y le dijo: «¡Son verdes porque son verdes!». Jesús es Jesús, yo soy yo. Jesús no está ahí para seguirme, ni yo estoy aquí para seguirlo. Y es bueno que todos seamos únicos; de lo contrario, la vida sería un aburrimiento, una monotonía. Pero la gente es tonta: vienen a mí y me preguntan: «¿Por qué Buda dijo esto y Mahavira no?». Porque Mahavira es Mahavira, y Buda es Buda. El Ganges fluye hacia el Este y el Narmada continúa fluyendo hacia el Oeste: ¿Qué se puede hacer? Si todos los ríos fluyeran hacia el Este, ¿crees que el mundo sería mejor? Basta con pensar en un mundo con cuatro mil millones de budas; ¿puedes pensar en algo más aburrido? Comenzarían a suicidarse: adondequiera que fueras encontrarías una réplica tuya, adondequiera que miraras sería como si siempre te estuvieras mirando en el espejo: solo verías personas exactamente iguales.

No; es bueno que todo el mundo sea único. ¿Por qué anhelas esas cosas? Jesús es hermoso en sus parábolas; Él no sería hermoso sin ellas. Le faltaría algo sin sus parábolas. Él es uno de los narradores más hermosos. Y obviamente, la belleza de una parábola consiste en que desconcierta a la razón. Pero ustedes son infantiles: piensan que una historia es perfecta cuando le dan una conclusión, una moraleja. Son como niños en edad escolar que no pueden sentirse satisfechos a menos que la historia concluya con exactitud matemática. Entonces se sentirán satisfechos, pero la historia estará muerta. Una historia que tenga una conclusión perfecta estará muerta.

Una parábola no intenta decirte algo, sino mostrarte algo. Señala de manera muy indirecta: la conclusión tienes que suministrarla tú. Deja una brecha, te da un poco de espacio para encontrar la conclusión. Una parábola es creativa. Cuando una historia es totalmente completa, así como dos más dos son cuatro, entonces no da margen para la imaginación, no hay margen para la meditación. Es simplemente matemática. Ya no es poética, está muerta.

Te gustaría que alguien te dijera absoluta y exactamente lo que quiere decir, pero entonces su sentido último no te podría ser revelado. El sentido último siempre será indirecto, indicado, dicho y, sin embargo, no será expresado. Sientes algo vago, pero nunca es concreto. Si se hace concreto, es de este mundo. Si continúa siendo vago y lo sigues e intentas averiguar la clave, en el esfuerzo mismo para encontrarla te elevarás por encima de ella y habrás entrado a otro mundo.

Una parábola no es una historia común, sino simbólica y creativa. Si la escuchas, si tratas de entenderla, tu comprensión será mayor de lo que era antes de escucharla. Una historia común sigue siendo inferior a tu comprensión: puedes entenderla perfectamente porque no tiene nada más allá de ella. Las parábolas son del más allá: van un paso más adentro de tu mente, un paso afuera, otro paso más allá. Son una persuasión.

Jesús habla constantemente con parábolas. Realmente quiere desconcertarte porque está hablando de algo que es inefable, difícil de alcanzar: un misterio. Él habla acerca de lo misterioso. Hay que dejar lagunas para que tú puedas llenarlas. Las parábolas deben ser como enigmas que te desafíen y tú crecerás gracias al desafío. Y nunca compares: ¿Por qué Jesús es de esta manera? Los árboles son verdes porque son verdes. Jesús es como Jesús y no como cualquier otra persona. En eso he estado insistiendo constantemente para que tú lo seas también: simplemente sé tú mismo, nunca seas otro. Nunca seas cristiano, nunca seas hinduista, nunca seas jainista, porque entonces estarás siguiendo un patrón y perderás tu alma. El alma es tuya, individual, única, y el patrón es público, colectivo, social. Nunca intentes ser otra persona. Simplemente intenta averiguar quién eres y permítelo, acéptalo, acógelo, deléitate en ello, disfruta de modo que lo nutras, de manera que crezca. A través de ti, Dios está tratando de ser alguien que nunca antes había intentado ser.

Dios no es repetitivo: su creatividad es infinita. Él nunca hace el mismo modelo de nuevo; no es un Henry Ford. Es absolutamente inventivo, cada día ensaya algo nuevo y fresco. Nunca se molesta en repetir un modelo nuevo, siempre sigue mejorando. Es un gran innovador. En eso consiste la creatividad. Así que no intentes convertirte en un Jesús, porque entonces Dios no te recibirá.

Un *hassid* se estaba muriendo. Su nombre era Josías. Alguien le preguntó: «¿Le has orado a Dios?, ¿has hecho las paces con Dios? ¿Estás seguro de que Moisés atestiguará por ti?».

Josías lo miró y le dijo: «No me preocupo por Moisés, porque cuando esté frente a Dios, sé perfectamente que Él no me preguntará: "Josías, ¿por qué no fuiste un Moisés?" Él me preguntará: "Josías, ¿por qué no fuiste Josías?". Así que me preocupo por mí mismo. ¡Deja de decir tonterías! ¿Qué voy a hacer con Moisés? He desperdiciado toda mi vida en ello. Ahora me estoy muriendo y estoy enfrentando la verdadera pregunta que me hará: "¿Eras tú Josías o no? Yo te hice para que fueras alguien especial, alguien único. ¿Alcanzaste esa cima o no?, o ¿ acaso perdiste la oportunidad?"».

Seguramente Dios te preguntará: «¿Pudiste ser tú mismo?». No se puede hacer otra pregunta.

No hagas preguntas como: «¿Por qué Jesús hablaba constantemente con parábolas oscuras?». ¡Porque a Él le gusta hablar así! Y una parábola tiene que ser oscura, tenue como la luz de las velas. La luz demasiado brillante mata la parábola, un análisis excesivo mata la parábola. La parábola es poesía. «¿Fue esta una técnica deliberada?». Nunca puedes ir más allá de la técnica, estás demasiado obsesionado con la técnica. Todo se convierte en técnica para ti. Esta es la forma de ser de Jesús y no una cuestión de técnica. Él no está siguiendo una técnica determinada: no es un seguidor de Dale Carnegie. Nunca ha leído el libro *Cómo hacer amigos e influir sobre las personas*. No está siguiendo una técnica: Él no era norteamericano.

En Estados Unidos todo se ha convertido en una técnica. Incluso si quieres hacer el amor vas a aprender la técnica. ¿Te imaginas un día más desafortunado para la humanidad? Ni siquiera los animales hacen eso. Ellos saben perfectamente cómo hacer el amor; no van a una escuela para aprender la técnica. Pero en Estados Unidos todo se ha convertido en una técnica. Se tiene que aprender incluso cómo ser amable. ¿Está el hombre tan completamente perdido que tiene que aprender incluso la amistad?

La gente viene a mí y yo sigo diciéndoles: «¡Ríanse!». Me preguntan cómo reír. ¿Cómo reír? Aprendan de Swami Sardar Gurudayal Singh, ¡es un maestro perfecto! Pero he escuchado el rumor de que la gente no le permite reír. Ellos dicen: «Nuestra meditación se ve perturbada». ¿Su meditación se ve perturbada por la risa? Entonces no vale nada.

Tienes que aprenderlo todo. Creo que tarde o temprano tendrás que aprender a respirar. Es posible, porque haces muchas otras cosas del mismo modo. Uno no tiene que preguntarse cómo dormir, cómo relajarse. Esto es algo natural, al igual que la respiración. Ve y pregúntale a un primitivo; simplemente se reirá si le preguntas: «¿cómo haces para tener un sueño tan profundo?». Él dirá: «¡Qué pregunta más tonta! Simplemente recuesto mi cabeza y ya. No existe un cómo para eso». Pero tú responderás: «Aun así, tiene que haber un truco, porque yo me esfuerzo y no pasa nada. Debes saber un secreto que estás ocultando». Él no te oculta nada, eso es lo que sucede. Simplemente recuesta su cabeza y se va a dormir. No hay diferencia entre estos dos estados.

Algún día, el hombre te preguntará cómo respirar; y si tú le dices: «respira simplemente, no hay un cómo para eso», no te creerá. Cómo amar, cómo vivir, cómo reír, cómo ser feliz; todas estas son cosas simples, no se necesita un cómo. Son cosas naturales, no son técnicas.

Jesús es así. ¡Le encanta la forma en que dice sus parábolas! Él sabe que tiene una habilidad intrínseca para contar una parábola. Una parábola no es aritmética. No debe ser muy clara; de lo contrario, la esencia se perderá. Debe ser una persuasión, no debe ser un anuncio publicitario. No debe argumentar, porque entonces perderá su esencia. ¿Por qué no argumentar, por qué decir una parábola? Ella no debe dar pruebas, solo debe proporcionar pistas, y de nuevo, no del todo. Solamente unas cuantas pistas para que cuando tu ser sea desafiado, te vuelvas alerta.

Escuché que Chuang Tzu estaba hablando con sus discípulos, y tal como suele suceder, muchos de ellos estaban profundamente dormidos. Debe haber sido tarde en la noche; estaban cansados y Chuang Tzu decía cosas difíciles que estaban más allá de su comprensión. Cuando algo está más allá de ti, te parece mejor irte a descansar que molestarte con eso. De repente, Chuang Tzu vio que muchos de ellos dormían y que era inútil. Estaban incluso roncando, lo cual le molestaba. Así que les contó una parábola. Dijo: «Una vez sucedió que un hombre tenía un burro y estaba de viaje en una peregrinación hacia un lugar santo. Pero él era muy pobre y aconteció que tenía hambre. No le quedaba dinero, así que le vendió el burro en el que viajaba a otro viajero que era rico. Pero a la tarde siguiente, cuando el Sol calentaba mucho, el primer dueño descansaba a la sombra a un lado del burro. El segundo dueño le dijo: "No está bien. Has vendido el burro". El primer dueño respondió: "He vendido el burro, pero no la sombra"».

Todo el mundo se puso alerta: nadie dormía, nadie roncaba. ¡Cuando hablas de burros, ellos oyen de inmediato! Chuang Tzu dijo: «He terminado con la historia. Ahora llego a mi punto». Pero todos dijeron: «¡Espera! Por favor, termina la historia». Chuang Tzu respondió: «Era una parábola, no una historia. Ustedes están más interesados en los burros que en mí».

Ahora todo el mundo palpitaba de emoción: «¿Qué sucedió? Dinos qué sucedió», pero Chuang Tzu se detuvo allí, nunca terminó la historia. No estaba destinada a ser completada, era solo una indicación de que la mente humana está más interesada en estupideces que en los valores y cosas más elevadas; está más interesada en asuntos triviales.

La historia me encantó. Fue hermoso de su parte. Él llegó a todas las mentes estúpidas hasta cierto punto; con una indicación, con una pista. Jesús habla con parábolas por muchas razones. Pero estas razones no son técnicas. Puedes pensar en ellas, pero no son técnicas. Simplemente le sucedió de manera natural, era un buen narrador. Pero puedes pensar en las razones por las que Él se expresaba con parábolas. La primera: las grandes cosas pueden decirse si creas un drama que las rodee. Si las cuentas sin el drama, serán planas. Por eso las historias tienen una tendencia a vivir, a vivir para siempre. Los Vedas pueden desaparecer, pero el Ramayana, la historia de Rama, no desaparecerá. Es una historia y será preservada. Los Upanishads pueden desaparecer, pero las parábolas de Jesús permanecerán. Se mantienen a tu alrededor, se convierten en un clima.

Nunca te olvidas de una historia hermosa. Es como si cantas una canción hermosa que recordarás mejor que si fuera prosa. Si es poesía, será bien recordada. Encaja de alguna manera con la cualidad más profunda de tu mente. Si te trata de una parábola, si hay un drama en ella, tenderá a adherirse a ti. Vendrá una y otra vez y otra vez, y se convertirá en un clima interior.

Los principios simples se olvidan pronto. Y en los días de Jesús no se escribían libros. Todo lo que Él dijo fue recopilado muchos años después. Y durante todo ese tiempo solo estuvo en la memoria de la gente que lo había oído.

Una parábola puede recordarse bien. Ustedes se olvidarán de lo que yo digo, pero nunca se olvidarán de las parábolas, de las anécdotas, de las bromas. Puedes olvidarte de Mahavira y Moisés, pero no te olvidarás de Mulá Nasrudín. Mahavira está demasiado lejos; Nasrudín es tu vecino. Mahavira puede estar en algún lugar de la moksha, Nasrudín está dentro de ti. Él es tú; puedes reconocerte en él.

Así que puede haber razones, pero no te preocupas por ellas. Es la manera de Jesús y es bueno que nunca intentara imitar la manera de nadie. En el judaísmo hay profetas, grandes profetas: Jeremías, Ezequiel, etc. Ellos tenían su propia manera. Incluso Juan Bautista nunca usó ninguna parábola. Esto tiene que ser entendido. Los profetas son exclusivos del judaísmo. No existen en ningún otro lugar. Los místicos están en todas partes: Buda es un místico, no un profeta; Mahavira es un místico, no un profeta. Un místico es aquel que ha llegado a Dios: un profeta es aquel a quien Dios ha llegado. El concepto de los profetas solamente existe en el judaísmo, porque solo en el judaísmo Dios busca al hombre. En todas las otras religiones, el hombre busca a Dios.

Cuando el hombre busca a Dios y lo encuentra, es un místico. Cuando Dios busca al hombre y lo encuentra, es un profeta. Cuando el hombre se acerca a Dios, es un místico, cuando Dios viene al hombre, es un profeta. Cuando la gota cae al océano es un místico. Cuando el océano cae a la gota, entonces es un profeta.

Un profeta es un hombre muy loco y vehemente, y tiene que serlo: el océano ha llegado a él. Jeremías, Ezequiel, Juan Bautista: ellos son profetas, locos, los locos de Dios. Ellos hablan con fuego, no te hablan con parábolas. Sus oraciones son ácidas, te queman. Ellos no pueden calmarte. Buda es muy relajante, Krishna es como una canción de cuna que te envuelve, te alivia, te consuela, te cura. Un profeta simplemente te quema con un deseo desconocido, te enloquece. Jesús es un profeta y un místico que ha venido a Dios y a quien Dios ha venido también. A veces habla como Juan Bautista y en ocasiones habla como Krishna. A veces te calma y a veces te hiere. Es un fenómeno con un equilibrio muy profundo: un profeta y un místico al mismo tiempo. Por eso encontrarás una síntesis en Él. Hallarás en Él todo lo que hay en el judaísmo, todo lo que es hermoso y grande, y encontrarás en Él todo lo que es bello en Krishna, en Buda, en Mahavira, en el jainismo, en el hinduismo, en el budismo.

Jesús es un punto culminante, como si todas las religiones del mundo se dieran cita en Él y alcanzaran un *crescendo*. Él habla a veces como un profeta: Él invoca, provoca: te llama. Pero esa no es su única cualidad. Él alivia; cuenta parábolas, consuela, te canta una canción de cuna. Te despierta y también te ayuda a dormir. Esa es su forma de ser. Recuerda que todas las explicaciones son explicaciones después de los hechos. Lo fundamental es que ésta es su forma de ser y no hay otra forma posible para Él.

Sócrates fue envenenado. El tribunal decidió que debía ser condenado a muerte, pero la gente lo quería mucho; incluso en la corte, casi la mitad de los jueces estaban a su favor. Así que le dieron una oportunidad. Le dijeron: «Si dejas de hablar sobre la verdad, si te callas, puedes ser perdonado y evitar tu muerte». Sócrates dijo: «Eso es imposible. Eso sería más mortal que la muerte, porque hablar sobre la verdad es el único camino que conozco. Sería peor que la muerte. Así que mátenme por favor, porque si me perdonan y me dicen que tengo que guardar silencio, será imposible. Esa no es mi forma de ser.

Hablar sobre la verdad es el único oficio que sé, el único oficio que conozco. Es mi única manera de ser. No puedo prometer que dejaré de hablar sobre la verdad, porque incluso si me callo, incluso en mi silencio solo hablará la verdad. Así que no puedo prometer eso. Será mejor que me maten». Y lo mataron. Esto es muy significativo. Un Sócrates es un Sócrates, y no hay otra manera posible. Todas las explicaciones son explicaciones posteriores. Pero no te preocupes por ellas. Ama, si puedes; y si no puedes amar a Jesús, olvídate de Él y busca a alguien más a quien puedas amar. No te preocupes por explicaciones, razonamientos ni pruebas.

Solo el amor te ayudará a entender, nada más. Cuando amas a una persona, a cualquiera que sea: Jesús o Krishna, la entiendes de inmediato, entiendes que esa es su forma de ser. Entonces no quieres que ella sea de otra manera. El amor nunca quiere cambiar a nadie. El amor acepta, entiende.

La última pregunta:

Osho, ¿Hay algún misterio detrás de tu respuesta cuando dices también el nombre de quien hace la pregunta? Explícanos, pero por favor no digas mi nombre porque a veces es demasiado pesado.

Esto viene de una sannyasin. No voy a decir el nombre, porque en el fondo ella quiere que su nombre sea dicho. No es la primera vez que ha hecho la pregunta y yo la he evitado muchas veces. En el fondo, ella quiere que se diga su nombre para que se convierta en una parte de la historia, en una parte del expediente. Este es su último intento. Ella quiere hacer una broma cuando dice: «Por favor, no digas a mi nombre», para que no me provoquen. Pero no me puede provocar.

Es todo por hoy.

Capítulo 7

TEN PIEDAD, NO OFREZCAS SACRIFICIOS

Mateo 9

[9] Jesús se fue de allí y vio a un hombre llamado Mateo, que estaba sentado a la mesa de recaudación de impuestos. Sígueme, le dijo. Mateo se levantó y lo siguió.
[10] Después, mientras Jesús estaba comiendo en casa de Mateo, muchos recaudadores de impuestos y pecadores llegaron y comieron con Él y sus discípulos.
[11] Cuando los fariseos vieron esto, le preguntaron a sus discípulos: ¿Por qué su maestro come con recaudadores de impuestos y con pecadores?
[12] Al oír esto, Jesús les dijo: No son los sanos los que necesitan médico, sino los enfermos.
[13] Vayan y aprendan qué significa aquello de: Lo que quiero de ustedes es que sean compasivos, y no que ofrezcan sacrificios. Porque no he venido a llamar a los justos, sino a los pecadores.

Lucas 9

[23] Dirigiéndose a todos, declaró: Si alguien quiere ser discípulo mío, niéguese a sí mismo, cargue su cruz cada día y sígame.

[24] Porque el que quiera salvar su vida, la perderá; pero el que pierda su vida por causa mía, la salvará.

[25] Pues, ¿de qué le sirve al hombre ganar el mundo entero si se pierde o se arruina?

La religión es básica y esencialmente una rebelión. No es un conformismo, no es la pertenencia a ninguna organización, sociedad o iglesia, porque toda pertenencia proviene del miedo y la religión es libertad. Sentimos miedo al estar solos. Nos gusta pertenecer, a una nación, a una iglesia, a una sociedad, porque cuando perteneces a la multitud, te olvidas de tu soledad. No desaparece, pero eres ajeno a ella. Te engañas, creas un sueño a tu alrededor, como si no estuvieras solo. Pero de todos modos sigues estando solo, solamente es un producto tóxico.

La religión no es un producto tóxico. No te da inconsciencia; te da conciencia. Y la conciencia es rebelde. Cuando eres consciente, no puedes pertenecer a ninguna sociedad, a ninguna nación, a ninguna iglesia, porque cuando eres consciente, percibes la belleza austera de la soledad. Percibes la música que suena continuamente en tu alma, pero nunca te has permitido estar solo para escucharla, para estar en armonía con ella, para ser uno con ella.

La religión no es conformismo, porque todo conformismo es mecánico, pues tienes que hacer ciertas cosas que se espera que hagas. Las haces porque tienes que vivir con personas y tienes que seguir sus reglas; las haces porque has sido condicionado para hacerlas. Vas a la iglesia, al templo, oras, sigues los rituales, pero todo está vacío. A menos que tu corazón esté en ello, todo estará muerto y mecánico. Puedes hacer todo tal como está prescrito, sin errores, puede ser incluso perfecto, pero de todos modos estará muerto.

He oído que el presidente Kennedy tenía que firmar tantas cartas, autógrafos y fotos personalizadas que un pequeño mecanismo fue inventado para él. La máquina firmaba por él y la firma era tan perfecta que ningún experto podía decir cuál era la mecánica y cuál era la auténtica, ni siquiera el presidente Kennedy podía saberlo. Malcolm Muggeridge informa que cuando Kennedy fue asesinado, olvidaron apagar la máquina, la cual siguió funcionando. El presidente siguió firmando cartas personalizadas, incluso cuando había muerto. Un mecanismo es un mecanismo.

Te conviertes al cristianismo: entonces te conviertes en un mecanismo. Te comportas como si realmente amaras a Cristo, pero ese «como si» tiene que ser recordado. Te conviertes al budismo: te comportas como si siguieras a Buda, pero ese como si no debe olvidarse. Es probable que tu firma sea perfecta, pero proviene de un mecanismo muerto.

La religión no es el conformismo. El conformismo se da entre el individuo y el pasado, y la religión se da entre el individuo y el presente; la poesía es algo entre el individuo y el futuro. El conformismo significa conformarse con aquellas personas que no existen, con los muertos; conformarse con Moisés, con Mahavira. Ahora, conformarse con Jesús es una cosa muerta, pues te estás conformando con el pasado. Si te relacionas con el presente, es totalmente diferente: te revoluciona, te da un renacimiento.

El conformismo se da entre el individuo y la sociedad. La religión es algo entre el individuo y la existencia misma. La sociedad es una creación nuestra. Dios creó a Adán; no la humanidad. Dios creó a Eva, no la humanidad. Dios crea a los individuos, la humanidad es una ficción nuestra. Pero la ficción puede tomar posesión de ti y entonces puedes olvidar lo real y aferrarte a la ficción. Conozco personas que quieren amar a la humanidad, pero no pueden amar a un ser humano. ¿Dónde está la humanidad y cómo vas a amar a la humanidad? Solo podrás hacer gestos vacíos en el aire. La humanidad no está en ninguna parte. Adondequiera que vayas, te encontrarás con seres humanos reales y concretos. La humanidad es una abstracción, una simple palabra. No hay una realidad en ella, no es más que una burbuja de jabón. Solo puedes encontrar seres humanos reales. Amar a un ser humano real es muy difícil, pero amar a la humanidad es muy fácil. Es casi como si no amaras a nadie. Amar a la humanidad es igual que no amar a nadie. Entonces no hay problema, ninguna dificultad.

La religión es algo que sucede entre tú y la existencia concreta. No se trata de ficciones. Además, la religión no insiste en la tradición. La tradición pertenece al tiempo, la religión pertenece a la eternidad. Para estar en la religión tienes que estar en el ahora eterno. La religión no tiene historia y, en este sentido, Occidente tiene que aprender algo de Oriente.

En Oriente nunca nos hemos molestado por la historia. ¿Cuál es la razón? La razón es simple. Toda la historia está basada en el tiempo, lo que sucede en el tiempo es registrado en la historia. La historia es un libro muerto. Nunca nos hemos preocupado por la historia porque la religión pertenece a la eternidad: no se puede registrar como un evento, es un proceso eterno. Solo se puede registrar el hecho esencial de ella, su verdad esencial, y no las ondas que aparecen en el río del tiempo. Por eso si vas a un templo jainista y ves a los veinticuatro *tirthankaras*, no sabrás quién es quién. Todos se parecen. No podrás entender nada: ¿por qué se parecen estos veinticuatro tirthankaras a los jainistas? No pueden ser iguales pues existieron en épocas diferentes, fueron personas diferentes. Pero no nos hemos preocupado por los eventos que suceden en el tiempo.

El «cuerpo» es un evento en el tiempo. La diferencia que hay en los cuerpos es historia pasada, pero el ser más íntimo, el que está en la eternidad, es el mismo dentro de mí, dentro de ti, dentro todo el mundo. La forma es diferente, pero el centro más profundo es el mismo. Los veinticuatro tirthankaras de los templos jainistas nos dicen algo sobre el ser interior; por eso han sido esculpidos de manera similar. Mira a Buda. También se parece a Mahavira, no hay una diferencia. Ellos no son hechos, son verdades. La religión no está preocupada por los hechos, sino por la verdad.

Los hechos pueden aprenderse en los libros, pero nunca la verdad. Si te involucras demasiado con los hechos, tus ojos se nublarán y se confundirán, y no podrás conocer la verdad. Ten cuidado con los hechos: podrían llevarte por mal camino. Busca la verdad. Trata de encontrar siempre la verdad y no te preocupes demasiado por los hechos. Los hechos son irrelevantes. Aquello que cambia es el hecho; la verdad es aquello que siempre sigue siendo lo mismo. Tu cuerpo es un hecho: un día eras niño, ahora eres joven o anciano; un día naciste, un día morirás: el cuerpo cambia. Pero tu ser, que permanece en tu cuerpo, que lo ha convertido en una morada temporal, ese «tú» es eterno, es la verdad. No tiene forma, no tiene cualidades. Es inmortal, es la eternidad.

La religión no es una tradición, así que no puedes pedirla en préstamo. Tendrás que arriesgarte, tendrás que ganártela. Tendrás que arriesgar tu vida por ella; es la única manera que existe. No puedes obtenerla a un precio bajo, pues obtendrás una falsificación.

La religión no es un consuelo. Por el contrario, es un desafío: Dios desafía al hombre, Dios acecha al hombre, Dios le grita: «¡Regresa! Entronízame». Él no te dejará en reposo. Seguirá llamando a tu puerta, seguirá creando tormentas en tu ser, en tu espíritu. Seguirá sacudiéndote. No permitirá que te conformes con menos. No te permitirá descansar a menos que llegues hasta el final. La religión es un reto, es una gran tormenta. Es como la muerte. No es ningún consuelo. Pero las así llamadas religiones, las religiones organizadas, son consolaciones. Te consuelan, ocultan tus heridas. No te sacuden, no te llaman, no te invocan. No te piden que seas aventurero, no te piden que seas audaz, no te invitan a llevar una vida peligrosa. Son como lubricantes.

En una sociedad con tantas personas, necesitas lubricantes para que no haya tanto conflicto. Puedes moverte con facilidad, no te será muy difícil y no hay fricciones con tu vecino. No existe conflicto; el lubricante va fluyendo a tu alrededor. Vas a la iglesia como si fueras un lubricante. Te ayuda en un sentido social; es una formalidad. Y cuando estás completamente lleno, te vuelves respetable. Es como ser miembro del Club Rotario: es respetable, ayuda. Te conviertes en un miembro de una iglesia: eso también ayuda. Te conviertes en un miembro de una religión: eso también ayuda. La gente piensa que eres religioso y cuando la gente cree que lo eres, puedes engañarlos con mayor facilidad. Cuando te vistes con un atuendo religioso, tienes un arma potencial. Tu religión es un consuelo y una respetabilidad para ti mismo. De hecho, es una política, una diplomacia, una parte de tu lucha por la supervivencia, es parte de tu ambición, forma parte de toda la política del ego. Es la política del poder.

Debes recordar estas cosas cuando intentas comprender a Jesús. La religión tampoco es moralidad. De nuevo, la moralidad son solo las reglas del juego. Los que quieran jugar al juego de la sociedad tienen que seguir sus reglas, así como tienes que seguir ciertas reglas cuando juegas a las cartas. No es que estas normas tengan un carácter definitivo, no es que provengan de Dios. Tú creas el juego, creas las reglas, sigues las reglas. Porque si quieres jugar, tienes que seguir las reglas.

La moralidad no tiene nada definitivo en sí misma. Por eso cada sociedad tiene su propia moralidad, cada cultura tiene su propia moralidad. Una cosa puede ser moral en la India y puede ser inmoral en Estados Unidos, y otra cosa puede ser moral en Estados Unidos e inmoral en la India. Si la moralidad es verdaderamente real, entonces no puede ser diferente.

En la India es inmoral divorciarse de una mujer o de un hombre. Se considera que no es algo bueno. Una vez que te casas, tienes que vivir con tu pareja. Pero en Estados Unidos será considerado inmoral si vives con una mujer que no amas. Si no la amas, entonces es inmoral dormir con esa mujer. Solamente el amor, solo un profundo amor te permite estar con esa mujer. De lo contrario, debes dejarla. No la engañes, no hagas que desperdicie su vida.

La moralidad es un juego: cambia; sigue cambiando de una sociedad a otra, de una época a otra, de un periodo a otro. Es relativa, no tiene nada definitivo en sí. Pero la religión es definitiva. No tiene nada que ver con Estados Unidos ni con India. Tiene algo que ver con una nueva conciencia en el individuo. Es un amanecer en el individuo, es un nuevo ser elevándose y expandiéndose en el individuo. Tienes un nuevo aspecto, tienes ojos nuevos a través de ella. Puedes ver los viejos problemas, pero desaparecen. No es que se resuelvan; simplemente desaparecen, se disuelven. Tienes nuevos ojos y no puedes estar allí. Tienes una nueva visión, una nueva dimensión. Estas cosas tienen que recordarse, porque cuando llega un Jesús, un hombre como Jesús, estas cosas se convierten en el problema.

He oído un proverbio árabe que dice: «Muéstrale a un hombre huesos de camello muchas veces o con mucha frecuencia, y no podrá reconocer a un camello vivo cuando lo vea». Esto sucede cuando un Jesús viene al mundo. Ustedes han visto tantos sacerdotes falsos, han visto tantos predicadores que dicen supuestas palabras mágicas, han visto a tantos estudiosos que no saben otra cosa que crear mucho alboroto al respecto, y cuando un Jesús viene, no pueden reconocerlo. Cada vez que viene un Jesús o un Buda se hace casi imposible reconocerlo. Para la mayoría, es casi imposible. Solo unos pocos seres raros que tienen algún potencial o que están un poco alertas, pueden ver algunos destellos de Él.

Reconocer a un Jesús es un gran logro, porque esto significa que tienes una cierta conciencia que puede relacionarse con Él. Tienes una cierta cualidad que puede relacionarse con Jesús: ya estás en camino a convertirte en un Jesús. Solo puedes reconocer lo que ya tienes en tu interior: la apertura, la floración. Puede que sea simplemente un capullo, pero puedes reconocerlo un poco, tus ojos no están completamente cerrados.

Hay sacerdotes que son pretenciosos. Para ellos, la religión es un oficio. Es su medio de vida, no su vida. Para Jesús, la religión es la vida; para los rabinos, para los sacerdotes, es un medio de vida. Luego, están los estudiosos que siguen hablando de nada en particular y pueden hablar tanto y son tan articulados, que nunca podrás percibir el hecho de que están vacíos por dentro.

Oí hablar de una competencia internacional. Se organizó un concurso de ensayos y muchos países fueron invitados. El tema del concurso era «El elefante». El británico fue de inmediato a Sudáfrica con cámaras y un grupo de seguidores e investigó el tema. Volvió al cabo de seis meses y escribió un libro bien impreso e ilustrado. El título del libro era *La caza del elefante en Sudáfrica.*

El francés no fue a ninguna parte. Simplemente iba a visitar todos los días la zona de los elefantes en el zoológico de París. Después de dos o tres semanas empezó a escribir un libro con una impresión muy descuidada, ni siquiera de tapa dura; solo un libro de bolsillo. El título del libro era *La vida amorosa del elefante.*

El hindú, que había sido nombrado por el gobierno de la India, nunca había visto un elefante porque siempre había vivido en el Himalaya. Era un gran yogui, un poeta y erudito del sánscrito. Ni siquiera fue al zoológico. Escribió un libro voluminoso, un gran tratado. El título era *El elefante Divino.* Fue escrito en forma de poesía y citó grandes libros en sánscrito, desde los Vedas hasta Shri Aurobindo. Todos los que leían el libro tenían la impresión de que este hombre nunca había visto un elefante. Era un poeta y tal vez había visto uno en sus sueños. Habló sobre el elefante que vio la madre de Buda antes de que este fuera concebido, mitología, un elefante blanco.

Y por último estaban los alemanes. Comisionaron a seis profesores de filosofía para escribir el libro. Fueron a todos los museos y bibliotecas del mundo para estudiar todo lo que se había escrito sobre el elefante. Nunca vieron un elefante ni visitaron un zoológico;

solo museos y bibliotecas. Investigaron por todas partes; se tardaron casi seis años, y escribieron una obra de doce volúmenes, casi una Enciclopedia Británica. El título del libro era *Breve introducción al estudio del Elefante.*

¿Qué tienen que ver los profesores de filosofía con los elefantes? Ellos escribieron también una breve introducción sobre esto; un prolegómeno. ¡No era siquiera sobre el elefante! Era apenas una introducción al estudio de los elefantes.

Cuando un Jesús viene, ya te has adentrado demasiado en el conocimiento. Has leído libros, has escuchado a los estudiosos, has oído a los sacerdotes, estás atiborrado de ideas, y cuando viene Jesús o un hombre como Él, no puedes reconocerlo. El animal vivo está ahí y tú te has vuelto demasiado adicto a los huesos muertos. Reconocer a Jesús significa que tendrás que hacer a un lado todo lo que sabes.

Jesús no fue asesinado por hombres malos, no fue asesinado por delincuentes; fue asesinado por rabinos muy respetables. De hecho, murió a manos de personas religiosas. La religión nunca está en peligro de gente irreligiosa, porque no se molesta en ello. Las personas irreligiosas no suponen un peligro para la religión porque no se molestan por ella. La religión siempre corre peligro por parte de los así llamados religiosos, porque todas sus vidas están en juego. Si Jesús tiene razón, entonces todos los rabinos están equivocados. Si Jesús tiene razón, entonces toda la tradición está equivocada. Si Jesús tiene razón, entonces toda la Iglesia está equivocada.

Todo el mundo está en contra de Jesús. Jesús siempre está solo, muy solo. No puedes entender su soledad. Todo lo que sabemos acerca de la soledad es que se trata de una soledad física. A veces no hay nadie en casa, la casa está oscura y tú estás solo. La electricidad se ha ido y no puedes prender la luz, no puedes encender la radio ni el televisor. Te vez lanzado a la soledad de un momento a otro. Pero esta es la sensación física de la soledad; tú no sabes qué siente Jesús. Él está espiritualmente solo, en medio de extraños, donde es muy difícil encontrar un amigo que lo reconozca. Mira a todas y cada una de las personas que encuentra en el camino y las mira a los ojos de una manera penetrante y profunda. Nadie lo reconoce, nadie lo entiende. Más bien, lo entienden mal. Ellos están listos para caer en la incomprensión, pero nadie está dispuesto a entenderlo en modo alguno.

Cada vez que aparece un ser religioso, todos los así llamados religiosos se van en contra de él. Les gustaría matarlo de inmediato para evitar el peligro y garantizar de nuevo la seguridad. ¡Recuerda que Jesús fue asesinado por gente muy buena! Aún sigue siendo igual. Das una vuelta por Pune y si le preguntas a la así llamada gente buena, siempre estará en contra mía. Tienen que estarlo, pues todo su modo de vida está en peligro. Tienen miedo de escucharme, porque quién sabe, podrían encontrarse con una verdad. Ellos no se acercan a mí, no leen mis libros, no pueden correr todo ese riesgo. Ellos siempre tienen opiniones propias.

Un día ocurrió que fui testigo de una situación hermosa:

Un hombre estaba hablando con Mulá Nasrudín. El hombre dijo: «¿Por qué eres tan miserable y tan mezquino con tu esposa?». Nasrudín dijo: «Debes haber oído algo malo de mí, porque hasta donde yo sé, soy un hombre muy generoso en términos generales».

El hombre se enojó, pues cada vez que desafías la opinión de alguien, esa persona se enoja. «Deja de defenderte. Todo el mundo en el pueblo sabe que eres demasiado duro con tu esposa. Tiene que rogarte como un mendigo incluso para los gastos del día a día. Deja de defenderte. ¡Todo el mundo lo sabe!», replicó el hombre.

Nasrudín dijo: «Bueno, si estás tan enojado, entonces no me defenderé. Pero, ¿puedo decir una cosa, una sola cosa?». «¿Qué?», dijo el hombre en voz alta. «Que yo no estoy casado», señaló Nasrudín. Desde ese día, el hombre se fue en contra de Nasrudín.

Una vez me encontré con él y le dije que todo el asunto carecía de fundamento, pues Mulá Nasrudín no estaba casado. «Tu argumento es infundado. ¿Por qué estás enojado?», le dije. «No hay ninguna diferencia, solo es cuestión de tiempo. Espera; tarde o temprano se casará y yo tendré la razón. Estoy diciendo la verdad. Es solo una cuestión de tiempo. Espera, mi opinión no puede ser errada», me respondió él.

Las personas se aferran a sus opiniones, sin fundamento, pero no obstante se apegan a ellas. Mientras más infundada sea la opinión, más personas se aferrarán a ella. Si sus bases son sólidas, no habrá necesidad de aferrarse; es verdadera en sí misma. Pero cuando carece de fundamento, es necesario que te aferres a ella porque solo eso puede convertirse en la base. Recuerda siempre: si sabes que algo es cierto, nunca te enojarás si alguien te contradice. Te enojas en la misma proporción en que sabes que no es cierto. El enojo demuestra que tienes una simple opinión y no un conocimiento.

Las personas estaban muy en contra de Jesús porque Él estaba arruinando todas sus edificaciones. Ellos pensaban que sus casas estaban construidas sobre rocas y su sola presencia les demostró que estaban construidas sobre la arena, que se estaban cayendo. Saltaron sobre Él, lo mataron. Él no fue asesinado por los poderes políticos, sino por los poderes seudo-religiosos, por los sacerdotes.

Este es mi entendimiento: que si la religión ha desaparecido en el mundo actual, no es por la ciencia; no es por los ateos, ni por los racionalistas. Es por causa de la seudo-religión. Hay demasiada seudo-religión, y es tan falsa y tan ilegítima que solo las personas falsas pueden estar interesadas en la religión. Las personas que tengan el más mínimo sentido de la realidad estarán en contra de ella, se rebelarán.

Las personas reales siempre han sido rebeldes, porque la realidad quiere afirmar su esencia, expresar su libertad. Las personas de verdad no son esclavas. Recuerda esto y luego abordaremos las Escrituras. «Jesús se fue de allí y vio a un hombre llamado Mateo, que estaba sentado a la mesa de recaudación de impuestos. "Sígueme", le dijo. Mateo se levantó y lo siguió».

Todo esto parece un poco irreal. El mundo ha cambiado tanto que se parece más a un drama que a la vida real. Jesús viene y le dice a un hombre que está sentado a la mesa de recaudación de impuestos, que está trabajando allí, tal vez sea un empleado, y simplemente lo mira y le dice: «Sígueme», y él se levantó y lo siguió. Se parece a un drama y no a la realidad, porque la realidad que conocemos hoy en día es absolutamente diferente. El mundo ha cambiado, la mente humana ha cambiado.

Durante los tres últimos siglos, la mente humana ha sido entrenada para dudar. Antes de Jesús, la mente humana vivió en la confianza durante varios siglos y de forma continua, vivió en la sencillez del corazón. Mateo, un hombre común y corriente, debe haber visto los ojos de Jesús, la forma en que caminaba, la presencia que traía consigo mismo, la mirada penetrante que agitaba el corazón; tocó algo profundo en él. Esto rara vez ocurre en la actualidad. He conocido a muchas personas, pero rara vez veo a una persona tan abierta que todo lo que digo simplemente llega a su corazón y se convierte en una semilla de inmediato, sin pérdida de tiempo. Casi siempre, las personas se protegen a sí mismas. Vienen a mí y me dicen que les gustaría entregarse, que les gustaría seguirme, pero veo una gran armadura a su alrededor; es algo muy sutil, pero ellas se protegen por todos lados. No permiten ningún espacio para que yo entre en ellas. Si me esfuerzo mucho, entonces se vuelven demasiado protectoras. Continúan diciendo que les gustaría relajarse y dejarse llevar: sus bocas dicen algo, pero sus cuerpos muestran otra cosa. Sus pensamientos son una cosa, pero su realidad es contradictoria.

Las personas eran simples en los tiempos de Jesús. Deben haberlo mirado simplemente y cuando Jesús les dijo síganme, se limitaron a seguirlo. Era natural. Cuando los evangelios fueron escritos, quienes los estaban escribiendo no eran conscientes de que algún día estas cosas parecerían ficticias. Todo era tan natural en aquellos días que los escritores no podían imaginar que algún día el evangelio parecería ser falso, que no sonaría como algo real: esto es lo que está sucediendo actualmente en todo el mundo.

Veamos a Buda: lo rodea una cualidad diferente de humanidad.

El rey Prasanjita fue a ver a Buda. Era amigo de su padre, ambos eran reyes, y cuando supo que el hijo de su amigo había renunciado al mundo se preocupó mucho. Cuando Buda llegó a su ciudad capital, fue a verlo y a persuadirlo.

«¿Qué has hecho? Si no estás satisfecho con tu padre, ven a mi palacio. Cásate con mi hija, solo tengo una, y este reino será tuyo. Pero no andes como un mendigo; eso duele. Eres el único hijo de tu padre. ¿Qué estás haciendo? Ambos reinos serán tuyos. Ven a mi casa», le dijo.

Buda miró a Prasanjita a los ojos y le dijo: «Solo una pregunta: ¿has obtenido alguna felicidad a través de tu reino? Simplemente di sí o no. Si dices que sí, te seguiré. Si dices que no, entonces tendrás que seguirme».

Prasanjita cayó a los pies de Buda y dijo: «No. Renuncio. Iníciame. Dejaré todo esto». Se trata de una cualidad muy diferente de la inmediatez.

Lo mismo me pasó a mí. Uno de los amigos de mi padre era un abogado muy astuto. Mis padres se preocuparon cuando regresé a casa de la universidad. Querían que me casara y me estableciera, pero no querían decírmelo directamente. Sabían que eso sería interferir en mi vida y ellos son muy pacíficos, silenciosos y sencillos. Así que pensaron en su amigo y le pidieron que viniera.

Él vino con todos sus argumentos listos: ¡era un abogado! «Si puedo convencerte de que el matrimonio es una necesidad, ¿te casarías?». «Por supuesto», le dije. «Pero si no lo haces, ¿estarás listo para abandonar a tu esposa y a tus hijos?».

¡El hombre no había pensado en eso! «Tendré que pensarlo», me dijo. Nunca regresó. La calidad de su mente había cambiado; de lo contrario, él tenía una oportunidad, una abertura en el cielo. Esperé y esperé, pero nunca vino. Se asustó, porque todo el mundo sabe que la vida, tal como la has vivido, no te ha dado nada. Pero se necesita valor para decir eso, porque solo al decirlo se da una profunda renuncia. Si has percibido el hecho de que la vida que has llevado ha sido inútil e irrelevante, habrás avanzado a otro camino.

Jesús le dijo sígueme, y él se levantó y lo siguió. ¡Qué mundo tan maravilloso, qué conciencia tan hermosa! Tú puedes tener esa conciencia y todo es posible por medio de ella; incluso lo imposible se hace posible. Inténtalo. Suprime las dudas, pues cada vez que dudas eres destructivo. La duda es destructiva, la confianza es creativa. La duda mata, la duda es veneno. La confianza te da vida, una vida abundante e infinita, porque si confías, entonces te relajas. En la confianza no hay temor, en la confianza no hay necesidad de defender, en la confianza no hay lucha. Lo dejas ir, fluyes con el río. Ni siquiera nadas, el río te lleva al mar. Ya está yendo al mar. Tu lucha es innecesaria y con ella destruyes tu energía. La lucha te hace sentir frustrado y pierdes toda oportunidad cuando podrías haber bailado y celebrado. La misma energía se convierte en una lucha. La misma energía puede convertirse en entrega.

«Después, mientras Jesús estaba comiendo en casa de Mateo, muchos recaudadores de impuestos y pecadores llegaron y comieron con Él y sus discípulos». Esto tiene que entenderse. Es un asunto muy delicado que cada vez que un hombre como Jesús está en la Tierra, los pecadores lo reconocen antes que los así llamados justos, porque los pecadores no tienen nada que perder, excepto sus pecados. Los pecadores no tienen una mente obstinada, no tienen teologías ni Escrituras. Los pecadores tienen la sensación de que sus vidas han sido inútiles, los pecadores tienen una urgencia de arrepentirse y regresar. Pero la así llamada gente respetable, los custodios de los templos e iglesias, los alcaldes, políticos, líderes, expertos, académicos, tienen mucho que perder y ninguna urgencia de ser, ninguna intensidad para transformarse a sí mismos, ningún deseo de la realidad. Son aburridos y están muertos. Los pecadores están más vivos y son más valientes que los así llamados santos. Se necesita valor para acercarse a Jesús.

¿Has visto que los así llamados santos no son religiosos en realidad, sino simplemente personas que tienen miedo? Miedo del infierno, miedo del castigo de Dios. O bien son codiciosos, avaros y ambiciosos para alcanzar el cielo: los premios y las bendiciones de Dios. Pero no son verdaderamente religiosos. Si eres verdaderamente religioso no te preocupas por el infierno ni el cielo, no te preocupas por nada. Este instante está tan profundamente en el cielo, que ¿a quién le puede importar el cielo que viene después de la muerte?

Los pecadores son más valientes, se arriesgan. «(...) muchos recaudadores de impuestos y pecadores llegaron y comieron con Él y sus discípulos». Cuando los fariseos, gente «respetable y justa», vieron aquello, le preguntaron a los discípulos de Jesús: «¿Por qué su maestro come con recaudadores de impuestos y con pecadores?». Sus mentes siempre están preocupadas con cosas muy tontas: ¿con quién estás comiendo, con quién estás sentado? No ven directamente a Jesús, sino que están más interesados con quiénes está sentado. Está sentado con los pecadores; ese es su problema. Jesús no produce ninguna onda en sus seres, pero los pecadores les producen ansiedad. ¿Cómo pueden venir y sentarse con este maestro? Los pecadores están ahí. Las personas condenadas, para las que se ha inventado el infierno, están sentadas allí. Los así llamados santos no permitirán que los pecadores estén tan cerca. No quisieran estar en compañía de ellos. ¿Por qué?, ¿por qué tus santos sienten tanto miedo de los pecadores? Porque tienen miedo de su propio temor interior, temerosos de que si están con los pecadores es más probable que los pecadores los conviertan a ellos, que los primeros se conviertan en santos. Tienen miedo. Tienen miedo del pecador que hay en su interior. Por eso existe el temor del pecador exterior. Recuerda siempre que todo aquello que digas se refiere en última instancia a ti y no a ninguna otra cosa. Si tienes miedo de ir a un lugar donde se reúnen los borrachos, esto demuestra simplemente que tienes una cierta tendencia al alcohol, a los estupefacientes y entonces sientes miedo. De lo contrario, ¿por qué temer? Podrías estar a gusto allí. Nadie puede corromperte, excepto tú mismo.

Los fariseos «le preguntaron». Esto también tiene que recordarse: no se lo dijeron a Él. Yo conozco a esos fariseos. Te lo dirán a ti, no me lo dirán a mí. Ellos se lo dicen a los discípulos, porque es incluso peligroso decir que vengas a Jesús. El hombre puede hipnotizarte, es arriesgado; no habla sino con los discípulos. Personas tan impotentes se han vuelto tan importantes; controlan todos los puestos clave en el mundo, tienen todo el poder y son absolutamente impotentes. Ni siquiera están dispuestos a venir y ver a Jesús.

Los fariseos preguntaron ¿Por qué su maestro come con recaudadores de impuestos y con pecadores? Como si los pecadores no fueran seres humanos. Y como si estas personas no fueran pecadores. ¿Quién puede decir: «yo no soy un pecador»? Estar aquí en este mundo es involucrarse de alguna manera con el pecado. Nadie puede afirmar lo contrario. Cuando toda la humanidad está involucrada con el pecado, ¿cómo puede estar por fuera de él? Tú eres parte de esto. Si el pecado sucede en alguna parte, soy parte de él porque formo parte de la humanidad. Puedo crear el clima, tal vez una parte muy pequeña de él, pero puedo crear también el clima. Soy parte de él, yo soy el pecador. ¿Cómo puedo pensar que estoy por fuera de él? Cualquier cosa que haga cualquier ser humano en cualquier lugar, él es parte de mí y yo soy parte de él. Somos miembros unos de otros.

Un verdadero santo siempre se siente humilde porque sabe que él también es un pecador. Solo un santo falso se siente orgulloso y piensa que él está por encima. Nadie está por encima. Si hay un

Dios, Él también debe ser parte de tu pecado. Y Él lo sabe, porque está involucrado contigo. Él late en tu corazón, Él respira en ti, y si tú cometes un pecado, Él será parte de este. Solo los así llamados santos, maniquíes que no son reales, pueden pensar de otra manera y sentirse orgullosos.

«Al oír esto, Jesús les dijo: "No son los sanos los que necesitan médico, sino los enfermos"». Él dijo simplemente: Yo soy el médico, y los enfermos han venido a mí. Ese debe ser el parámetro: que los pecadores se reúnan alrededor de un santo. Si ves a un santo y solo las personas respetables están a su alrededor, entonces no es ningún santo en absoluto. El médico será falso, porque cada vez que un gran médico llega al mundo, las personas que están enfermas se ven obligadas a acudir a él. Están obligadas a asediarlo, porque su necesidad está ahí. Ellos quieren sanarse y curarse, y el médico ha llegado.

«No son los sanos los que necesitan médico, sino los enfermos». Pero recuerden que lo contrario no es cierto. Un pecador necesita un santo, pero si tú crees que no necesitas un santo, eso no quiere decir que no seas un pecador. Un hombre enfermo busca un médico, pero un hombre sano no necesita buscar a un médico. No te engañes al creer que estás sano por el hecho de no buscar un médico. Recuerda que lo contrario no es cierto. Por eso Jesús dice en la frase siguiente: «Vayan y aprendan qué significa (...)». Él dijo: Esta es la verdad: los pecadores están obligados a buscarme y los enfermos están obligados a venir a mí. Yo soy médico de sus almas. No soy para los que están sanos; ellos no tienen por qué venir. Vayan y aprendan qué significa, esto no es simple. Vayan y mediten en ello. Tú puedes estar enfermo y necesitar a Jesús, pero has estado creyendo que no estás enfermo.

La mayor enfermedad que le puede suceder a un hombre es cuando está enfermo y cree que no lo está. Entonces nadie podrá curarlo, no hay medicina que pueda ayudarle. El médico puede estar en la casa de al lado, pero el hombre morirá sin recibir atención. Esta es la mayor desgracia que le puede ocurrir a un hombre: estar enfermo y creer que está sano.

Vayan y aprendan qué significa aquello de: «Lo que quiero de ustedes es que sean compasivos, y no que ofrezcan sacrificios (...)». Esta es una de las frases más significativas que Jesús haya pronunciado. Este es su secreto: Lo que quiero de ustedes es que sean compasivos, y no que ofrezcan sacrificios. Mahavira no es tan misericordioso, Mahoma no es tan misericordioso; incluso el Buda compasivo no es tan misericordioso como Jesús, porque todos dicen que tienes que sacrificarte, cambiar tu comportamiento y asumir la responsabilidad por tus karmas anteriores.

En la India llevamos un tiempo considerable hablando de la compasión, pero hemos hablado continuamente sobre el karma. Uno tiene que llevar las cuenta de todos los actos malos que ha hecho, tiene que compensarlos con buenas obras. Tendrás que alcanzar un equilibrio; solo entonces las cuentas quedarán saldadas. Esto es lo que Jesús quiere decir con el sacrificio. Él dice: «Tendré misericordia». Esta es su clave secreta. ¿Qué quiere expresar cuando dice tendré misericordia? Que es casi imposible cancelar los karmas malos que hayas cometido porque son enormes, inmensos. Durante varios millones de vidas has estado haciendo cosas y todo lo que has hecho ha sido un error, todo eso tiene que estar mal, porque has sido inconsciente. ¿Cómo puedes hacer algo bueno si no eras consciente? Has hecho millones de cosas, pero todas han sido erradas.

Uno no puede hacer nada bueno mientras está dormido. La virtud es imposible en la inconsciencia, solo el pecado es posible. La inconsciencia es la fuente del pecado. Has cometido tantos pecados que la situación parece casi imposible: ¿cómo vas a salir de esto? El esfuerzo no parece probable, el esfuerzo parece inútil. Jesús dice: «Tendré misericordia. Simplemente entrégate a mí, y tendré piedad». ¿Qué quiere decir? Simplemente que: «Si puedes confiar en mí, y confías en que has sido perdonado, entonces serás perdonado», porque todos los karmas han sido cometidos en un sueño inconsciente. Tú no eres responsable de ellos.

Este es el mensaje clave de Jesús: que el hombre no es responsable a menos que esté alerta. Es como si un niño cometiera un pecado. Ningún tribunal lo castigaría, sosteniendo que el niño no sabe, que lo ha hecho involuntariamente. Él no tenía ninguna intención de hacerlo, simplemente ha sucedido, no es responsable. O si un loco comete un delito y asesina a alguien. El tribunal, una vez se demuestre que el hombre está loco, tendrá que perdonarlo, porque un loco no puede ser responsable. O un borracho que ha hecho algo y se demuestre que estaba borracho, completamente borracho. El tribunal podría, a lo sumo, castigarlo por haber bebido. Pero no lo puede castigar por el acto.

Jesús dice: «Yo he venido. Tendré misericordia». Esto no quiere decir que dependa de Él perdonarte; recuerda esto. Ha sido un error. Los cristianos han estado creyendo que como Jesús es el hijo unigénito de Dios y Él es misericordioso, entonces no tendrás que hacer nada; simplemente rezarle y confesarle tu pecado: Él es misericordioso, Él te perdonará.

De hecho, Jesús es solo una excusa. Él está diciendo esto: que si tú te vuelves alerta y eres consciente de que cualquier cosa que hayas estado haciendo hasta ahora la hiciste a nivel inconsciente, si tienes la conciencia de que eras inconsciente, esta comprensión te perdonará, se convertirá en el perdón. No es que Jesús no haga nada. Esto es como si yo te prometo transformarte si te entregas a mí. No hago ninguna promesa y no haré nada. Tú te entregas, eso es todo, y la transformación se da. Pero será difícil que tú te rindas si no tienes nadie a quien rendirte. Entonces dirás: «¿A quién me entrego?». Será casi imposible y absurdo rendirse simplemente, si no hay a quien puedas entregarte. Te sentirás absurdo: ¿qué estoy haciendo? Necesitas a alguien a quién entregarte. Eso es solo una excusa.

Cuando digo: «Te prometo que te transformaré», yo no haré nada, porque nadie te puede transformar. Pero si te rindes, en el esfuerzo mismo, el ego se entrega y la transformación sucede, porque el ego era la única barrera. Es debido al ego que no cambias; es debido al ego que tu corazón carga con el peso de una roca y no está palpitando bien. Pero si te deshaces de la roca...

Te has vuelto tan adicto a la roca que piensas que no te rendirás a menos que encuentres un dios, porque la roca es muy valiosa. Es debido a tu necedad que tengo que jugar a ser un dios. Por eso digo: «De acuerdo, déjame ser un dios. Pero, por favor, entrega tu roca para que tu corazón comience a palpitar bien, y entonces comenzarás a sentir, a amar, a ser». Cuando Jesús dice tendré misericordia, está expresando lo mismo. Él está diciendo yo estoy aquí para perdonar, simplemente entrégate. Sígueme.

«Lo que quiero de ustedes es que sean compasivos, y no que ofrezcan sacrificios. Porque no he venido a llamar a los justos, sino a los pecadores». Esto es tremendamente hermoso. Cada vez que viene un Buda, un Jesús o un Krishna, viene a esto. «(...) no he venido a llamar a los justos». En primer lugar, ellos nunca escuchan el llamado. Los justos están muertos, son sordos, están demasiado llenos de su propio ruido. Están muy seguros de sus virtudes. No tienen ninguna tierra en la cual estar; solo están en sus creencias, en su imaginación y creen que están en un terreno bien fundado. Ellos no tienen ningún fundamento; su edificio es como un niño que ha hecho un castillo de naipes: un poco de brisa y este se habrá derrumbado. Pero ellos creen en su casa, que solo existe en su imaginación. En segundo lugar, se enojarán si tú insistes mucho. En tercer lugar, te matarán si eres persistente, como lo fue Jesús. Y en cuarto lugar, te adorarán si estás muerto. Así son las cosas.

«Porque no he venido a llamar a los justos, sino a los pecadores». De hecho, comprender que eres un pecador es ya una transformación. En el momento en que reconoces que eres pecador, ya te has arrepentido. No existe otro arrepentimiento. Míralo de este modo: estás profundamente dormido y sueñas en la noche. ¿Qué significa si adviertes que estás soñando? Significa que ya no estás dormido. Y si te das cuenta de que estás soñando, te despiertas. Cuando te des cuenta de que estás dormido, dejarás de estar dormido. El sueño te habrá abandonado.

Para seguir siendo un pecador, uno tiene que pensar continuamente que no es un pecador, que uno es un hombre virtuoso. Para ocultar el pecado, uno necesita tener la seguridad de que es justo, no un pecador. A veces las personas que dicen ser justas creen que si pecan a veces es solo para proteger su virtud, para proteger su rectitud.

Una vez sucedió lo siguiente:

India y Pakistán estaban en guerra y todo el mundo tenía un espíritu belicoso. Incluso los santos jainistas se encontraban en un estado de ánimo de guerra. No deberían estarlo, pues llevaban varios siglos predicando la no violencia. Pero me encontré con la noticia de que Acharya Tulsi, uno de los grandes *munis* del jainismo, le había dado su bendición a la guerra. ¿Qué dijo él? Dijo que era «para proteger al país de la no violencia. Incluso si la violencia tenía que ser ejercida, así tendría que ser, para proteger al país de Buda, de Mahavira y de Gandhi».

¿Ven el truco? La no violencia tiene que ser protegida por la violencia. Hay que ir a la guerra para que reine la paz. Tengo que matarte porque te amo; lo hago por tu bien. Un hombre que piense que es un pecador ya se ha entregado. Comprende el hecho de que «soy un pecador y no he hecho nada más, excepto pecar y pecar. No es que haya cometido un pecado de vez en cuando. Más bien, por el contrario, soy un pecador. No se trata de actos, sino de una continuidad de la inconsciencia. Yo soy un pecador. Y si he hecho algo mal o no, es irrelevante. A veces no hago nada malo, pero aun así soy un pecador».

«El pecador» es una cualidad de la inconsciencia. No tiene nada que ver con los actos. No has hecho nada malo durante veinticuatro horas, puedes haber permanecido en casa, ayunando, sentado en silencio, meditando, no has hecho nada malo. Pero aun así, sigues siendo un pecador. Si eres inconsciente, eres un pecador.

Que seas un pecador no es el resultado de los pecados que hayas cometido. Que seas un pecador es simplemente el estado de inconsciencia. No eres un pecador porque cometas pecados. Cometes pecados porque eres un pecador. Se trata de una continuidad de la pérdida del conocimiento, de un estado continuo donde no hay ninguna brecha. Cuando eres consciente de esto, la comprensión misma es un despertar. La mañana ha llegado, ha llamado a la puerta de tu casa: estás despierto. Sin embargo, la conciencia es frágil, muy delicada: puedes conciliar el sueño de nuevo, sí, esa es una posibilidad, pero todavía estás despierto. Puedes aprovechar este momento y salir de la cama.

«(...) Porque no he venido a llamar a los justos, sino a los pecadores». «Si alguien quiere ser discípulo mío, niéguese a sí mismo, cargue su cruz cada día y sígame». Esta es la disciplina, la única disciplina que impartió Jesús: «(...) niéguese a sí mismo». Cuando vas hacia a un hombre como Jesús, tienes que abandonar tus ideas y tu ego. Tienes que renunciar por completo a tus propias decisiones, ya que Jesús puede permear en ti solo si renuncias a tus ideas, decisiones y a tu «yo». Y si renuncias a tu ego, no necesitarás a Jesús, ya que las cosas comienzan a sucederte por su propia cuenta, como un primer paso. Niégate a ti mismo.

Tú puedes venir a mí y entregarte. Pero es posible que la entrega pueda ser idea tuya. Y entonces, ya no será una entrega. La entrega lo es cuando la idea es mía, y no tuya. Si es idea tuya, entonces no es una entrega; simplemente estás siguiendo tu idea. Sucede todos los días. Alguien viene aquí y le pregunto, «¿Te gustaría aprender *sannyas*?». Él me responde: «Espera, tengo que pensar en ello». «Si lo piensas, entonces será tu sannya, no el mío», le digo. Entonces piensa y llega a una conclusión, pero su ego es el que piensa y concluye. Luego, acepta el sannya, pero ha perdido la oportunidad. La oportunidad estaba allí cuando yo le pedí que diera un salto. Si lo hubiera aceptado sin ninguna consideración, eso habría sido un arrepentimiento, un giro, una conversión. Sin embargo, pensó «está bien», pero es solo eso, nada más. Ha venido y está siguiendo su idea. No hay entrega en ella. No se negó a él mismo.

Y lo segundo: «(...) cargue su cruz cada día». Una vida con Jesús es una vida de momento a momento. No es una planificación para el futuro. No tiene ningún plan, es espontánea. Uno tiene que vivir momento a momento. ¿Y por qué una cruz? Porque la entrega es la muerte. ¿Y por qué una cruz? Porque la entrega es dolor. ¿Y por qué una cruz? Porque la entrega es sufrimiento. Todo tu ego sufrirá y arderá. Tus ideas, tu pasado, tu personalidad arderán continuamente en el fuego. Por eso la cruz. La cruz es un símbolo de la muerte, y nada es posible hasta que mueras, la resurrección no es posible hasta que mueras.

Niéguese a sí mismo y cargue con su cruz cada día. Esto es algo que debes hacer todos los días, todas las mañanas. No puedes pensar: «Sí, me he entregado una sola vez. Ya he terminado». No es tan fácil. Tendrás que entregarte un millón de veces. Tendrás que entregarte a cada momento porque la mente es muy astuta. Intentará reclamarte. Si crees que te has entregado una vez y ya has terminado, la mente volverá a tomar posesión de ti. Tienes que hacerlo a cada momento, hasta que hayas muerto por completo y surja una nueva entidad, hasta que un nuevo hombre nazca dentro de ti, hasta que dejes de estar inmerso en el pasado: un gran avance habrá sucedido. Lo sabrás porque no te reconocerás a ti mismo. ¿Quién eres tú? No podrás ver cómo estabas conectado con el pasado. Solo reconocerás una cosa: que se ha abierto una brecha repentina. La línea se rompió, el pasado desapareció y algo nuevo entró en tu interior, que no tiene nada que ver con el pasado, que no está relacionado en absoluto con él. El hombre religioso no es un hombre transformado; el hombre religioso no es un hombre decorado. El hombre religioso no tiene nada que ver con el pasado. Es absolutamente nuevo.

«Porque el que quiera salvar su vida, la perderá; pero el que pierda su vida por causa mía, la salvará». Piérdela y la tendrás; aférrate a ella y la perderás. Suena paradójico, pero es una verdad sencilla. La semilla muere en el suelo y se convierte en un gran árbol. Pero la semilla puede aferrarse a sí misma, protegerse a sí misma y defenderse a sí misma, porque a la semilla le parece que es la muerte. La semilla nunca podrá ver la planta, por lo que es la muerte.

No podrás ver al hombre del que estoy hablando, así que es una muerte perfecta. No te puedes imaginar a ese hombre, porque si puedes hacerlo, ese hombre será tu continuidad. No puedes esperar nada de ese hombre, porque si lo haces, entonces tu esperanza será el puente. No, estarás completamente en la oscuridad sobre ese nuevo hombre; de ahí la necesidad de confianza.

No puedo demostrártelo, no puedo argumentar sobre ello, porque mientras más argumente y lo demuestre, más imposible será para ti. Si te convences, entonces la barrera es perfecta, porque tu convicción será tuya. Y lo nuevo vendrá solo cuando hayas desaparecido totalmente: todas tus convicciones, ideologías, argumentos y pruebas se han ido, y solo permanece la ausencia. Y en esa ausencia, los cielos se abren y el espíritu de Dios desciende como una paloma y te ilumina.

«(...) pero el que pierda su vida por causa mía, la salvará». ¿Por qué insiste Jesús en «por causa mía»? Mira el problema: si te vas a morir y llega un nuevo hombre solamente cuando hayas desaparecido, ¿quién será entonces el puente entre él y tú? Tú no puedes ser el puente; de lo contrario, el nuevo hombre no será nuevo, sino que será solo un viejo modificado. Allí, el maestro se convierte en el puente. Él dice: «Muere en silencio. Estoy ahí para cuidar de ti. Entra en la muerte, yo me haré cargo de la nueva entrada en ti. ¡No te preocupes, relájate!».

Por eso la religión nunca se convertirá en una filosofía, nunca se convertirá en una teología. Nunca estará basada en argumentos; no puede estarlo, su naturaleza misma se lo prohíbe. Seguirá siendo un asunto de confianza. Si confías en mí, puedes morir fácilmente sin miedo. Sabes que estoy ahí, me amas y sabes que te amo, entonces, ¿por qué temer?

Un hombre joven, recién casado, estaba en su luna de miel. Era un samurái, un guerrero japonés. Iban en un bote a una isla cuando se desató una tormenta. La embarcación era pequeña, la tormenta era muy fuerte, y corrían peligro de ahogarse. La mujer sintió mucho miedo y empezó a temblar. Miró a su marido el samurái: estaba sentado en silencio como si nada estuviera sucediendo. ¡Y estaban en las garras de la muerte! La embarcación naufragaría en cualquier momento.

«¿Qué estás haciendo?, ¿por qué estás sentado como una estatua?», dijo la mujer. El samurái sacó la espada de su vaina, ¿por qué hacía eso? La esposa no podía creerlo. Y puso su espada desnuda cerca de la garganta de la mujer. Ella se echó a reír, y él le preguntó: «¿Por qué te ríes? La espada está tan cerca de tu garganta. Solo un pequeño movimiento y tu cabeza desaparecerá».

«Pero está en tus manos, así que no hay problema. La espada es peligrosa, pero está en tus manos», respondió la esposa. El samurái guardó su espada y dijo: «La tormenta está en manos de Dios. La tormenta es peligrosa, pero está en manos de alguien a quien amo y me ama. Por eso no tengo miedo».

Cuando la espada está en manos de tu maestro y él te va a matar, si confías en él, solo entonces morirás en paz, con amor, con gracia. Y de esa gracia, de esa paz, y de ese amor, crearás la posibilidad de que llegue el hombre nuevo. Si mueres con miedo, el nuevo no llegará. Tú te morirás simplemente. Por eso Jesús te dice: «Déjame ser el puente».

¿De qué le sirve al hombre ganar el mundo entero si, al final, el hombre se pierde o se arruina? Recuerda que tú puedes ganar el mundo entero y perderte a ti mismo, así como la gente lo ha hecho en todo el mundo a través del tiempo. Entonces, un día descubren que todo lo que han ganado no es suyo. Con las manos vacías vienen, con las manos vacías se van. Nada les pertenece. Entonces la angustia toma el control. La única manera de ser muy inteligente en el mundo es ganarte a ti mismo en primera instancia. Vale la pena incluso si todo el mundo ha de perderse. Si ganas tu propio ser, tu propia alma, tu núcleo más íntimo, y todo el mundo se pierde, habrá valido la pena. Para obtener ese núcleo más íntimo no solo tendrás que perder el mundo, sino también la idea de ti mismo, porque esa es la barrera más interna: el ego. El ego es una identidad falsa. Si no sabes quién eres, pensarás que eres otro. Ese otro, la falsa identidad, es el ego. Y a menos que lo falso desaparezca, la verdad no podrá entrar. Deja que lo falso desaparezca y que lo verdadero esté listo. Arrepiéntete, regresa, responde: ¡el Reino de Dios está cerca!

Es todo por hoy.

Capítulo 8

YO TRATO A JESÚS COMO POETA

La primera pregunta:

Osho, ¿Cómo puede alguien que ha sido educado toda su vida para analizar, cuestionar y dudar, venir a cerrar la brecha que hay entre la duda y la confianza?

La duda es hermosa en sí misma. El problema surge cuando estás atascado en ella, entonces la duda se convierte en muerte. Analizar está bien si sigues siendo independiente y al margen de ello. Si te identificas cuando surja el problema, entonces el análisis se convierte en una parálisis. Si sientes que has sido educado para analizar, cuestionar y dudar, no te vuelvas miserable. Duda, analiza, cuestiona, pero permanece separado. Tú no eres la duda; utilízala como una metodología, como un método. Si el análisis es un método, entonces la síntesis es también un método. Y el análisis en sí mismo es apenas la mitad; a menos que esté complementado con la síntesis, nunca será el todo. Y tú no eres ni análisis ni síntesis, eres solo una conciencia trascendental.

Cuestionar es bueno, pero una pregunta es, obviamente, la primera mitad. La respuesta será la otra mitad. La duda es buena, pero es una parte; la confianza es la otra parte. Pero debes mantenerte al margen. Cuando digo «mantenerte al margen», quiero decir no solo mantenerse al margen de la duda, sino también de la confianza. Eso también es un método. Uno tiene que usarlo, no hay que dejarse utilizar por él, porque entonces surge una tiranía que puedej ser de duda o de confianza. La tiranía de la duda te dejará inválido. No podrás dar un solo paso, porque la duda estará en todas partes. ¿Cómo puedes hacer algo si la duda está presente? Eso te dejará inválido. Y si la confianza se convierte en una tiranía, y puede llegar a serlo, lo ha sido para millones: las iglesias, los templos, las mezquitas están llenas de personas para quienes la confianza se ha convertido en una tiranía, entonces no te dará ojos, sino que te cegará. Entonces la religión se convierte en una superstición.

Si la confianza no es un método y te identificas con ella, la religión se convierte en superstición y la ciencia se convierte en tecnología. Entonces, la pureza de la ciencia se pierde, al igual que la pureza de la religión. Recuerden esto: la duda y la confianza son como dos alas. Utilicen las dos, pero no sean ambas.

Un hombre discreto, un hombre que es sabio, utilizará la duda si busca la materia. Si su pregunta es sobre el exterior, sobre lo otro, utilizará la duda como un método. Si la búsqueda es hacia el interior, hacia sí mismo, entonces usará la confianza. La ciencia y la religión son dos alas.

En la India hemos intentado una locura. Y ahora el Occidente está haciendo otra. Aquí hemos tratado de vivir solo por la confianza, y de ahí la pobreza, el hambre, la miseria. Todo el país es como una herida que sufre continuamente. Y el sufrimiento ha sido tan prolongado que la gente se ha acostumbrado incluso a él, lo han aceptado tan profundamente que se han vuelto insensibles a él. Están casi muertos, a la deriva, no están vivos. Esto sucedió debido a la tiranía de la confianza. ¿Cómo puede un pájaro volar con un ala?

Ahora, en Occidente se está presentando otra tiranía: la tiranía de la duda. Funciona muy bien en cuanto a investigación objetiva se refiere: necesitas la duda si piensas en la materia; es un método científico. Pero cuando comienzas a moverte hacia el interior, simplemente no funciona, no encaja. Allí, la confianza es necesaria.

El hombre perfecto será un hombre que tenga una profunda armonía entre la duda y la confianza. Un hombre perfecto te parecerá inconsistente. Pero no es inconsistente; simplemente es armónico. Las contradicciones se disuelven en él. Él lo utiliza todo.

Si tienes dudas, úsalas para la investigación científica. Mira a los grandes científicos: en el momento en que alcanzan la edad de la comprensión y la sabiduría, en el momento en que su entusiasmo juvenil se ha ido y la sabiduría llega, siempre tienen una confianza muy profunda. Eddington, Einstein, Lodge, no estoy hablando de científicos mediocres, que no son científicos del todo, sino de todas las grandes cumbres de la ciencia: ellos son muy religiosos. Ellos confían porque han conocido la duda, la han utilizado y han llegado a comprender que tiene sus limitaciones.

Es así: mis ojos pueden ver y mis oídos pueden oír; si trato de escuchar con mis ojos, será imposible, y si trato de ver con mis oídos, también será imposible. El ojo tiene su propia limitación, el oído tiene su propia limitación. Ellos son expertos y cada experto tiene una limitación. El ojo puede ver y es bueno que solo pueda ver, porque si pudiera hacer muchas cosas, entonces no sería tan eficiente para ver. En el ojo toda la energía se convierte en visión, y toda la energía en el oído se convierte en audición.

La duda es experta. Funciona si investigas sobre el mundo. Pero cuando comienzas a preguntar por Dios a través del mismo método, entonces estarás utilizando un método equivocado. El modo estaba perfectamente adaptado al mundo, al mundo de la ley, pero no es adecuado para el mundo del amor. Para este es necesaria la confianza.

No hay nada malo en dudar, pero no te preocupes por ello. Utilízala bien, utilízala en la dirección correcta y entenderás: llegarás a dudar de la duda misma. Podrás ver dónde funciona y dónde no. Cuando llegas a ese entendimiento, se abre una puerta de confianza.

Si has sido educado en el análisis, está bien. Pero no permanezcas atrapado en él, no permitas que se convierta en una esclavitud. Ten la libertad de sintetizar, porque si analizas y analizas y nunca sintetizas, llegarás a la parte más mínima, pero nunca llegarás a la totalidad.

Dios es la síntesis final, el átomo, el análisis definitivo. La ciencia llega al átomo: analiza, divide, hasta que finalmente llega a la parte más pequeña, que no puede dividirse más. Y la religión se acerca a Dios, a la divinidad: suma, sintetiza. Dios es la síntesis final, no se le puede añadir más. Ya está completo. Nada existe más allá de Él. La ciencia es atómica, la religión es «completa». Utiliza ambas.

Siempre estoy a favor de utilizar todo lo que se tenga. Incluso si tienes algún veneno, diré: «Guárdalo; no lo tires». Puede convertirse en un medicamento; depende de ti. Puedes suicidarte con un veneno y con el mismo veneno te puedes salvar de la muerte. El veneno es el mismo, la diferencia es el uso adecuado.

Así, cuando vayas al laboratorio, utiliza la duda; cuando vayas al templo, utiliza la confianza. Pero debes ser libre, para que cuando vayas del laboratorio al templo, no cargues el laboratorio contigo. Entonces, podrás entrar en el templo totalmente libre del laboratorio y orar, bailar, cantar. Y cuando vayas de nuevo al laboratorio, deja el templo atrás, porque bailar en el laboratorio será muy absurdo, pues podrías destruir los implementos.

No será apropiado llevar al templo el rostro serio que tienes en el laboratorio. Un templo es una celebración; un laboratorio es una búsqueda. La búsqueda tiene que ser seria, una celebración es un juego. Te deleitas en ella, te conviertes en un niño de nuevo. Un templo es un lugar para ser niños una y otra vez, para que nunca pierdas contacto con la fuente original. En el laboratorio eres un adulto, en el templo eres un niño. Y Jesús dice: «El Reino de Dios es para los que son como los niños».

Recuerda siempre no deshacerte de nada de lo que Dios te ha dado, ni siquiera de la duda. Te la debe haber dado por una razón, porque nada se da sin razón. Debe tener una utilidad. No te deshagas de la piedra, ya que muchas veces ha sucedido que la piedra descartada por los constructores se convirtió finalmente en la piedra angular del edificio.

La segunda pregunta:

Osho, La Biblia usa la palabra arrepentirse. A veces la traduces como regresar, a veces como responder. ¿Cambias el sentido según lo necesitas?

No estoy hablando de la Biblia en absoluto. Estoy hablando de mí. No estoy limitado por la Biblia, no soy esclavo de ninguna escritura. Soy totalmente libre y me comporto como un hombre libre.

Me encanta la Biblia, su poesía, pero no soy cristiano. Tampoco soy hinduista ni jainista. Simplemente soy yo. Me encanta la poesía, pero la canto a mi manera. En dónde debo hacer énfasis es algo que decido yo, no la Biblia. Me encanta el espíritu de la Biblia, pero no la letra. Y la palabra que a veces traduzco como arrepentirse, a veces como regresar y, a veces, como responder, significa las tres cosas. Esa es la belleza de las lenguas antiguas.

El sánscrito, el hebreo, el árabe; todas las lenguas antiguas son poéticas. Cuando utilizas un lenguaje poético, este significa muchas cosas. Dice más de lo que contienen las palabras y puede interpretarse de diferentes maneras. Tiene muchos niveles de significado.

A veces la palabra significa arrepentirse. Cuando estoy hablando del pecado y utilizo la palabra arrepentirse, significa arrepentirse. Cuando digo que Dios te está llamando, entonces la palabra arrepentirse significa responder, significa responsabilidad: Dios te ha preguntado y tú respondes. Y cuando digo que el Reino está cerca, la palabra significa regresar. La palabra no es unidimensional, es tridimensional. Todas las lenguas antiguas son tridimensionales. Los idiomas modernos son unidimensionales, porque nuestra insistencia no está en la poesía, sino en la prosa. Nuestra insistencia no está en el significado múltiple, sino en la exactitud. La palabra debe ser exacta: solo debería significar una cosa para que no haya confusión. Sí, es cierto. Si estás escribiendo sobre ciencia, el lenguaje tiene que ser exacto; de lo contrario, es posible que haya confusión.

Sucedió en la Segunda Guerra Mundial: el general estadounidense le escribió una carta al emperador de Japón, antes de Hiroshima y Nagasaki. La carta estaba escrita en inglés y fue traducida al japonés, que es más poético, más florido, donde una palabra significa muchas cosas. Una palabra se tradujo de cierto modo, también podría haberse traducido de otro; dependía del traductor. Ahora han estado investigando y han llegado a la conclusión de que si se hubiera traducido de la otra forma en que también era posible, no habría sucedido lo de Hiroshima y Nagasaki.

El general estadounidense quería decir una cosa, pero se consideró como un insulto debido a la forma en que se tradujo. El emperador japonés simplemente se negó a responder, pues le pareció demasiado insultante. Y entonces sucedió lo de Nagasaki e Hiroshima; lanzaron la bomba atómica. Si el emperador hubiera contestado la carta, no habría sido necesario lanzar la bomba en Hiroshima y Nagasaki. Solo una palabra traducida en una forma diferente y más de cien mil personas murieron en cuestión de minutos, de segundos. Algo muy costoso: una sola palabra. Las palabras pueden ser peligrosas. En la política, en la ciencia, en la economía, en la historia, las palabras deben ser lineales, unidimensionales. Pero si todo el lenguaje se vuelve unidimensional, entonces la religión sufrirá mucho, la poesía sufrirá mucho, porque en la poesía, la palabra debe ser multidimensional, debe significar muchas cosas para que la poesía tenga una profundidad y pueda seguir y seguir. Esa es la belleza de los libros antiguos. Puedes leer el Bhágavad-guitá todos los días, puedes leer los evangelios todos los días, y cada día encontrarás un significado nuevo y fresco. Puedes haber leído el mismo pasaje miles de veces y nunca se te ocurrió que ese podía ser el significado. Pero esta mañana ha ocurrido, tenías un estado de ánimo diferente, eras feliz, fluías y entonces surgió un nuevo significado. Otro día no estás tan feliz, no fluyes tanto y el significado cambia. El significado varía según tu clima y estado de ánimo. Llevas un clima interior que va cambiando, al igual que el clima exterior. ¿Lo has visto? A veces estás triste, miras la Luna y se ve triste, muy triste. Estás triste y llega un aroma del jardín y te parece muy triste. Miras las flores: en lugar de hacerte feliz, te hacen pesado. Pero, en otro momento, cuando estás feliz, vivo, fluyendo, sonriendo, la misma fragancia viene y te envuelve, baila a tu alrededor y te hace tremendamente feliz. Lo mismo sucede con la flor, y cuando ves que se abre, algo también se abre dentro de ti. Es la misma Luna, y no puedes creer cuánto silencio y cuánta belleza desciende sobre ti. Hay una participación profunda: se hacen socios en algún misterio profundo. Pero depende de ti. La Luna es la misma, la flor es la misma: todo depende de ti.

Las lenguas antiguas son muy fluidas. Una palabra puede tener doce significados. Puedes jugar con ellas y te revelarán muchas cosas. Cambian contigo y se adaptan a ti. Por eso las grandes obras de la literatura clásica son eternas; nunca se agotan. Sin embargo, el periódico de hoy será inútil mañana, porque no tiene vitalidad de significado. Simplemente dice lo que significa, no hay nada más en él. Leerlo mañana no tendrá sentido. Es prosa ordinaria; te ofrece información, pero no tiene profundidad; es plano.

Dos mil años han pasado desde que habló Jesús y sus palabras siguen siendo tan vivas y frescas como siempre. Nunca serán viejas;

no envejecen, se mantienen jóvenes y frescas. ¿Cuál es su secreto? El secreto es que significan tantas cosas que siempre puedes encontrar una nueva puerta en ellas. No es un apartamento de una habitación. Jesús dice: «La casa de Dios tiene muchas habitaciones». Puedes entrar por muchas puertas y siempre descubrirás y se te revelarán nuevos tesoros. Nunca verás el mismo paisaje de siempre. Tiene una «cierta infinidad». Por eso sigo cambiando. Sí, cambio el significado cada vez que quiero. Y así lo ha hecho Jesús.

Se ha perdido mucho en la traducción de la Biblia hebrea al español. Se ha perdido mucho al traducir el Bhágavad-guitá a las lenguas modernas. En la traducción del Corán, toda la belleza ha desaparecido porque el Corán es poesía. Es algo para ser cantado, es algo para bailar. No es prosa. La prosa no es el camino de la religión, sino la poesía. Recuerda esto siempre y no te limites. Jesús es inmenso, y la Biblia en español es muy pequeña. Puedo entender la resistencia de las personas mayores a que sus libros no deban ser traducidos. Tienen un significado profundo. Puedes traducir prosa sin problemas. Si quieres traducir un libro sobre la teoría de la relatividad a cualquier idioma, puede ser difícil, pero la dificultad no es la misma que habría con la Biblia, el Bhágavad-guitá o el Corán. El libro puede traducirse, pero no se perderá nada, pues no tiene poesía. Pero al traducir poesía, se perderá mucho porque cada idioma tiene su propio ritmo y cada idioma tiene sus propias formas de expresión. Cada idioma tiene su propio metrónomo y música; no se puede traducir a otro idioma. Esa música se perderá, ese ritmo se perderá. Tendrás que sustituirlo por otro ritmo y otra música. Así que es posible; la poesía común se puede traducir, pero cuando la poesía es realmente soberbia, del otro mundo, mientras más profunda y grande sea, más difícil será traducirla: casi imposible.

Puedo tratar a Jesús como poeta. Y lo es. Vincent van Gogh ha dicho que es el mayor artista que ha estado en esta Tierra. Y lo es. Jesús habla con parábolas y con poesía, y quiere decir muchas cosas más de lo que pueden trasmitir sus palabras.

Permítanme darles una sensación de la infinidad de significados. La poesía no es muy clara; no puede serlo, es un misterio. Es muy temprano en la mañana, ves niebla por todas partes. Todo es fresco, acaba de nacer; no puedes ver muy lejos, pero no necesitas hacerlo: la poesía no es para la lejanía. Te ofrece una ventana para ver lo cercano, lo próximo y lo íntimo. La ciencia va en busca de lo lejano; la poesía te revela lo íntimo, lo cercano de una nueva forma, aquello que siempre has conocido, que es familiar. La poesía revela el mismo camino por el que has estado transitando toda tu vida, pero con un nuevo matiz, con un nuevo color, con una nueva la luz. Te sientes transportado súbitamente a un nuevo plano. Puedo tratar a Jesús como poeta. Él es un poeta. Y esto ha sido muy mal entendido. La gente lo trata como un científico. Se engañan al tratarlo así, pues Él parecerá absurdo y todo parecerá ser milagroso. Entonces, si quieres creer en Él, tendrás que ser muy supersticioso. O tienes que descartarlo. Porque, o Él es tan absurdo, puedes creer, pero luego tendrás que creer ciegamente y esa creencia no puede ser natural ni espontánea, tienes que imponértela por la fuerza, tienes que creer por el bien de la fe y tienes que imponértelo a ti mismo, o descartarlo por completo. Ambos caminos están errados.

Jesús debe ser amado, no creído. No hay necesidad de pensar en favor o en contra de Él. Nunca piensas a favor o en contra de Shakespeare. ¿Por qué? Nunca piensas a favor o en contra de Kalidasa. ¿Por qué? Nunca piensas a favor o en contra de Tagore. ¿Por qué? Porque sabes que son poetas. Tú los disfrutas, no crees a favor y en contra de ellos. Pero con Jesús, Krishna o Buda, piensas a favor y en contra porque crees que están discutiendo. Déjame decirte algo: ellos no están discutiendo. No tienen que demostrar ninguna tesis; ellos no tienen ningún dogma. Ellos son los grandes poetas; más grandes que Tagore, que Shakespeare, más grandes que Kalidasa, porque lo que ha sucedido con Tagore, con Kalidasa y con Shakespeare es solo un destello. Lo que ha sucedido con Jesús, Krishna y Buda es una realización. Lo mismo que es un destello para un poeta, es la realidad para un místico. Ellos han visto. No solamente han visto, sino que también han tocado. No solo han tocado, sino que también han vivido. Es una experiencia viva.

Míralos siempre como grandes artistas. Un pintor simplemente pinta un cuadro, un poeta simplemente escribe un poema, un Jesús crea un ser humano. Un pintor cambia un lienzo: era plano y corriente, pero se hace valioso por su toque. Pero, ¿no ves acaso que Jesús toca a personas muy comunes, a un pescador, a Simón, llamado Pedro? Lo toca y, gracias a eso, este hombre se transforma en un gran apóstol, en un gran ser humano. Una altura surge, se abre una profundidad. Este hombre ya no es común. No era más que un pescador echando la red al mar y él habría hecho eso toda su vida, o incluso durante muchas vidas, y nunca habría pensado, imaginado ni soñado lo que Jesús transformó en una realidad.

En India tenemos una mitología acerca de una piedra que es alquímica. Tocas el hierro con ella y se transforma en oro. Jesús es como esta piedra. Él toca el metal común y corriente y lo transforma de inmediato, lo convierte en oro. Él transforma a los seres humanos en deidades, y tú no ves el arte en eso. No es posible un arte más sublime que este.

Para mí, los evangelios son poéticos. Si hablo de nuevo sobre el mismo evangelio, recuerden que no hablaré de lo mismo. No sé en qué estado de ánimo estaré, en qué clima. No sé por cuál puerta entraré. Y mi casa de Dios tiene muchas habitaciones. No es finita.

La tercera pregunta:

Osho, Ayer, después de la conferencia, me acerqué a un pequeño Siddhartha mientras tomaba agua. Después de oír cuando dijiste que él es uno de los antiguos, me puse en cuclillas, lo miré a los ojos y le dije: «Osho me dijo quién eres». Él sonrió, me miró profundamente y me tiró agua en la cabeza en dos ocasiones. Entonces me golpeó suavemente la cabeza y me dijo en voz baja: «Cierra la boca». Se hizo un silencio. Fue muy hermoso.

Debe haberlo sido. Él te bautizó con agua. Fue un bautismo. Y él es muy inocente, más que Juan Bautista. Su inocencia es muy espontánea. Deberías inclinarte ante él con más frecuencia. Y deberías permitir que te tire agua y te golpee más. Y cuando te diga: «Cállate», entonces cállate y permanece en silencio. Él es un niño tremendamente hermoso.

La cuarta pregunta:

Osho, Cuando reflexiono sobre la persecución de Cristo hace dos mil años, creo que la actitud de las personas hacia un mesías que viva entre ellos no ha cambiado mucho. La sospecha, el cinismo y la desconfianza parecen ser los mismos que antes. ¿Es posible que tú también seas perseguido algún día? Miro el auditorio a mi alrededor e imagino que puedo descubrir a un Tomás que duda, a Juan, a Simón Pedro, a María Magdalena, incluso a Judas y al resto del grupo. ¿Será que todo esto es una repetición en vivo y en directo?

Así es. Todos ellos están aquí. Tienen que estarlo, ¡porque el líder del grupo está aquí! Y nada cambia nunca, todos los cambios son superficiales. En el fondo, la humanidad sigue siendo la misma. Es natural. No estoy condenando esto, no estoy diciendo que haya algo de malo en ello. Tiene que ser así, esa es la forma como es.

Cuando Jesús viene, quienes son como Tomás y dudan están destinados a estar allí. Cuando las personas que confían vienen, las personas que no pueden confiar vienen también. Ellos crean un contraste. Y es bueno; de lo contrario, su confianza no será de mucho valor. Se hace valiosa debido a que los que son como Tomás, y dudan, están allí. Puedes comparar, puedes sentir. Puedes ver lo que es la duda, lo que es la confianza. Las malezas también aparecen cuando siembras un jardín. Las malas hierbas también son parte de él. Cuando un Jesús viene, un Judas está obligado a estar ahí porque todo es tan tremendamente significativo que alguien está obligado a engañar. Tiene una altura tan grande que alguien está destinado a quedar muy lastimado: el ego.

A Judas lo lastimaron mucho. Y recuerda, no era un hombre malo. De hecho, él era el único entre todos los discípulos de Jesús que era educado, culto; pertenecía a una sociedad y a una familia sofisticada. Él era, por supuesto, el más egoísta. Los otros solo eran pescadores, agricultores, carpinteros; gente así, gente común y corriente, que pertenecía a los segmentos más populares de la sociedad. Judas era especial. Y cada vez que alguien se siente especial, se presentan problemas. Él quería incluso guiar a Jesús. Muchas veces lo intentó. Y si tú lo escuchas, existe una posibilidad de que él te convenza más que el mismo Jesús.

Sucedió algo: Jesús fue a visitar la casa de María Magdalena. María estaba profundamente enamorada. Vertió perfumes preciosos, muy preciosos, en sus pies, el frasco entero. Era extraño, pues ella podría haberlo vendido. Judas se opuso de inmediato y dijo: «deberías prohibirle a las personas que hagan esas tonterías. Es todo un desperdicio; en la ciudad hay personas que son pobres y que no tienen nada para comer. Podríamos haber distribuido el dinero a los pobres».

Judas parece un socialista, un precursor de Marx, Mao, Lenin, Trotsky; todos estarían de acuerdo con él. ¿Qué dijo Jesús? «No te preocupes. Los pobres y los hambrientos siempre estarán aquí, pero yo me habré ido. Tú podrás servirles siempre; no hay prisa, pero yo me habré ido. Mira el amor, no el perfume precioso. Mira el amor de María, mira su corazón». ¿Con quién estás de acuerdo? Jesús parece ser muy burgués y Judas parece ser perfectamente consciente de la economía.

Judas está hablando de los pobres y Jesús simplemente dice: «Está bien. Me iré pronto, así que ella me reciba como quiera. Deja que su corazón haga lo que ella quiera y no impongas tu filosofía. Los pobres siempre están ahí, pero yo no estaré aquí por siempre. Solamente estaré por muy poco tiempo».

Por lo general, tu mente estará de acuerdo con Judas. Él parece tener toda la razón. Era un hombre muy culto, de modales muy finos; era sofisticado, era un pensador. Y él traicionó. Solo él podía traicionar, porque a cada paso su ego era herido. Siempre se sintió superior a todos los discípulos de Jesús. Siempre mantenía una distancia, no andaba entre la multitud. Siempre creyó que no era parte de la multitud. Creía estar en segundo lugar, solo después de Jesús, y esto también a regañadientes. Debía sentir en el fondo que era el primero. No podía decirlo, pero estaba en su corazón. Fue herido con locura. Jesús lastimaba continuamente su ego. Un maestro tiene que hacer esto, porque si un maestro mima tu ego, entonces no será de ninguna ayuda; él siempre tendrá que ser venenoso. Puedes suicidarte a través de él, pero entonces podrás resucitar. Y, por supuesto, Judas era el más egoísta y fue el más herido. Jesús tuvo que lastimarlo más. Judas se vengó. Y era un hombre bueno; no hay duda de ello. Ese es el problema con los hombres buenos. Él vendió a Jesús por treinta monedas. Se había preocupado tanto por el perfume y por su costo, ¡miren lo que es la mente!, y vendió a Jesús por treinta monedas de plata. Jesús no era muy costoso. Pero entonces, cuando Jesús fue asesinado y crucificado, Judas empezó a sentirse culpable. Así funciona un buen hombre. Se empezó a sentir muy culpable, su conciencia comenzó a atizarlo. Y se suicidó. Era un buen hombre, tenía conciencia. Pero él no tenía conocimiento. Hay que hacer esta distinción a un nivel muy profundo. La conciencia es prestada, es conferida por la sociedad; el conocimiento es tu logro.

La sociedad te enseña lo que es correcto y lo que está mal: haz esto y no hagas eso. Te da la ley, la moral, el código, las reglas del juego.

Esa es tu conciencia. Afuera, la policía; adentro, la consciencia. Esa es la forma en que la sociedad te controla. Si vas a robar, el policía está allí para evitarlo. Pero puedes engañar al policía, puedes encontrar maneras. Entonces la sociedad ha instalado un electrodo en lo más profundo de ti: en la conciencia. Tu mano comienza a temblar, todo tu ser interior tiembla, sientes que tu ser interior dice: «no hagas esto; es malo». Es la sociedad la que está hablando a través de ti. Es la sociedad implantada dentro de ti. Judas tenía una conciencia, pero Jesús tenía conocimiento. Esa fue la ruptura. El hombre de conciencia no puede entender al hombre de conocimiento porque el hombre de conciencia vive el momento, no tiene reglas qué seguir. Jesús estaba más preocupado por el amor de María, de la mujer. Era una cosa tan profunda que evitar que ella lo hiciera sería herir su amor; ella se reduciría a sí misma.

Verter el perfume en sus pies fue solo un gesto. En el fondo, María Magdalena estaba diciendo: «Me gustaría verter todo el mundo en tus pies. Esto es todo que tengo; lo más precioso. No sería suficiente con verter agua, es demasiado barata. Esto es lo más precioso que tengo, pero incluso esto no es nada. Quisiera verter mi corazón, quisiera verter todo mi ser». Pero Judas no vio esto. Él era un hombre de conciencia: miró el perfume y dijo: «Es costoso». Era completamente ciego ante la mujer y su corazón, y ante la expansión de la conciencia y del gesto. El perfume parecía demasiado valioso y el amor era completamente desconocido para él. El amor estaba allí. Lo inmaterial estaba allí y también lo material. Lo material es el perfume, lo inmaterial es el amor. Pero Judas no podía ver lo inmaterial; necesitas los ojos de la conciencia para hacerlo. Un hombre de conciencia siempre estará en conflicto con un hombre de conocimiento, porque el hombre de conocimiento ve cosas que el hombre de conciencia no puede ver. Y el hombre de conocimiento sigue su conocimiento: no tiene reglas por seguir. Si tienes reglas, siempre serás coherente porque las reglas están muertas. Tú también estarás muerto con ellas: serás predecible. Pero si tienes conocimiento, serás impredecible; uno nunca sabe. Permaneces en la libertad total. Respondes, no tienes respuestas fabricadas de antemano para dar. Cuando surge una pregunta, tú respondes y nace la respuesta. No solamente el oyente se sorprende con tu respuesta: tú también te sorprendes. Cuando yo te respondo, no solo tú estás escuchando; yo también soy un oyente. No es únicamente que lo escuches por primera vez; yo también lo escucho por primera vez. No sé cuál será la siguiente palabra o frase. Puede ir en cualquier dirección, puede moverse en cualquier dimensión. Eso es lo que quiero expresar cuando digo que sigo siendo un aprendiz. No solo estás aprendiendo conmigo; yo también estoy aprendiendo contigo. Nunca estoy en un estado de sabiduría porque un estado de sabiduría está muerto. Sabes algo que ha sido elaborado de antemano. Ahora bien, si alguien te lo pide, puedes dárselo, ya es algo material. Nunca estoy en un estado de sabiduría; yo siempre estoy en el proceso de saber. Estar en el proceso de saber es lo que quiero decir cuando manifiesto que estoy aprendiendo. El conocimiento es pasado, el saber es presente.

La vida no es un sustantivo, es un verbo. Dios tampoco es un sustantivo, sino un verbo. No me preocupa lo que digan los gramáticos. Dios es un verbo, la vida es un verbo. Saber, aprender, significa que siempre permaneces en el vacío. Nunca adquieres nada. Siempre quedas vacío como un espejo y no como una placa fotográfica. Una placa fotográfica llega inmediatamente a un estado del saber. Pero una vez ha sido expuesta, ya está muerta. Ya no reflejará a nadie; ha reflejado una vez, para siempre. Pero un espejo sigue reflejando. Si te miras en él, te refleja. Si te vas, quedará vacío de nuevo. Esto es lo que quiero decir: un hombre de aprendizaje permanece siempre vacío. Tú haces una pregunta. Se refleja en mi vacuidad, una respuesta viene y fluye hacia ti. Si la pregunta se ha ido y la respuesta ha desaparecido, el espejo vuelve a permanecer en un estado de no saber; vacío, listo de nuevo para reflejar. No se ve obstaculizado por su pasado, siempre está en el presente y siempre está listo. No es fabricado de antemano y siempre está dispuesto a reflejar, a responder.

Judas debió pensar en muchas ocasiones que sabía más que Jesús. Y tal vez tenía razón. Puede saber más, pero desconoce el estado del conocimiento. Solo sabe datos, información muerta; es un coleccionista de información muerta. Y traiciona a Jesús. Y, por supuesto, cuando Jesús está allí, habrá mujeres que lo aman profundamente: una María Magdalena, una Marta. Ellas están destinadas a estar allí porque cada vez que surge un hombre de la calidad de Jesús, esa calidad tiene que ser entendida primero por las mujeres y luego por los hombres. La confianza es la puerta a esto; las mujeres confían más, lo hacen de un modo más inocente. Por eso es tan difícil encontrar a una mujer científica. A veces llega una Madame Curie; debe ser un bicho raro de la naturaleza. O tal vez ella no haya tenido mucho de mujer. En el fondo, una mujer es un poeta; no es que escriba poesía; ella la vive. Y ella sabe confiar; es algo que se le da con facilidad, es algo que le llega de manera espontánea. En realidad, la duda es un aprendizaje difícil para una mujer. Ella tendrá que aprender esto de un hombre, así como tendrá que aprender la ciencia de un hombre. Es ilógico, irracional. Esas no son buenas cualidades en cuanto al mundo se refiere. Son descalificaciones en el mundo, pero en lo que al Reino interior de Dios se refiere, son cualificaciones. Y, por supuesto, el hombre no puede tener los dos mundos. En el mejor de los casos, puede tener aquel donde él está más arriba: puede tener el mundo exterior. Pero entonces tendrá que perder el otro, donde no podrá estar en la cima, y tendrá que seguir a las mujeres.

¿Has visto a Jesús crucificado? Ningún discípulo masculino estaba cerca de Él, solo las mujeres, porque los discípulos varones comenzaron a dudar. Este hombre había curado enfermedades, este hombre había revivido a los muertos, ¿y no podía salvarse a sí mismo?, ¿qué sentido tenía entonces creer y confiar en Él? Ellos estaban a la espera de un milagro. Estaban escondidos entre la multitud, esperando un milagro: algo milagroso iba a suceder; habrían creído porque necesitaban una prueba. Y la prueba nunca se dio: Jesús murió simplemente como un hombre común y corriente. Pero las mujeres no esperaban ninguna prueba. Jesús era prueba suficiente, no había necesidad de ningún milagro. Él fue el milagro. Ellas pudieron ver el milagro que ocurrió en ese momento: que Jesús murió con un amor y una compasión muy profunda. Tuvo incluso una oración para sus asesinos en su corazón. Sus últimas palabras fueron: «Padre, perdónalos, porque no saben lo que hacen». El milagro sucedió, pero los ojos masculinos no vieron esto. Las mujeres que estaban allí comprendieron de inmediato. Ellas confiaban en este hombre y Él les abrió lo más profundo de su corazón. Ellas comprendieron que el milagro había sucedido. El hombre había sido crucificado y estaba muriendo con amor, que es la cosa más imposible en el mundo: morir en la cruz con una oración para aquellos que lo están matando. Pero eso era amor. Solamente la mente femenina podía comprenderlo. Ellas estaban cerca de Él. Cuando Jesús revivió y resucitó después del tercer día, intentó acercarse a sus discípulos varones. No podían verlo porque habían dado por sentado que estaba muerto, y solo ves aquello que esperas ver. Si no lo esperas, no lo verás. Tus ojos son muy exigentes. Si estás esperando a un amigo, podrás verlo incluso en medio de una multitud. Pero si no lo estás esperando, si te has olvidado por completo de él, entonces él viene y toca la puerta, y por un momento te extrañas: ¿quién es? Ellos habían dado por sentado el hecho de que Jesús estaba muerto, así que cuando Jesús fue a ellos, no pudieron reconocerlo, no pudieron verlo. Se dice incluso que Él caminó varios kilómetros con dos discípulos, quienes hablaban sobre la muerte de Jesús. Se sentían miserables por esto y Jesús estaba caminando con ellos. ¡Y los discípulos le estaban hablando a Él! Pero no pudieron reconocerlo. Únicamente el amor puede reconocer, incluso después de la muerte, porque el amor te reconoció cuando estabas vivo. El amor, la muerte y la vida son irrelevantes.

Jesús fue reconocido inicialmente por María Magdalena, una prostituta. Ella corrió hacia a los discípulos varones que estaban celebrando una gran reunión: ¿qué hacer?, ¿cómo correr la voz a todo el mundo?, ¿cómo crear la iglesia?

Mientras ellos planeaban el futuro, ella vino corriendo y dijo: «¿Qué están haciendo? ¡Jesús está vivo!». Ellos comenzaron a reír y le dijeron: «¡Estás loca!, debes haberlo imaginado». La mente masculina siempre piensa que estas cosas son producto de la imaginación. Comenzaron a hablar entre sí: «Esa pobre mujer, María Magdalena. Se ha vuelto loca. La crucifixión de Jesús ha sido un verdadero impacto para ella». Y la compadecieron. Ella insistió: «No sientan lástima de mí. ¡Jesús ha resucitado!». Se rieron y dijeron: «Te entendemos. Necesitas descansar, estás demasiado impactada por el hecho de que está muerto. Es tu imaginación».

Siempre ha habido un gran número de mujeres alrededor de Buda, alrededor de Krishna, alrededor de Jesús, de Mahavira. Ellas fueron las primeras en llegar, los primeros discípulos. Es natural, así que no te sorprendas. Dos mil, o dos millones de años, y la mente humana sigue siendo la misma. Toda la humanidad sigue siendo la misma. La revolución es individual, puedes ser transformado como un individuo y entonces irás más allá de la multitud. Pero no te preocupes por estas cosas. Esta pregunta es de Chaitanya Sagar. Él siempre se preocupa por estas cosas. Nunca le respondo, pero siempre está preocupado: preocupado por los demás, preocupado por el mundo, preocupado por la organización, preocupado por el ashram, preocupado por mis discípulos, preocupado por mí; nunca se ha preocupado de sí mismo. Todas estas preocupaciones no ayudarán. El tiempo es corto, la vida es muy corta. Aprovéchala.

La otra noche estaba leyendo una obra de Samuel Beckett: un pequeño libro, el más pequeño del mundo, una breve obra de teatro. El nombre de la obra es *Respirar*. Su longitud es de solo treinta segundos, ¡treinta segundos! No hay ningún actor en ella, no hay diálogo. Solo un escenario. Se abre el telón. Hay muchas cosas tiradas. Basura, como si alguien hubiera salido a toda prisa de la casa. Todo tipo de cosas están revueltas, sin ningún orden. Solamente un desorden, basura. Y desde el fondo, se oye el suspiro de un niño que acaba de nacer. Y treinta segundos después, el sonido de un anciano al morir. Eso es todo, todo lo que la vida es. Treinta segundos: un suspiro y un jadeo. El primer esfuerzo para inhalar y el último esfuerzo para aferrarse a la respiración. Y todo desaparece.

La vida es corta, ni siquiera treinta segundos. Aprovéchala. Aprovéchala como una oportunidad para crecer, como una oportunidad para ser y no te preocupes por otras cosas; todo es basura. Solo esto es cierto: el suspiro y el jadeo, y todo lo demás es únicamente basura. Olvídate de eso: ¿qué puedes hacer al respecto?

No debería preocuparte si el mundo ha cambiado o no. El mundo es el mismo, tiene que ser el mismo. Solo tú puedes ser diferente; el mundo nunca será diferente. Cuando te des cuenta y seas consciente, trascenderás el mundo.

La quinta pregunta:

Osho, ¿Qué quería decir realmente Cristo cuando dijo: «Sígueme»?

Exactamente lo que dijo: «Sígueme».

La sexta pregunta:

Osho, Para seguir a Jesús se necesita una confianza y una entrega profunda, y también amor, pero actualmente hay un profundo escepticismo en todo el mundo. ¿Cuál es el camino?

Esto es de Yoga Chinmaya. Piensa en ti mismo. ¿Hay un profundo escepticismo dentro de ti? Esa es la pregunta que debes hacerte. «Un profundo escepticismo prevalece en todo el mundo». ¿Quién eres tú para preocuparte por todo el mundo? Esta es una forma de escapar del verdadero problema. El escepticismo está en lo más profundo del interior, el gusano de la duda está en tu corazón, pero tú lo proyectas, lo ves en la pantalla del mundo. ¿Hmm? «El mundo es escéptico, ¿cuál es la salida?». Ahora estás transfiriendo el problema. Mira en tu interior. Si hay duda, encuéntrala. Entonces se podrá hacer algo. El mundo no te escuchará y no tiene necesidad de hacerlo, porque si él es feliz en su escepticismo, tiene derecho a serlo. ¿Quién eres tú?

Nunca intentes pensar en los términos de los misioneros: son las personas más peligrosas. Siempre están salvando al mundo y si el mundo no quiere ser salvado, de todos modos siguen intentándolo. Ellos dicen: «Te salvaremos aunque no te guste». Pero, ¿por qué preocuparse? Si alguien es feliz comiendo, bebiendo, disfrutando de la vida, y no está preocupado en absoluto por Dios, ¿qué sentido tiene obligarlo? ¿Quién eres tú? Deja que esa persona llegue a su propio entendimiento. Algún día lo hará. Pero las personas se preocupan mucho: ¿cómo salvar a los demás? ¡Sálvate a ti mismo! Sálvate a ti mismo si puedes, porque eso también es muy difícil: es una tarea casi imposible.

Este es un truco de la mente: el problema está adentro y la mente lo proyecta afuera. Entonces, no te preocupas por eso, no te preocupas por tu propia angustia. Te ocupas de todo el mundo y de esta manera puedes postergar tu propia transformación. Insisto una y otra vez en que debes ocuparte de ti mismo. No estoy aquí para formar misioneros. Los misioneros son las personas más peligrosas. No seas nunca un misionero; es un trabajo muy sucio. No intentes cambiar a nadie. Solo cámbiate a ti mismo. Y eso sucede. Cuando tú cambias, muchos vienen a compartir en tu luz. Comparte con ellos, pero no intentes salvarlos. Muchos serán salvados de esa manera. Si intentas salvarlos, es probable que los ahogues antes de que ellos se ahoguen por sí mismos. No intentes imponerles a Dios por la fuerza. Si ellos dudan, está perfectamente bien. Si Dios les permite dudar, debe haber alguna razón para ello. Ellos lo necesitan, esa ha sido su formación, es allí desde donde todo el mundo tiene que venir.

El mundo siempre ha sido escéptico. ¿Cuántas personas se reunieron alrededor de Buda? No todo el mundo. ¿Cuántas personas se reunieron alrededor de Jesús? No todo el mundo, solo una minoría muy pequeña, que puede contarse con los dedos. El mundo no estaba preocupado por esas cosas. Y nadie tiene la autoridad para imponerle nada a nadie por la fuerza. ¡Ni siquiera a tu propio hijo! ¡Ni siquiera a tu propio cónyuge! Guárdate todo aquello que sientas que es la meta de tu vida para ti mismo. Nunca obligues a nadie. Eso es violencia, violencia pura.

Si quieres meditar, medita. Pero esto también puede ser un problema: si el marido quiere meditar, intenta obligar también a su esposa, y si ella no quiere meditar, obliga al marido a que no medite. ¿No puedes permitir que las personas tengan sus propias almas?, ¿no puedes permitir que tengan su propio camino? A esto le llamo una actitud religiosa: permitir la libertad. Un hombre religioso siempre permitirá la libertad de todos. Incluso si quieres ser ateo, un teólogo te lo permitirá. Ese es el camino perfectamente agradable para ti. Te mueves a través de él porque todo el mundo que ha venido a Dios lo ha hecho a través del ateísmo. El desierto del ateísmo tiene que ser cruzado; es parte del crecimiento. El mundo es siempre escéptico y permanece en la duda. Solo unos pocos alcanzan la confianza. Date prisa, para que puedas alcanzarla.

La séptima pregunta:

Osho, ¿Por qué siempre nos dices que seamos felices, si antes de la iluminación uno tiene que alcanzar una cumbre de dolor y de angustia?

Si no te digo que seas feliz, nunca alcanzarás la cumbre de dolor y angustia. Te sigo diciendo que seas feliz, y cuanto más te diga: «Sé feliz», más te darás cuenta de tu infelicidad. Cuanto más me escuches, más descubrirás que aparece la angustia. Esa es la única manera de hacerte infeliz, seguir obligándote constantemente: ¡sé feliz! No puedes serlo y entonces sientes la infelicidad a tu alrededor. Incluso aquello que solías creer que era la felicidad, incluso esos puntos desaparecen y te sientes totalmente inútil. Incluso la felicidad momentánea desaparece y el desierto se hace completo. Todas las esperanzas y todos los oasis desaparecen. Pero es ahí donde ocurre el salto. Cuando eres realmente infeliz, totalmente infeliz, cuando no hay siquiera un rayo de esperanza, renuncias de súbito a toda la infelicidad. ¿Por qué? ¿Por qué sucede esto? Porque la infelicidad no se aferra a ti, sino porque tú te aferras a ella. Y cuando sientes una angustia total, renuncias a ella, no hay nadie que la cargue por ti. Nunca la habías sentido tan intensamente; siempre lo has hecho a medias. Sientes un poco de tristeza, pero siempre hay una esperanza en el futuro: mañana llegará la felicidad; un pequeño desierto, pero el oasis está cada vez más cerca. Y gracias a la esperanza, la infelicidad sigue ahí. Todo mi esfuerzo es para matar la esperanza, para sumirte en una oscuridad tal que ya no puedas permitir ningún sueño. Y cuando esta intensidad alcanza el centésimo grado, tú te evaporas y ya no podrás seguirla cargando.

De repente, y sin importar cómo la llames, la infelicidad, el ego, la ignorancia, el desconocimiento, o lo que sea, desaparece.

Les contaré una historia real.

Un granjero tenía un carnero con pedigrí. Era un animal hermoso, pero a veces se enloquecía y el pastor que lo cuidaba se sentía muy incómodo: quería deshacerse de él, pero el granjero lo amaba.

Un día, el pastor no resistió más y le dijo al granjero: «Tendrás que elegir: el carnero, o yo. Toma mi advertencia en serio o este carnero desaparecerá. Es un animal loco y da muchos problemas. Se pone tan furioso y tan peligroso que a veces pienso que terminará matando a alguien».

El granjero tenía que decidirse. Entonces le preguntó a sus amigos qué debía hacer. No quería vender el carnero. Le sugirieron que consultara con un psicólogo de animales. Entonces llamó al psicólogo. El granjero se mostró escéptico, pero quería hacer algo para conservar el carnero. El psicólogo lo vio, lo observó, tomó notas y lo analizó durante cuatro días. Luego, dijo: «No habrá problemas. Solo tienes que ir al mercado, comprar un gramófono y traer música de Beethoven, Mozart, Wagner; música clásica. Cada vez que el carnero se enloquezca y tenga un ataque de furia, únicamente tienes que poner un disco de música clásica. El carnero se calmará por completo».

El granjero no podía creerlo, pero tenía que intentarlo y lo hizo. ¡Funcionó! El carnero guardaba silencio y se calmaba al oír la música. No hubo ningún problema durante un año. Entonces un día el pastor llegó corriendo y dijo: «Algo ha salido mal: no sé qué pasó. ¡El carnero se ha matado! Como de costumbre, tuve que poner un disco cuando le dio un ataque de locura. Pero empeoró. Luego se enloqueció cada vez más y embistió contra la pared. Se quebró el cuello y ha muerto».

El granjero fue al lugar de los hechos. El carnero yacía muerto cerca de la pared. El hombre miró el gramófono para ver qué disco estaba allí. Había sucedido un gran error: no era música clásica, sino un disco de Frank Sinatra: *Nunca habrá otro como tú*. Esto fue lo que creó el problema: Nunca habrá otro como tú; el ego es la causa de toda la locura, la infelicidad, la miseria. Será la causa de tu muerte, te romperá el cuello.

Puedes enfrentarlo si el asunto es a medias. Todo mi esfuerzo es para llevarlos a ustedes a un paroxismo en el que no puedan enfrentarlo. Tendrán que renunciar a él o tendrán que renunciar a ustedes mismos. Y siempre que se presenta esta elección, renunciar a la miseria o renunciar a sí mismos, ustedes renunciarán a la miseria. Y con la miseria, el ego, la ignorancia, el desconocimiento, todo eso desaparece. Son nombres de un mismo fenómeno.

Es todo por hoy.

Capítulo 9

DEJA QUE LOS MUERTOS ENTIERREN A SUS MUERTOS

Lucas 9

[57] Iban por el camino cuando alguien le dijo:
Te seguiré adondequiera que vayas.
[58] Jesús le respondió: Las zorras tienen madrigueras y las aves tienen nidos,
pero el Hijo del hombre no tiene dónde recostar la cabeza.
[59] A otro le dijo: Sígueme.
Él le contestó: primero déjame ir a enterrar a mi padre.
[60] Deja que los muertos entierren a sus muertos,
pero tú ve y proclama el Reino de Dios,
le replicó Jesús.
[61] Otro le dijo:
Te seguiré, Señor; pero primero
déjame despedirme de mi familia.
[62] Jesús le respondió:
Nadie que mire atrás después de poner
la mano en el arado es apto
para el Reino de Dios.

Un hombre tenía un estanque muy grande. Un pequeño lirio estaba creciendo en él. El hombre estaba muy contento, pues siempre había amado las flores blancas de los lirios. Pero entonces empezó a preocuparse porque la planta se estaba duplicando cada día: tarde o temprano cubriría todo el estanque. Él tenía truchas en el estanque y le encantaba comerlas. Cuando el estanque estuviera cubierto de lirios, toda la vida acuática desaparecería, incluidas las truchas.

Él no quería cortar los lirios, no quería que sus truchas desaparecieran: estaba en un dilema. Consultó con un experto. Este hizo cálculos y le dijo: «¡No te preocupes. El lirio tardará mil días en cubrir todo el estanque. La planta es muy pequeña y el estanque es muy grande, así que no tienes necesidad de preocuparte». Entonces, el experto propuso una solución que parecía completamente razonable. Dijo: «Espera, y cuando la mitad del estanque esté cubierta de lirios, entonces cortas la planta. Mantén siempre la mitad cubierta de modo que puedas disfrutar de las flores blancas; tus truchas no estarán en peligro. Cincuenta por ciento: la mitad del estanque para los lirios, y la otra mitad para las truchas».

La solución parecía completamente razonable. Eran mil días; tenía tiempo suficiente, así que no había necesidad de preocuparse. El hombre se tranquilizó y dijo: «Cuando la mitad del estanque esté cubierta, entonces cortaré los lirios». El estanque estuvo cubierto hasta la mitad en el día novecientos noventa y nueve. Podría pensarse que la mitad estaría cubierta al cabo de quinientos días, pero no fue así. La planta se duplicó, por lo que la mitad del estanque estuvo cubierta en el día novecientos noventa y nueve y solo restaba un día. Pero eso no daría tiempo suficiente para cortar la planta o para mantenerla hasta la mitad del estanque.

Y entonces sucedió. El hombre, que no se sentía muy bien, pues estaba un poco enfermo, dijo: «No hay prisa. He esperado novecientos noventa y nueve días y no han surgido problemas. Sólo falta un día. Entonces lo haré». A la mañana siguiente, todo el estanque estaba cubierto de lirios y todas las truchas habían muerto.

Este es el enigma de la vida. Es un dilema: uno tiene que elegir. Si acumulas cosas y bienes, la planta se duplicará en el estanque. Todos los días tus cosas siguen creciendo y tu vida se verá sofocada. La vida parece demasiado larga: setenta, ochenta años. No hay prisa. La gente piensa: «cambiaremos cuando lleguemos al punto medio».

La gente siempre espera envejecer para ser religiosa, la gente dice que la religión es para las personas de edad. Ve a las iglesias y a los templos, y encontrarás personas de edad, justo al borde de la muerte. Ya tienen un pie en la tumba: el día novecientos noventa y nueve. A la mañana siguiente, la vida será sofocada. Entonces empiezan a rezar, entonces empiezan a meditar, entonces empiezan a pensar qué es la vida, cuál es el significado de la existencia. Pero ya es demasiado tarde.

La religión necesita una gran urgencia. Si la pospones, nunca serás religioso. Tienes que hacerlo ahora mismo. Ya es tarde, ya has perdido mucho tiempo y lo has derrochado en asuntos inútiles, lo has malgastado en cosas que dejarás de tener.

Por todas estas cosas, tienes que pagar con la vida. Pierdes la vida por todo lo que posees. No es barato, es muy costoso. Un día tienes muchos bienes, pero luego ya no estás. Las cosas siguen ahí, pero el propietario ha muerto. Grandes montones de cosas, pero el que quería vivir a través de ellas ya no existe.

La gente se prepara para la vida y muere antes de haber consumado su preparación. Las personas se preparan y no viven nunca. Ser religioso es vivir la vida, no prepararse para ella. Tú estás haciendo una cosa muy absurda: sigues ensayando y el verdadero drama nunca comienza.

He oído hablar de una pequeña compañía de teatro. Ellos estaban ensayando. La obra se aplazaba todos los días porque nunca terminaban de ensayar. Un día, la heroína no asistía, otro día dejaba de hacerlo otro actor; un día sucedía otra cosa, la electricidad se iba o algo pasaba, y entonces la obra se aplazaba. Pero el gerente estaba feliz al menos por una cosa: el héroe del drama siempre había asistido, nunca se había ausentado.

El último día de ensayos le dio las gracias al héroe. Le dijo: «Tú eres la única persona en quien puede confiarse. Todas estas personas no son confiables. Tú eres el único que nunca se ha ausentado. Has estado aquí en verano y en invierno, si hacía frío y si hacía calor».

El héroe dijo: «Me gustaría decir algo. Me voy a casar el día del estreno, así que pensé que debería asistir por lo menos a los ensayos. No estaré aquí el día del estreno; por eso nunca me he ausentado».

Sabemos bien que tú no estarás aquí el día en que comience la verdadera obra. Es solo un ensayo: preparación y más preparación. La posesión de cosas es simplemente prepararse para vivir, ordenar y organizar de modo que puedas vivir. Pero no necesitas ordenar y organizar para vivir, todo ya está listo. Todo está absolutamente listo y solo necesitas participar. No falta nada.

Esto es lo que yo llamo una actitud religiosa: esta urgencia de que tienes que vivir ahora y que no hay otra manera de vivir. Ahora es la única manera de vivir y de ser, y aquí es el único hogar. Pero también hay engaños, espejismos, ¡tengan cuidado con ellos!

Ahora, intenten entender estos *sutras* tan importantes del evangelio:

«Iban por el camino cuando alguien le dijo: "Te seguiré adondequiera que vayas"». Cuando te encuentras con un hombre como Jesús o Buda, algo se sacude de repente. Ellos tienen un magnetismo, una presencia que te atrae, que te rodea, que te invoca, que te invita, que se convierte en un llamado profundo en el corazón de los corazones. Solo tienes que olvidarte de ti mismo, de tu forma de vida. En presencia de un Jesús, tú estás casi ausente. Su presencia es tal que por un momento te sientes deslumbrado, por un momento no sabes lo que dices, por un momento expresas cosas que nunca quisiste decir: es como si estuvieras hipnotizado.

Se trata de una hipnosis. No es que Jesús te esté hipnotizando: su presencia misma se convierte en una concentración de tu ser. Se vuelve una atracción tan profunda que todo el mundo cae en el olvido. Debes haber ido a algún lugar para hacer algo: lo has olvidado. Debes haber venido de alguna parte: lo has olvidado. En su presencia, el pasado y el futuro desaparecen súbitamente. De repente, estás aquí y ahora y un mundo diferente se abre: una nueva dimensión se revela.

El hombre que expresó: «Te seguiré adondequiera que vayas», no sabe lo que está diciendo. Él respondió a un impulso momentáneo. Después de un momento se arrepentirá de ello, después de un momento comenzará a mirar hacia atrás, después de un momento empezará a pensar en lo que ha hecho.

Cuando tú vienes a mí, a veces dices cosas que sé que no quieres expresar, porque son tan irrelevantes que no encajan, como si te elevaras a un nivel más alto del ser, como si estuvieras en un nuevo estado de conciencia y manifestaras cosas extrañas. Más tarde, cuando regresas de nuevo a tu estado normal, habrás olvidado lo que hayas dicho o te habrás encogido de hombros; no podrás creer que hayas afirmado eso.

Tú vienes a mí: traes mil preguntas, pero cuando estás cerca de mí, se te olvidan de repente. Comienzas a murmurar. Te pregunto a qué has venido y me dices: «lo he olvidado». Piensas que yo te estoy haciendo algo, pero no te estoy haciendo nada. Las preguntas y los problemas pertenecen a un estado inferior de la mente. Cuando tu estado cambia, las preguntas y los problemas desaparecen, no están allí. Cuando regresas de nuevo a casa, ellos te estarán esperando de nuevo. Entonces vienes de nuevo y los olvidas. Esto sucede en lo más profundo de ti.

Cuando estás cerca de mí, empiezas a ver las cosas a través de mí. Ya no estás en la oscuridad, estás en mi luz, y los problemas que eran relevantes en tu oscuridad dejan de serlo. Preguntar por ellos parecerá tonto, absurdo. No puedes articular tus problemas porque ya no están ahí. Pero cuando nos vamos, tú sigues tu camino y yo el mío, y la oscuridad llega de nuevo. Ahora la oscuridad es mayor que antes y los problemas se multiplican.

El evangelio no menciona el nombre de la persona que expresó: Te seguiré adondequiera que vayas. Las Escrituras simplemente dice alguien, porque no se trata de una persona en particular. Todo hombre está incluido en ese alguien.

Mucha gente encontrará a Jesús en el camino y siempre será en el camino. Esto también tiene que entenderse. Jesús está siempre en movimiento. Ese es el significado: que siempre está en camino. No es que se mueva continuamente y que nunca descanse; el significado de «en el camino» es que Jesús es un río. Es posible que lo sepas o no, pero el río está fluyendo. El río está en su fluir: no es posible concebir que el río no fluye, porque entonces ya no será un río. Jesús es un flujo, una inundación tremenda: está siempre en camino, siempre está en movimiento. Viniste ayer a mí, pero ya no estoy ahí. La tierra se ha perdido en el pasado, las orillas ya no están en ningún lugar. Puedes llevarlas en tu memoria, pero el río se ha movido. Y si cargas el pasado en tu memoria, entonces no podrás ver el río exactamente donde está ahora, en este punto del tiempo.

Iban por el camino cuando alguien le dijo: Te seguiré adondequiera que vayas. Jesús es un vagabundo, porque cuando tu conciencia se libera, cuando tu conciencia ha entrado en lo eterno, permanecerá vagabundeando para siempre. Entonces, «el todo» es el hogar; entonces, la casa no estará en ninguna parte.

Entonces fluirás continuamente. Nunca llegará un momento de conocimiento; solo estarás conociendo y conociendo. Esto no terminará nunca, porque cuando el conocimiento se haya completado estarás muerto. Aprenderás, pero nunca te convertirás en un hombre de conocimiento. Siempre estarás vacío. Por eso un hombre como Jesús es tan humilde. Él dice: «Bienaventurados los pobres de espíritu». ¿Qué significa «pobres de espíritu»? Exactamente lo que estoy diciendo: aquellos que no adquieren conocimiento, pues este es para los «ricos de espíritu». Acumulas cosas afuera, alrededor de tu cuerpo, y acumulas conocimientos en el interior, alrededor de tu alma. Un hombre puede ser pobre en lo que a cosas se refiere, y puede ser rico en lo referente a conocimientos. Jesús dice que no basta con ser pobres solo en el cuerpo; esto no es gran cosa, no es la verdadera pobreza. La verdadera pobreza es cuando no acumulas cosas por dentro, cuando no llegas al punto en que dices: «¡Lo sé!». Siempre estás aprendiendo y sigues siendo un proceso: estás siempre en el camino.

Muchas veces nos encontramos con la expresión «Jesús está en el camino». Él es un vagabundo, pero este vagabundeo es una indicación del flujo más íntimo. Él es dinámico, no es estático. Él no es como una piedra, sino como una flor: siempre en flor, un movimiento, no un evento.

«Alguien», puedes ser tú, puede ser cualquiera. No tiene nombre. Es bueno que el evangelio no haya mencionado un nombre. Lo ha hecho a sabiendas, porque si mencionas un nombre, entonces la gente piensa que debe ser esa persona en particular. No, el evangelio dice simplemente que se trata de la mente humana: cualquier individuo será bastante representativo.

Cuando te encuentras con Jesús, sientes súbitamente algo de lo divino. Cuando has perdido el contacto con Jesús, puedes pensar si este hombre era un dios o no. Pero Él es poderoso en su pobreza interior, su humildad tiene mucha gloria. Su pobreza es un reino: Él ha sido entronizado. Él está en lo más alto de la conciencia. Y entonces, te rodea, te envuelve por todas partes como una nube. Y tú te olvidas de ti mismo en Él.

La única expresión que se puede utilizar para dirigirse a Jesús es: Señor, te seguiré adondequiera que vayas. Y en ese despertar, en ese momento de euforia, en ese momento de intensidad, dices algo de lo que tal vez no seas consciente.

Ese alguien que dijo: Señor, yo te seguiré. No sabía lo que decía. Seguir a Jesús es muy difícil, porque seguir a Jesús significa convertirse en un Jesús. No hay otra manera de seguirlo. Tienes que arriesgar todo lo tuyo a cambio de nada. Tienes que arriesgar la vida por la muerte. La resurrección puede darse o no, Nunca se puede estar seguro de ello y no se puede dar ninguna garantía, es solamente una esperanza.

¿Sacrificar todo lo que tienes por una simple esperanza? Ese hombre no está en su sano juicio: ¿qué está diciendo? Él está intoxicado de Jesús, ha bebido demasiado de su presencia. Ya no está en sus cabales, ya no tiene sentido común. Cuando regrese a su casa, pensará: «¿Qué pasó?, ¿por qué dije eso?, ¿este hombre es un brujo, un hipnotizador, un encantador? Este hombre debe haberme hecho un truco; yo estaba casi engañado. ¿Qué he dicho?». No, Jesús no es un mago. No es un hipnotizador, no es un encantador. Pero su presencia hace que tú te conviertas en poesía. En su presencia, algo se eleva a una cumbre en ti y tú dices algo desde el núcleo más íntimo de tu ser. Incluso tu superficie, tu «yo periférico», se sorprende.

Ese alguien que dijo: Señor, yo te seguiré; no pudo haberle dicho Señor a nadie antes. Pero de repente, cuando Jesús viene hay que llamarlo Señor. Cuando te encuentras con Buda, tienes que llamarlo «Bhagwan», deidad. Tiene que ser así, porque no puedes encontrar otra expresión. Todas las demás palabras parecen ser insignificantes. Y cuando le dices a alguien Señor, de manera inconsciente también le dices: «Siento amor por ti».

«Te seguiré adondequiera que vayas». ¡Qué compromiso!, hecho en un momento de éxtasis. Puedes arrepentirte de ello para siempre, pero sucede lo siguiente: Jesús sabe la magnitud de la obligación contraída, por eso dijo aquello de «Las zorras tienen madrigueras

(...)». Con ello, Jesús está diciendo: «Pobre hombre; piénsalo otra vez. ¿Qué estás diciendo? No te comprometas tan profundamente, no te metas conmigo. Mira, espera, piensa, reflexiona y luego vuelve a mí».

«Las zorras tienen madrigueras, y las aves tienen nidos, pero el Hijo del hombre no tiene dónde recostar la cabeza». ¿A quién vas a seguir? Incluso los zorros tienen madrigueras. Si sigues a un zorro, por lo menos tendrás un agujero en el cual reclinar la cabeza. Incluso las aves del cielo tienen nidos, «(...) pero el Hijo del hombre no tiene dónde recostar la cabeza»: los más grandes, los más elevados, los más sublimes, no tienen hogar. Esto tiene que entenderse. Esta es una de las frases más penetrantes. Tiene un significado enorme.

Mira los árboles, los animales, las aves; tienen profundas raíces en la naturaleza. Solo el hombre está sin raíces. Las aves no necesitan familias, pueden sobrevivir sin familia: la naturaleza las protege. Los árboles no necesitan de nadie: si no existiera nadie, de todos modos los árboles estarían allí y florecerían. La naturaleza los protege: ellos tienen un hogar. Pero piensa en un niño pequeño, en un niño humano. Si la familia no está ahí para cuidarlo, ¿crees que sobrevivirá? Él moriría. No sería capaz de sobrevivir sin la sociedad, sin la familia, sin la casa artificial. En esta tierra, solamente el hombre no tiene hogar, solo el hombre es un extraño. Todo lo demás está integrado. De ahí la religión. La religión no es más que la búsqueda de un hogar. Esta Tierra no parece ser un hogar. Si piensas en ello, verás que te sientes un extraño aquí. Tarde o temprano serás expulsado: esta vida es momentánea. No sientes que eres bienvenido y tienes que obligarte a ti mismo para sentir que lo eres. Los árboles son bienvenidos, parece que la tierra es feliz con ellos. La tierra sigue dando, compartiendo. Los pájaros están cantando, como si la tierra cantara a través de ellos. Mira a los animales: son tan vivos y vitales. Solo el hombre parece ser un intruso, como si hubiera llegado de otro lugar. Esta Tierra puede ser una estancia, pero no es un hogar. Tal vez estemos aquí por un tiempo, como en un *caravanserai*, pero no es un hogar: tendremos que irnos al amanecer. Lo que dice Jesús tiene muchos significados y me gustaría que ustedes se adentren en ellos.

El hombre no tiene raíces, y debido a esto siempre está buscando: ¿dónde encontrar un hogar? Dios no es más que la búsqueda de un hogar donde podamos sentirnos a gusto y relajarnos, y donde podamos sentir que no hay necesidad de luchar. Somos aceptados; no solo aceptados, sino también bienvenidos. No tienes necesidad de luchar. Puedes ser cualquier cosa y relajarte, y sabes que el amor seguirá fluyendo, que la vida continuará fluyendo. No hay temor al castigo ni codicia de ninguna recompensa. Estás en casa. No eres un extraño en una tierra extranjera.

Esta es la búsqueda de la religión. Por eso los animales no tienen religión. Las aves no tienen religión; hacen nidos, pero no hacen templos. Un templo no es algo muy difícil: podrían hacer un nido grande y reunirse y cantar juntas y orar. Pero ellas no rezan, pues no es necesario. El hombre es el único animal que hace templos, iglesias, mezquitas. La oración es un fenómeno muy extraño.

Piensa en alguien que viniera de otro planeta y observara a la humanidad. Si estás haciendo el amor con una mujer, el observador podrá entender. Algo semejante debe suceder en otro planeta. Es probable que esa persona no pueda entender lo que dices, pero sabrá lo que debes estar diciendo: es probable que no entienda el idioma, pero sí lo que los amantes se dicen el uno al otro. Si se besan y se abrazan, él entenderá los gestos.

Si haces negocios, él entenderá; si lees un libro, él entenderá; si te ejercitas, él entenderá. Pero si estás orando y si en su planeta no existe algo semejante a la religión, no podrá entender en absoluto. Él pensará: «¿Qué estás haciendo ahí?, sentado, solo, mirando al cielo. ¿A quién le estás hablando?, ¿qué estás diciendo?». Y si él viene un día determinado, por ejemplo en un día religioso para los musulmanes, cristianos o hinduistas; él simplemente sentirá que algo ha salido muy mal: «En todo el mundo, millones de personas profieren palabras sin tomarse en cuenta los unos a los otros; hablan con el cielo. La humanidad se ha vuelto loca, ¿qué está pasando?, ¿por qué gesticulan estas personas?, ¿a quién le están hablando, a quién le dicen "Alá"?, ¿ante quién están inclinando la cabeza? No parece haber nadie allí».

Dios no es visible. Dios está en algún lugar en la mente del hombre. La oración es un monólogo, no es un diálogo. Un hombre de otro planeta pensaría que un error ha sucedido en el sistema nervioso de la humanidad. Pensaría que las terminales nerviosas han fallado: millones de personas gesticulándole a nadie, hablando con el cielo, mirando al cielo, gritando «¡Alá! ¡Alá!». Algo está mal: parece que toda la humanidad se ha vuelto loca.

No entenderá la oración porque ésta es absolutamente humana. El hombre es el único que lo hace; los animales realizan todas las demás actividades humanas. El amor: sí, también hacen el amor. También buscan alimentos. Cantan, bailan, hablan, se comunican. Están tristes, están felices, pero ¿orar?

Jesús dijo: Las zorras tienen madrigueras, y las aves tienen nidos, pero el Hijo del Hombre no tiene dónde recostar la cabeza. El hombre es un forastero. Por eso seguimos creando la ficción de que estamos en casa y no somos unos forasteros. La casa es una ficción: creamos una unión con las personas. Creamos comunidades, naciones y familias, para no estar solos y poder decir que el otro está allí, alguien familiar, a quien conocemos: tu madre, tu padre, tu hermano, tu hermana, tu esposa, tu esposo, tus hijos, alguien conocido y familiar. Pero ¿alguna vez has pensado en ello? ¿Realmente conoces a tu esposa? ¿Realmente existe una manera de conocer a la esposa, al marido o al hijo?

Tienes un hijo: ¿lo conoces?, ¿quién es? Nunca te haces preguntas tan incómodas. Inmediatamente le das un nombre a él o ella para que sepa quién es. No tener un nombre causaría problemas: sin un nombre, el niño se moverá por la casa, y cada vez que lo veas, lo desconocido te estará observando.

Le pones una etiqueta para olvidar que ha llegado un extraño; le das algún nombre. Luego comienzas a moldear su carácter: qué debe hacer, qué no debe hacer, para conocerlo y hacer que sea predecible. Esta es una manera de crear una familiaridad ilusoria. El niño sigue siendo un desconocido: cualquier cosa que hagas estará en la superficie; él será un extraño en lo más profundo de su interior.

Hay momentos, algunos raros momentos, en los que súbitamente percibes esto. Estás sentado al lado de la persona amada, y de repente ves que hay una gran distancia. Miras su cara y no reconoces quién es. Pero olvidas esos momentos con rapidez. Empiezas a hablar, dices algo, comienzas a planificar, a pensar. Por eso la gente no se sienta en silencio, porque este crea una inquietud. En el silencio, la ficción de la familiaridad se rompe.

Por eso, si un invitado llega a tu casa y no dices nada, si te limitas a sentarte en silencio, él se enojará mucho, sentirá rabia. Si te limitas a mirarlo, él se enojará y te dirá: «¿qué estás haciendo?, ¿hay algún problema contigo? ¡Di algo!, ¿te has vuelto tonto?, ¿por qué guardas silencio? ¡Habla!».

Hablar es una forma de evitar, de eludir el hecho de que no estamos familiarizados. Cuando alguien comienza a hablar, todo es bueno. Por eso te sientes un poco incómodo con los extranjeros, porque no puedes hablar el mismo idioma. Si tienes que permanecer en la misma habitación con un extranjero y no pueden entenderse entre ustedes, todo será muy difícil. Él te recordará continuamente: «somos extraños». Y cuando tienes la sensación de que alguien es un extraño, inmediatamente sientes el peligro. ¿Quién sabe qué hará? ¿Quién sabe si no se abalanzará sobre ti en medio de la noche y te cortará la garganta? ¡Es un extraño! Por eso los extranjeros siempre son sospechosos. Realmente no hay nada qué sospechar, pues todos somos extranjeros en todas partes. Incluso en tu propia tierra eres extranjero, pero la ficción ya se ha establecido: hablas el mismo idioma, crees en la misma religión, vas a la misma iglesia, votas por el mismo partido, crees en la misma bandera; hay familiaridad. Entonces crees que tú y los demás se conocen mutuamente, pero solo se trata de artificios.

Jesús dice: «El Hijo del hombre no tiene hogar». Utiliza tres palabras una y otra vez para sí mismo: a veces dice «Hijo de Dios», y otras veces «Hijo del hombre». Rara vez expresa hijo de Dios, pues dice con mayor frecuencia hijo del hombre. Esto ha sido un problema para la teología cristiana. Si Él es hijo de Dios, ¿por qué dice hijo del hombre?

Los que están en contra de Cristo dicen: Si Él es hijo del hombre, entonces ¿por qué insiste también en que es hijo de Dios? No se puede ser ambas cosas. Pero Jesús insiste en ambas porque es las dos cosas. Y yo te digo, todo el mundo es ambas cosas: por un lado, hijo del hombre, y por el otro, hijo de Dios. Naces del hombre, pero no solo para ser hombre. Naces del hombre, pero has nacido para ser un dios. La humanidad es tu forma, la divinidad es tu ser. La humanidad es tu ropa, la divinidad es tu alma. Jesús utiliza las dos expresiones. Cada vez que Él dice «Hijo del hombre», expresa «estoy unido a ti», soy igual a ti y un poco más. Y a veces, cuando Él dice «Hijo de Dios», expresa ese más, pero rara vez lo utiliza, porque muy poca gente podría entenderlo.

Cuando Jesús dice hijo del hombre, no está diciendo algo solo sobre Él. Él está diciendo algo acerca de cada hombre: que el hombre esencial no tiene hogar. Si crees que tienes raíces, pensarás también que tienes un hogar, estarás por debajo de la humanidad y podrías pertenecer a los animales. Las zorras tienen madrigueras, las aves tienen nidos, pero el Hijo del hombre no tiene dónde recostar la cabeza.

Si piensas que tienes raíces y que este mundo es tu casa, debes estar viviendo por debajo de la humanidad, porque cualquier persona que sea realmente humana comprenderá de inmediato que la vida no puede ser así. Puede ser un paso, un viaje, pero no la meta. Y cuando te sientes desamparado en este mundo, entonces comienza la búsqueda. Aquel hombre que dijo: Señor, te seguiré adondequiera que vayas, pudo pensar que Jesús iba hacia el Este o al Oeste, al Sur o al Norte. Pero él no sabía en qué dirección iba Jesús.

Jesús está yendo hacia Dios, y eso no es el Norte, ni el Este, ni el Oeste, ni el Sur, ni arriba, ni abajo; no es nada de esto. Ir hacia Dios es ir hacia adentro. De hecho, esa no es una dirección en absoluto. Es perder todas las direcciones: Norte, Sur, Este, Oeste, arriba, abajo. Ir hacia adentro significa avanzar sin rumbo, hacia donde no hay dimensión. Jesús no va a ninguna parte. Va adentro de sí mismo y eso no es un punto en el espacio.

Ir hacia adentro es ir más allá del espacio. Por eso el alma nunca se puede encontrar en ningún experimento. Un experimento puede detectar todo lo que esté en el espacio. Puedes diseccionar a un hombre y encontrarás los huesos, la sangre y todo lo demás, pero no encontrarás el alma: al hombre esencial. Esto no existe en el espacio; lo toca, pero no existe en él. Simplemente lo toca. Y si destruyes el cuerpo y cortas el cuerpo, el contacto se perderá. Esa fragancia vuela hacia lo desconocido. Es ahí donde se mueve Jesús. Él sabe que este hombre se está comprometiendo demasiado y que no podrá perdonarse a sí mismo por esto. Y cuando te comprometes demasiado, terminas por vengarte.

He visto que muchas personas, en un momento, como un relámpago, me dicen: «Nos gustaría entregarnos. Haremos cualquier cosa que nos digas». Sé que si los acepto, ellos se vengarán, porque no podrán cumplir lo que dicen. No saben lo que dicen e ignoran en qué dimensión me muevo yo. No podrán seguirme el ritmo y solo habrá dos posibilidades: O se enfadarán consigo mismos, algo que la mente no suele hacer, o se enojarán conmigo. Ese es simplemente el curso normal: cuando estás en problemas, alguien más es el responsable. Todo será arduo desde el primer paso: será como el filo de una navaja. Entonces se vengarán, estarán en contra mía, porque esa será su única manera de protegerse. Esa será la única forma: si pueden probar que estoy equivocado, podrán cancelar su compromiso.

Jesús sabe. Él dice: «Estoy sin hogar. Nunca encontrarás descanso conmigo, siempre estarás en el camino. Soy un trotamundos, un vagabundo. Conmigo, siempre estarás en camino. Mi viaje comienza, pero nunca termina. No sabes adónde voy. Voy hacia Dios. Me voy a alejar de las cosas y del mundo de las cosas: estoy yendo hacia la conciencia. Estoy dejando atrás lo visible, me voy acercando a lo invisible».

No puedes entender qué es lo invisible, ya que en el mejor de los casos puedes pensar en forma negativa; puedes pensar que es aquello que no es visible. No, lo invisible también es visible, pero necesitas otros ojos para verlo.

Una vez sucedió algo:

Mulá Nasrudín había abierto una pequeña escuela y me invitó. Miré la escuela; él había reunido a muchos estudiantes. Le pregunté: «Nasrudín, ¿qué vas a enseñarle a estos estudiantes?». «Dos cosas, básicamente: temerle a Dios y que se laven la parte posterior del cuello», contestó.

Yo no podía ver cuál era la relación entre esas dos cosas y le dije: «Está bien que les enseñes a temerle a Dios, ¡pero no puedo ver la importancia de lavarse la parte posterior del cuello!». «Si pueden hacer eso, entonces podrán hacerle frente a lo invisible!», señaló él.

La parte posterior del cuello es invisible porque no se puede ver. Si pueden hacer eso, podrán hacerle frente a lo invisible. Lo «invisible» puede ser así como la nuca: también es parte del mundo. Tu Dios es también parte del mundo; por eso tus templos forman parte de tu mercado y tus Escrituras se convierten en mercancías. Tus doctrinas son como cosas para comprar y vender.

El Dios de Jesús o Buda no es tu Dios. Tu Dios no es el Dios de Jesús. Su Dios es una interioridad, un más allá; su Dios es una transformación de tu ser, una mutación, un nacimiento de un nuevo ser con una nueva conciencia. Tu Dios es algo para ser adorado, el

Dios de Jesús es algo que hay que vivir. Tu Dios está en tus manos, el Dios de Jesús es aquel a quien te abandonas, en cuyas manos te rindes. Tu Dios está solo en tus manos, puedes hacer cualquier cosa que desees con tu Dios. El Dios de Jesús es aquel a quien te entregas de manera incondicional.

Jesús le dijo al primer hombre que estaba dispuesto a seguirlo: «Espera, por favor. No sabes lo que haces, no sabes qué compromiso estás haciendo, en qué te estás involucrando». El primer hombre actuó en un momento de inspiración, en un momento de entusiasmo, en un momento de embriaguez. No era alguien confiable, estaba influenciado. Y si haces algo bajo una influencia, es como si estuvieras ebrio, es como si dijeras algo y al día siguiente lo olvidaras.

A otro hombre, a quien no ha musitado nada, Jesús le dijo: «Sígueme». «Él le contestó: primero déjame ir a enterrar a mi padre». Éste hombre no se había manifestado, pero estaba más listo, estaba más preparado, era más maduro.

Hace solo unos días, una mujer holandesa vino a mí; es una mujer muy sencilla y de buen corazón, realmente con un corazón demasiado bueno. Incluso la bondad del corazón puede llegar a ser una enfermedad si es excesiva. Ella viene a mí una y otra vez, y me escribe notas y cartas en las que me dice que no puede tolerar la pobreza. Cuando va a su hotel, ve a los mendigos en el camino y llora y llora, se siente culpable y sufre mucho. Ella no puede meditar; ellos se le aparecen incluso cuando medita. Ella piensa que es egoísta meditar mientras hay tanta pobreza. Una mujer de muy buen corazón, pero no madura: sencilla, buena, pero infantil.

Le dije: «Puedes hacer una de dos cosas. Anda y elimina la pobreza en el mundo y luego regresa, si acaso tienes tiempo y si aún estoy aquí. Anda y elimina la pobreza y luego regresa y medita para que no te sientas tan culpable. O, si crees que esto es imposible, entonces renuncia a la idea. Medita, y con ella, préstale alguna ayuda a la gente».

Entonces, ella comenzó a preocuparse por los sannyas. Quería tomarlos y sin embargo tenía miedo: la educación cristiana. Luego, regresó y me dijo: «Hay un problema. Mi padre ha sido muy bueno conmigo. Me ha enseñado a ser. Ahora bien, si tomo los sannyas estaré traicionando a mi padre, a sus enseñanzas. Pero si no tomo los sannyas, habrá una obsesión constante a mi alrededor de que debo tomarlos para poderme transformar». «Tú decides en ambos sentidos», le dije.

Ella tampoco podía decidirse en esto. Entonces vino un día, muy preocupada. Le dije: «Una cosa es cierta ahora: que aunque me pidas sannyas, no te los daré. Así que descansa. No te daré sannyas».

La he visto desde entonces. Ella no ha venido a verme, pero está aquí. Parece estar preocupada, puedo verlo en su rostro, y si ella viene a mí por los sannyas, no se lo daré. Ella es buena, pero inmadura. El compromiso solo puede darse a partir de la madurez. Se necesita una cierta madurez.

Jesús le dijo sígueme al hombre que no le había prometido acompañarlo. Pero el padre de ese hombre había muerto. Ese hombre no podía contenerse, y le contestó: primero, déjame ir a enterrar a mi padre.

Esta es una situación muy simbólica: el padre está muerto, el mismo que le ha dado vida a su cuerpo, y otro padre está presente, el que puede darle vida a su alma. El asunto es entre el alma y el cuerpo, entre la vida y la muerte. No recibes la vida de un padre terrenal. En realidad, has nacido para morir, naces para la muerte.

El padre terrenal había muerto. Y el hombre dijo: Primero, déjame ir a enterrar a mi padre. Es una formalidad, pero déjame hacerlo. Jesús le respondío, con una de sus expresiones más conmovedoras y penetrantes: «Deja que los muertos entierren a sus muertos; pero tú ve y proclama el Reino de Dios».

Suena un poco duro: no denota compasión. El padre está muerto y el hijo espera enterrarlo. Es una formalidad, un manierismo social y un deber. Pero Jesús le dijo: «Deja que los muertos entierren a sus muertos». Jesús expresaba: «Hay muchos muertos en la aldea. Ellos harán eso. No te preocupes. No es necesario que vayas».

El significado simbólico es que aquel que sea religioso no tiene por qué preocuparse por los derechos, la moral, las formalidades, porque la moral es una religión menor, el deber es una religión menor y la formalidad hace parte de la personalidad. Cuando alcanzas una religión superior puedes eliminar toda la moralidad, porque ahora tendrás que lograr algo más profundo y elevado. Ya no hay necesidad de hacer manierismos ni de llevar etiquetas sociales: «Hay suficientes personas muertas en la ciudad que lo harán y estarán felices de hacerlo. No te preocupes. Deja que los muertos entierren a sus muertos, tú ve y proclama el Reino de Dios».

¿Qué clase de hombre es este Jesús? El padre del hombre está muerto ¿y Jesús quiere hacer de él un predicador del Reino de Dios? ¿Es este el momento para ir y convertirse en un anunciador de Dios? Pero esto es simbólico. Jesús está diciendo, «¡No te preocupes por la muerte; preocúpate por Dios. Y no te preocupes por el padre que le dio vida a tu cuerpo, ve y predica sobre el padre que te ha dado tu alma».

«(...) tú ve y proclama el Reino de Dios». En cierto modo, si miras la muerte de alguien muy cercano a ti, un padre, una madre, una esposa, un esposo, un amigo íntimo que yace muerto, solo en ese momento es posible convertirte, escuchar a Dios. Si no lo aprovechas, estarás de nuevo inmerso en el caos del mundo.

La muerte te conmociona. No hay nada que pueda darte un golpe como ese; la muerte es el mayor de los impactos. Si ese impacto no te hace despertar, entonces eres incurable, imposible. Jesús aprovechó ese momento. Es uno de los más grandes artistas que haya pisado la Tierra, el alquimista más excelso.

La situación es la muerte. El padre está muerto en su casa, la familia debe estar llorando y llorando: no es el momento de ir a predicar el Reino de Dios. Parece absurdo y duro. Jesús parece demasiado duro, pero no lo es. Es debido a su compasión que lo dice. Él sabe que si deja pasar este momento de la muerte, enterrar el cuerpo sin vida, entonces no habrá posibilidad de despertar. Tal vez por eso se dirigió a este hombre y le dijo: Sígueme. Debe haber visto la muerte en sus ojos, debe haber sentido la muerte a su alrededor. Por supuesto, tenía que ser así: el padre había fallecido. Sin embargo, el hombre no pudo contenerse. Tenía que ir a ver a este hombre, a Jesús. Es probable que Jesús haya llegado a ser importante a causa de la muerte, tal vez porque por ella comprendió que todo el mundo iba a morir. Tal vez por esto había venido Jesús en busca de la vida.

El primer hombre era solo un espectador; el segundo hombre está listo. La muerte te prepara. Si puedes aprovechar la muerte, si puedes aprovechar el dolor y la angustia, si puedes aprovechar el sufrimiento y la miseria, todo esto puede ser un paso hacia lo divino.

Este hombre estaba muy impactado y debió permanecer allí como si él fuera el difunto. Seguramente ni siquiera podía pensar. No puedes darte el lujo de pensar con semejante impacto. Si estás realmente impactado, ni aún las lágrimas podrán brotar. Para que las lágrimas broten, el impacto no puede ser muy fuerte. Pero si es muy fuerte, uno está simplemente conmocionado. Nada se mueve: el tiempo se detiene, el mundo desaparece, los pensamientos también. Uno queda atontado, uno solo ve con ojos vacíos, huecos. Sencillamente, uno ve sin mirar a ninguna parte. ¿Has visto ese tipo de mirada en los ojos de los locos, o poco después de la muerte de un ser querido?

Jesús debe haberlo visto: este hombre estaba listo. Déjame decirte: no estarás preparado, a menos que hayas experimentado la muerte. La vida es muy superficial; solamente está en la periferia, en la superficie. La muerte es profunda, tan profunda como Dios, de modo que solo a partir de ella es posible la conversión. Únicamente el momento de la muerte te cambia: tu perspectiva cambia, tu actitud se modifica, el mundo de siempre se vuelve irrelevante. Buda fue transformado al ver a un hombre muerto. Y Jesús le dijo al otro hombre: Sígueme. Solo aquel que ha conocido la muerte puede seguir a Jesús.

Si has conocido la muerte, solamente entonces podrás seguirme. Si has conocido el sufrimiento y la limpieza que trae consigo el sufrimiento, si has conocido el dolor y la conmoción derivadas del dolor, entonces y solo entonces, podrás estar conmigo. De lo contrario, tarde o temprano te dispersarás, porque la vida te seguirá llamando, habrá mil cosas que aún debes hacer. Irás continuamente hacia atrás.

Solo cuando la muerte corta el puente, cuando rompe todos los lazos con la vida, existe alguna posibilidad de que te des vuelta al mundo para ver a Dios. Por eso, y en una sola frase, Jesús hace dos afirmaciones que a primera vista parecen irrelevantes: Deja que los muertos entierren a sus muertos. Tú ve y proclama el Reino de Dios.

Este hombre no es ni siquiera un discípulo: es un desconocido que está al lado del camino y a quien Jesús le dice: «Tú ve y anuncia el Reino de Dios». Esta es mi observación: que la mejor manera de aprender una cosa es enseñarla. Porque cuando comienzas a enseñar, también comienzas a aprender. Si estás simplemente aprendiendo, estás demasiado centrado en ti mismo y esa egolatría se convierte en una barrera.

Cuando comienzas a enseñar, no eres egoísta: te miras en el otro, observas la necesidad del otro. Miras y ves su problema. Estás completamente al margen, desprendido, eres solo un testigo. Y cuando puedas llegar a ser un testigo, la divinidad comenzará a fluir en ti. Solamente hay una manera de aprender grandes cosas y es enseñarlas. Por eso siempre digo que si has compartido mi ser de algún modo, entonces ve y difúndelo, ve y enséñalo, ve y ayuda a otras personas a meditar, y entonces te sorprenderás algún día: la meditación más excelsa te sucederá cuando estés ayudando a alguien a meditar.

Muchas cosas sucederán mientras estás meditando, pero la más grande ocurrirá cuando puedas enseñarle a otra persona a meditar. En ese momento te volverás completamente desprendido, y en ese desprendimiento estarás por completo en silencio. Estarás muy lleno de compasión, por eso estás ayudando a los demás, y entonces algo te sucederá de inmediato.

Otro hombre le dijo a Jesús: «Te seguiré, Señor, pero primero déjame despedirme de mi familia». Jesús le respondió: «Nadie que mire atrás después de poner la mano en el arado es apto para el Reino de Dios». Ningún hombre que mire atrás es apto para el Reino de Dios: ¿por qué? Porque ningún hombre que busca en el pasado puede estar en el presente.

Un peregrino zen acudió a Rinzai, un gran maestro. Quería meditar y alcanzar la iluminación, pero Rinzai le dijo: «Espera, hay otras cosas primero. Lo primero es lo primero. ¿De dónde vienes?».

«Siempre destruyo los puentes que he cruzado», respondió el hombre. Rinzai comentó: «De acuerdo, no se trata de dónde vengas. Pero ¿cuál es el precio del arroz allá por estos días?».

El discípulo se echó a reír y dijo: «No me provoques; de lo contrario te golpearé». Rinzai se inclinó frente al peregrino y contestó: «Estás aceptado». Porque si un hombre aún recuerda el precio del arroz de donde viene, no es digno. Cualquier cosa que traigas del pasado es una carga, una barrera, y no te permitirá abrirte al presente.

Jesús dijo: Nadie que mire atrás después de poner la mano en el arado es apto para el Reino de Dios. Si quieres seguirme, sígueme. No hay forma de volver atrás. No es necesario: ¿cuál es la necesidad entonces de decir adiós?, ¿de qué te servirá?

Si quieres seguirme, entonces tendrás que negar a tu padre, a tu madre. Tendrás que negar a tu familia, expresa Jesús una y otra vez, de diferentes maneras, a lo largo de los evangelios.

A veces, Él parece casi cruel. Un día estaba en el mercado del pueblo y una multitud lo rodeaba. Alguien dijo: «Señor, tu madre está esperando afuera de la multitud». Jesús replicó: «¿Quién es mi madre, quién es mi hermano, quién es mi padre? Los que me siguen, los que están conmigo, esos son mi hermano, mi padre y mi madre».

Él parece muy cruel, pero no lo es. Él no le dice nada a su madre. Le dice a esas personas: si se aferran demasiado a la familia, la revolución interior no será posible, porque la familia es la primera prisión. La religión a la que pertenecen es la segunda, la nación a la que pertenecen es la tercera. Uno tiene que romper con todas ellas, uno tiene que ir más allá de todas ellas. Solo entonces se puede encontrar la fuente, la fuente que es la libertad, la fuente que es la divinidad. Nadie que mire atrás después de poner la mano en el arado es apto para el Reino de Dios. Uno tiene que renunciar a todo lo que es inútil para obtener lo que es significativo.

Una vez sucedió que un grupo de amigos estaba sentado y hablando sobre aquello que era lo más esencial y a lo que no se podía renunciar. Alguien dijo: «No puedo renunciar a mi madre. Ella me ha dado a luz; le debo mi vida. Puedo renunciar a todo, pero no a mi madre».

Otra persona dijo: «No puedo renunciar a mi mujer, porque mi madre y mi padre me fueron dados, nunca los escogí, pero he seleccionado a mi esposa. Tengo una responsabilidad con ella, no puedo renunciar a ella. Pero puedo renunciar a todos los demás».

Y todos siguieron hablando. Alguien dijo que no podía renunciar a su casa, alguien expresó otra cosa. Mulá Nasrudín dijo: «Puedo prescindir de todo, menos de mi ombligo».

Todo el mundo estaba perplejo: ¿menos el ombligo? Y entonces lo presionaron para que explicara. Nasrudín señaló: «Siempre que hay un día de fiesta, estoy a gusto, tengo tiempo libre, me acuesto en mi cama y como apio».

Ellos dijeron: «Pero, ¿qué tiene que ver eso con el ombligo? Nasrudín respondió: «Ustedes no entienden. Sin el ombligo, no tendría dónde echar la sal». ¡Él se echaba sal en el ombligo, y después hundía el apio en su ombligo para salarlo!

Todos tus apegos son así de absurdos. A excepción de tu conciencia interior, todo puede ser objeto de renuncia. No es que yo diga: «renuncia a eso», lo que ocurre es que en el fondo se debe vivir en la renuncia: estar en el mundo, pero permanecer en la renuncia.

Puedes vivir en familia sin ser parte de ella; puedes vivir en la sociedad y estar, sin embargo, fuera de ella. Se trata de una cuestión de actitud interior. No es una cuestión de cambiar lugares, sino de cambiar la mente.

Las cosas a las que estás demasiado apegado no son malas en sí mismas, recuérdalo. El padre, la madre, la familia, la esposa, los hijos, el dinero, la casa, no son malas en sí mismas. El apego no es malo porque estas cosas sean malas, ni porque estas personas y estas relaciones sean malas: el apego en sí es malo. Puede hacer que seas muy estúpido.

Mulá Nasrudín se hizo rico de repente, heredó una gran fortuna. Y, por supuesto, todo lo que sucede con los nuevos ricos también le sucedió a él: quería mostrarlo, exhibirlo. Llamó al pintor más grande del país para que hiciera un retrato de su esposa.

El pintor comenzó a trabajar. Nasrudín le dijo que solo había una condición. «Las perlas deben estar en la pintura». Su esposa tenía muchas perlas y diamantes y debían estar allí. Él no estaba preocupado por la mujer, no importaba cómo se viera ella en la pintura, pero las perlas y los diamantes debían estar allí.

Cuando el cuadro estuvo listo, el pintor trajo la pintura. Mulá Nasrudín dijo: «Muy buena, muy buena. Solo una cosa: ¿no podrías pintar los pechos un poco más pequeños y las perlas un poco más grandes?».

La mente de un exhibicionista, la mentalidad de demostrar que tienes algo precioso, valioso, la mente del ego. La cuestión no es vivir en un palacio: vivir en un palacio, ese no es el punto, o vivir en una choza o a un lado de la carretera; no se trata de eso, sino del ego. Puedes ser un exhibicionista en un palacio; puedes ser un exhibicionista en la carretera. Si tu mente quiere que alguien sepa que tienes algo o que has renunciado a algo, entonces estás en una profunda oscuridad que tiene que suprimirse.

Jesús dice que no debemos apegarnos ni mirar atrás. Mirar atrás es una vieja costumbre de la mente humana: siempre miras atrás. Puedes mirar atrás o mirar hacia el futuro, y es así como te pierdes el presente. El presente es divino. El pasado es memoria muerta, el futuro es solamente esperanza, ficción. La realidad solo está en el presente. Esa realidad es Dios, esa realidad es el Reino de Dios.

Jesús dijo: Nadie que mire atrás después de poner la mano en el arado es apto para el Reino de Dios. Únicamente hay que entender y nada más. Solo escúchame: sabes bien que el pasado es eso: pasado. Ya no existe, nada puede hacerse al respecto. No sigas rumiando en torno a él, perdiendo tiempo y energías. Esto crea una pantalla a tu alrededor y no podrás ver lo que está aquí.

No has podido con eso: se ha convertido en un hábito. Cada vez que te sientas, piensas en el pasado. ¡Sé consciente! No estoy diciendo que intentes detenerlo, porque si intentas hacerlo, seguirás involucrado en ello. Yo te estoy diciendo: ¡desconéctate de él!

¿Qué harás entonces? Porque cualquier cosa que hagas será un compromiso con esto. Simplemente debes ser consciente. Cuando el pasado comienza a llegar, la mente se relaja, te calmas, eres tú mismo. Solo debes ser consciente, ni siquiera es necesaria la verbalización. Simplemente debes saber que el pasado se ha ido, es inútil masticarlo una y otra vez. La gente usa el pasado como una goma de mascar: lo mastica. Nada sale de la goma, no es nutritiva, es tan inútil, pero el acto de masticar produce una sensación agradable en la boca. Pero si ejercitas la mente, sentirás que haces algo que vale la pena. Solo debes estar alerta. Y si puedes estarlo con el pasado, obtendrás el conocimiento y el futuro desaparecerá en forma automática. El futuro no es más que la proyección del pasado. El futuro es el deseo de tener una y otra vez aquel pasado que era hermoso, de una manera más agradable, y deshacerse del pasado doloroso, para que nunca regrese de nuevo. Esto es el futuro. Estás eligiendo una parte del pasado, glorificándolo, adornándolo e imaginando que en el futuro tendrás una y otra vez esos momentos de felicidad, aunque obviamente, más grandes, más inflados. Y nunca sentirás el dolor que sentiste al atravesar el pasado. Esto es lo que es el futuro.

Cuando el pasado desaparece, no desaparece solo. También se lleva al futuro con él. De repente estás aquí, ahora: el tiempo se detiene. A este momento, que no es del tiempo, yo lo llamo meditación. A este momento que no es del tiempo, Jesús lo llama «el Reino de Dios».

Solo recuerda esto más y más. No hay nada que hacer, solamente recordar; un recuerdo profundo que te sigue como si respirara todo aquello que haces y que permanece en algún lugar del corazón. Únicamente un recuerdo profundo de que tienes que renunciar al pasado; el futuro se irá con él.

Aquí y ahora es la puerta, desde aquí y desde ahora pasas al mundo en Dios, pasas del afuera al adentro. El templo desciende súbitamente en el mercado: los cielos abiertos y el espíritu de Dios descienden como una paloma. Puede ocurrir en cualquier lugar. Cada lugar es santo y sagrado, y solo es necesaria tu madurez, tu conciencia.

La palabra conciencia es la llave maestra. Nos encontramos con muchas situaciones en el evangelio donde Jesús continúa diciendo: «¡Despierta!, !permanece alerta!, ¡sé consciente!, ¡recuerda!». Buda le dice a sus discípulos: «Se necesita una atención correcta». Krishnamurti dice: «Conciencia». Toda la enseñanza de Gurdjieff se basa en una expresión: «Recuérdate a ti mismo».

En eso consiste todo el evangelio: en recordarse a uno mismo.

Es todo por hoy.

Capítulo 10

ABRE LA PUERTA

La primera pregunta:

Osho, ¿Alguna vez lloras?

Sí, cada vez que te miro. Es probable que no veas mis lágrimas, que no oigas mi llanto, pero siempre que te veo el llanto está ahí. Por esto sigo trabajando con ustedes. No es solo para ayudarlos a salir de su miseria, sino también para ayudarme a mí mismo. Si quieres salir de tu miseria, yo saldré de la mía, que ha sido creada por la tuya.

Se dice que cuando Buda alcanzó la última puerta, se detuvo allí y no entró. La puerta estaba abierta, los *devas*, los dioses, estaban listos para darle la bienvenida, pero Él no quiso entrar. Los devas le preguntaron: «¿Por qué permaneces ahí? Entra. Te hemos estado esperando desde hace muchos siglos. Eres bienvenido. Has vuelto a casa». «Me quedaré aquí, tendré que permanecer aquí. No podré entrar hasta que el último ser humano pase delante de mí y entre por la puerta», respondió Buda.

Esta es una parábola hermosa. No la interpreten literalmente, pero es cierta. Cuando alcanzas la conciencia, devienes en un ser, cuando eres, la compasión infinita surge en ti. Buda hizo de la compasión el parámetro de la iluminación. Cuando alcanzas la conciencia, no sufres por ti, sino por los demás: ves la miseria de todo, lo absurdo de toda ella; ves la posibilidad de poder salir de ella inmediatamente, ahora mismo y, sin embargo, te sigues aferrando. Con una mano la rechazas, con la otra tiras de ella. Sigues creando tus propias prisiones y al mismo tiempo quieres ser liberado. Todo tu esfuerzo es contradictorio. Quieres venir al Este y vas hacia el Oeste.

Sí, siempre lloro cuando los veo a ustedes.

La segunda pregunta:

Osho, Durante diez años me he identificado como un poeta. Pero desde hace diez días que tomé los sannyas, el hecho de escribir o no más versos ha dejado de tener importancia para mí, aunque muchas veces te he oído alabar a los poetas. ¿Qué ha pasado?

Lo primero: no puedes identificarte como un poeta, porque la poesía es algo que solo ocurre cuando no estás allí. Si estás allí, solo será basura. Esto sucede solamente cuando estás ausente, por eso es tan hermosa. La poesía entra en tu vacuidad: llena tu vacío. Quedarás preñado por lo desconocido, por lo extraño.

El poeta es solo una madre. La madre no crea al niño. El niño ha sido concebido. En el mejor de los casos, la madre lo atiende, lo cuida en lo más profundo de su corazón, intenta darle un cuerpo, pero no un alma. La poesía viene a ti así como un niño es concebido: en el amor profundo. En esa profunda receptividad te conviertes en un vientre y la poesía es concebida. Se trata de un embarazo. Y uno debe tener mucho cuidado porque siempre es posible un aborto involuntario. Puedes abortar, tener mucha prisa y destruirlo.

Deja que se instale dentro de tu ser. Tomará un tiempo, crecerá poco a poco. Crecerá en tu inconsciente. Tu conciencia no es necesaria, tu conciencia será una interferencia. Olvídate de eso, deja que crezca. Te sentirás pesado, sentirás que todo tu ser lleva una carga, bonita y agradable, pero sigue siendo una carga. Y entonces, el niño nace un buen día. En ese momento no sólo él ha nacido, la madre también nace. Cuando la poesía nace, entonces nace el poeta. No es el poeta el que escribe poesía. De hecho, es el nacimiento de la poesía lo que crea al poeta. No fuiste un poeta antes de eso: solo gracias a su nacimiento.

Una mujer se convierte en madre. Una madre es una categoría totalmente diferente de una mujer común y corriente. Una mujer es una mujer; la madre es totalmente diferente. Ella ha concebido algo del más allá, ha llevado al más allá en su vientre y le ha dado un cuerpo.

El poeta nace cuando nace la poesía. Es una sombra de la poesía, una consecuencia. Sucede a la poesía, no la precede. Antes no había un poeta, antes no había una madre. Había un hombre, había una mujer, pero no había ningún poeta, no había ninguna madre. La madre empieza a existir después de que la poesía ha llegado.

Por lo general, cualquier cosa que llames poesía no es poesía. Es solo algo mental. Piensas algo y lo escribes. Todo lo que escribes es prosa y todo lo que Dios escribe a través de ti es poesía. Puede tener forma de prosa, no importa. Cualquier cosa que digan Buda o Jesús es poesía. Tiene forma de prosa, pero ese no es el punto. Es poesía porque Dios la escribe: el todo escribe a través de la parte; el mar trata de darte un mensaje a través de la gota. Cada vez que escribes, es prosa; prosa corriente. Siempre que Dios escribe a través de ti, es poesía. Puede ser en forma de prosa, pero sigue siendo poesía.

No puedes identificarte con ser un poeta. Esa será una perturbación, eso destruirá toda la música y toda la armonía. Es bueno que la identificación sea eliminada, es bueno que te olvides de la poesía, es bueno que no parezca afectarte de ninguna manera si escribes de nuevo o no. Esta es la situación correcta. Ahora, y por primera vez, existe la posibilidad de que la poesía pueda suceder.

No puedo decir «sucederá», porque la poesía no se puede predecir. Si la predices, la mente empezará a funcionar una vez más, a esperar, a intentar y a hacer algo al respecto. No, olvídate de eso por completo. Puede tardar meses, puede tardar años, puede tardar toda la vida, pero algún día, si realmente has olvidado plenamente tu identificación, te convertirás en un medio. Algo fluirá a través de ti. Vendrá a través de ti, pero será del más allá. Entonces serás un observador, un testigo de ella. No serás un poeta, serás un testigo. Y cuando la poesía nace, una calidad diferente del ser llegará a tu camino. Eso es lo que es un poeta. Todos los grandes poetas son humildes: no tienen pretensiones.

Los Upanishads no están firmados siquiera: nadie sabe quién los escribió. La poesía más excelsa y los poetas más excelsos no han intentado siquiera firmarla, no han dejado sus rúbricas. Eso habría sido profano. Ellos la han dejado, no la han reclamado. No eran más que vehículos.

Un verdadero poeta es un vehículo, un medio. Por eso alabo tanto la poesía, pues está muy cerca de la meditación, muy cerca de la religión, es la vecina más cercana. El político trabaja con la práctica, el científico con lo posible, el poeta con lo probable y el místico con lo imposible. Lo probable es el vecino más cercano de lo imposible: por eso alabo la poesía. Pero cuando alabo la poesía, no estoy alabando a los poetas. El noventa y nueve por ciento de ellos están escribiendo basura. Ellos están haciendo una cosa mental, un viaje del ego. Se las arreglan, eso es todo. Pero la poesía no viene a través de ellos.

Puedes escribir poesía. Técnicamente puede ser incluso correcta, pero bien podría estar muerta. A veces ocurre que un poema no es técnicamente correcto, pero está vivo. ¿A quién le importa si una cosa es técnicamente correcta o no? El verdadero asunto es si la poesía está viva o no. Si vas a ser madre, ¿te gustaría un niño que fuera técnicamente correcto, pero que estuviera muerto? Un niño de plástico: técnica y absolutamente correcto; no puedes ver ningún defecto. De hecho, si quieres ver seres humanos técnicamente correctos, solo los seres de plástico lo son, solo ellos pueden ser absolutamente correctos. Un niño real, vivo, tiene muchos defectos; tiene que ser así, porque la vida existe en el peligro y en la muerte. Únicamente una cosa muerta está fuera de peligro. La vida es siempre un peligro: hay mil y una dificultades que sortear, mil y un enigmas por resolver. El fenómeno mismo de que la vida exista, con tantas imperfecciones, es un milagro.

La vida es imperfecta porque la vida es un fenómeno creciente. Todo lo que está creciendo es imperfecto; de lo contrario, ¿cómo podría crecer? Todo lo que es perfecto ya está muerto: es bueno para la tumba; no puedes hacer nada más con eso.

El noventa y nueve por ciento de tus poetas están escribiendo basura; dan a luz niños muertos. A veces, y solo a veces, aparece un poeta. Y cada vez que existe un fenómeno como el poeta, que es un milagro en la Tierra, el místico estará justo al lado suyo. Un paso más y se convertirá en un místico. Si el poeta trata de estar un poco más en sus alas, se convertirá en un místico. Y si el místico desciende un paso hacia ti en su compasión, te convertirás en un poeta.

La poesía es una comunicación del misterio de la vida. ¿Cómo podrías comunicarte a menos que lo hayas sentido? La poesía es una relación entre el todo y tú. Algo transpira entre la gota y el mar, entre la hoja y el árbol. Algo transpira entre el todo y la parte, y la parte empieza a bailar. La parte está tan desbordante de alegría que canta, está tan encantada que sus movimientos se hacen poéticos. Ya no camina sobre la tierra: vuela. La prosa es solo caminar en la tierra; la poesía es un vuelo hacia el cielo. La prosa es simplemente caminar; la poesía es bailar. Los movimientos son los mismos, pero la calidad es tremendamente diferente.

Serás bendecido si tu identificación desaparece. Y eso es lo que intento hacer a través de los sannyas, de modo que cuando tu antigua identificación haya desaparecido, quedes inmerso en el vacío. Solo en el vacío pueden las manos de Dios descender sobre ti, crear algo a partir del barro que eres tú y crear algo hermoso. No será tuyo: vendrá a través de ti. Alégrate de que la identificación haya desaparecido; no intentes traerla de vuelta. Olvídate de todo ello, olvídate de todo lo que sabes en relación con la poesía, con la poética. Olvídate de todo; regocíjate únicamente en ser tú mismo.

Un día estarás súbitamente al mismo nivel con el todo, un giro, una sintonía, y una canción descenderá como una paloma. Entonces serás, por primera vez, un poeta. No dirás que lo eres, pero lo serás. Aquellos que son, no pretenden. Aquellos que no son, solo pretenden serlo.

La tercera pregunta:

Osho, Me siento como un actor en una obra de teatro y no siempre me gusta mi papel. Me empujas de nuevo en él, justo cuando voy a renunciar, definiéndolo y definiéndome. Al parecer, tú me das una forma, mientras que mi ser se sale por las costuras. Quiero explotar y propagarme. ¿Por qué me moldeas así?

Lo primero: Si realmente sientes que eres un actor en una obra, entonces no es un asunto de que te guste o no. Entonces no puedes decir: «A veces no me gusta mi papel», porque el gusto y el disgusto solo se dan cuando piensas en ti mismo, no como actor, sino como un hacedor.

Para el actor, todos los papeles son los mismos. ¿Qué diferencia hay si representas a Jesús o a Judas en un drama? Si realmente sabes que se trata de un drama, y Judas y Jesús son todos iguales detrás de la cortina, detrás del escenario, es solamente un acto, ¿qué hay de malo en ser un Judas? ¿Cómo te puede disgustar? ¿Y qué hay de bueno en representar a Jesús? ¿Cómo te puede gustar? El gusto y el disgusto únicamente existen cuando crees que eres el hacedor. Entonces, lo bueno y lo malo, el juicio y la evaluación entran en juego; luego, lo hacen la condena y la comprensión y, posteriormente, la dualidad. Solo con el hacedor entra la dualidad. Si eres un actor, da lo mismo si eres un Judas o un Jesús. Cuando entiendas el hecho de que la vida es un gran drama, habrás terminado con los gustos y los disgustos. Entonces, harás todo aquello que la voluntad quiera. No eres el hacedor: cumples el deseo del todo. Esa es una de las enseñanzas más grandes de todas las religiones: convertirse en un actor en la vida. Entonces el gusto y el disgusto desaparecen. Cuando el gusto/disgusto desaparece, también desaparece la elección; cuando estás sin opciones, eres libre. Se alcanza la moksha, el nirvana.

Conviértete en un actor. Representa el papel, represéntalo de una manera muy hermosa, porque cuando uno tiene que representarlo, ¿por qué no hacerlo de una manera hermosa? Eres un Judas: está perfectamente bien. Sé un Judas: disfruta de la obra y deja que el público también disfrute de ella. Detrás de la escena, Judas y Jesús se están reuniendo para tomar el té. Son amigos allí, tienen que serlo. De hecho, sin un Judas Jesús no puede ser. Algo en la historia se perderá, faltará algo muy esencial. Basta pensar en Jesús sin Judas. El cristianismo no sería posible. Es probable que no existiera ningún registro de Jesús sin Judas. Jesús fue crucificado porque Judas lo traicionó, y como Jesús fue crucificado, el evento permaneció grabado en lo más profundo del corazón de la humanidad.

El cristianismo no nace por Cristo, sino por la cruz. Así que preferiría que el cristianismo se llamara «cruztianismo». No se debe asociar con Cristo, sino con la cruz. Si vas a la iglesia, verás la cruz elevada de Jesús, y que los obispos y los papas llevan la cruz. El cristianismo nace a partir de la cruz. Pero si piensas eso, entonces, ¿quién es el autor de esta crucifixión? Judas, no Jesús.

En el último momento en la cruz, justo antes de morir, Jesús dudó. Una parte vaciló en disolverse en el todo, el río dudó en morir en el océano. Es natural, es humano: Jesús es el hijo del hombre y el hijo de

Dios. Cada río tiene que ser tremendamente aprehensivo y temeroso cuando llega al mar. Ha recorrido todo el camino, puede haber viajado miles de kilómetros para llegar al mar, pero cuando el río llega al océano, una gran confusión estará destinada a alojarse en el corazón. El río desaparecerá. El mar es tan inmenso. Así que, ¿dónde estará el río? Se habrá perdido, su identidad desaparecerá: su nombre, su forma, sus sueños, sus deseos; todo habrá desaparecido. El océano es tan inmenso que el río simplemente desaparecerá. Caer en el océano es la muerte, allí está la cruz. Cuando el río cae en el océano, allí está la cruz. Jesús, en el último momento, miró al cielo y dijo: «Dios mío, por qué me has abandonado?, ¿por qué me está pasando esto?» Un grito de angustia profunda: «¿Por qué me has abandonado?». Esto muestra la humanidad de Jesús. Ahí Jesús es tremendamente hermoso, incomparablemente hermoso.

Buda es más inhumano. Puedes llamarlo sobrehumano, pero es inhumano. Si Él fuera a morir en la cruz, no habría clamado en dirección el cielo: ¿Por qué me has abandonado? Él sabe que no hay nadie a quién llorar, Él sabe que Dios no existe, que todo eso es una tontería humana. Sabe que todo lo que nace morirá; lo ha entendido perfectamente. Él no lloraría; simplemente se disolvería. El río del Buda no duda, no dudará un solo momento. No habrá una cruz. Buda es inhumano, está muy lejos del corazón del hombre. Mahavira es aún más inhumano. Ellos no son de este mundo en absoluto, son muy abstractos, como si no fueran seres humanos concretos. Se parecen más a las ideas sin cuerpo. Se ven ficticios, se ven mitológicos, pero no reales. Jesús es muy real. Es tan real como tú, por eso gritó. Buda debe haberse reído. Si hubiera estado allí, se habría reído de lo tonto que era este hombre: «¿Por qué lloras?, ¿a quién le lloras?».

En el hermoso libro de Lewis Carroll, *Alicia en el País de las Maravillas*, hay un pequeño diálogo: Tweedledum le dice a Alicia: «¿Por qué lloras? Eres irreal, solo un sueño del rey». Alicia lo mira y le responde: «Pero yo soy real».

Tweedledum se ríe y dice: «Eres tonta. Si él, el rey, deja de soñar, ¿dónde estarías?». «Estaría aquí, por supuesto», responde Alicia.

Tweedledum ríe de nuevo y dice: «¡Necia! Si él deja de soñar, simplemente desaparecerías. Eres un producto de su sueño. No llores. ¿Cómo puedes llorar? No eres real». Alicia sigue llorando y señala: «Si yo soy irreal, entonces ¿quién está llorando? Si soy irreal, entonces ¿qué pasa con estas lágrimas?».

«Tonta, ¿crees que estas lágrimas son reales o que tu llanto es real?», le dice Tweedledum.

Buda se hubiera reído, Shankará se habría reído: «¿Qué haces? Todo este mundo es maia, es el sueño del rey. Eres solamente una parte, un producto de él; no eres real, eres irreal. Simplemente desapareces. ¿Por qué dices "¿Me has abandonado?" ¿Quién está ahí para abandonarte?». Pero Jesús no hace esto. Él llora: es probable que hubiera derramado lágrimas. Es humano, tan humano como lo eres tú, tan arraigado en la Tierra como tú. Es muy terrenal, pero no solo terrenal, no simplemente terrenal. Él es más.

Jesús lloró. Por un momento, incluso, se enfadó y molestó. Dijo: ¿Por qué me haces esto?, ¿por qué me has abandonado? Y entonces comprendió. Él río vaciló; luego, entendió y avanzó hacia el océano. Dijo: «Entiendo. Tu voluntad se debe hacer, no la mía». La parte estaba dispuesta a adentrarse en el todo.

Jesús es terrenal y celestial: las dos cosas. Él es un gran puente. En el último momento entendió el asunto como un simple papel que debía desempeñar. Dijo: Hágase tu voluntad, no la mía. Y entonces se convirtió en una actuación. Si es tu voluntad, entonces se convierte en una acción. Esta es la diferencia.

Me dices: «Me siento como un actor en una obra». Debes estar pensando en ti mismo como un actor en una obra, porque la siguiente parte de la frase lo niega: «(...) y no siempre me gusta mi papel». Si es exclusivamente una obra teatral, ¿por qué molestarse entonces? Da lo mismo ser un Judas o un Jesús. ¿De dónde viene la evaluación del gusto y del disgusto?

«Al parecer, tú me das una forma, mientras que mi ser se sale por las costuras. Quiero explotar y propagarme». Ese «quiero» es la barrera que te impide explotar y propagarte. El yo no puede explotar y no puede propagarse. Únicamente puede pensar, solo puede soñar. Todo mi esfuerzo es para que puedas suprimir el yo, y puedes simplemente ser. Entonces te propagarás; entonces no encontrarás ninguna barrera; entonces podrás ser infinito. Tú eres infinito: el ego no te permite verlo, el ego no te permite ver la verdad.

«¿Por qué me moldeas así?». Seguiré moldeándote de una forma a otra, y otra vez de una forma a otra, de modo que puedas comprender que no tienes forma. Lo amorfo puede ser moldeado en una forma. Si tienes una forma, entonces no puedes ser moldeado en otra forma, pues ya estás fijado. Será difícil si quieres moldear acero, pero puedes moldear el barro con facilidad. ¿Por qué?, ¿por qué no el acero? El acero tiene una forma más fija. Se puede decir de esta manera: El acero cree en una forma más fija, el acero es engañado por una forma más fija. El barro no está tan engañado. Luego está el agua: sin forma, fluida. La viertes en un frasco y toma esa forma. La pasas a otro frasco y no se resiste ni por un instante: toma otra forma. Es líquida. Permíteme que te moldee de muchas formas, ya que solamente en el cambio de una forma a otra, en algún punto intermedio, serás consciente de lo amorfo. No hay otra manera de tener conciencia de lo amorfo. Pasar de una forma a otra, justo en el centro en alguna parte, cuando la vieja forma se ha ido y la nueva no ha surgido, en ese intervalo, algún día serás consciente.

Esto es lo mismo que está haciendo Dios: va cambiando tu forma. A veces fuiste una planta; luego, fuiste un pájaro; luego, te convertiste en un animal; después te convertiste en un hombre, a veces en una mujer, a veces en un varón, a veces negro, a veces blanco, a veces estúpido, a veces inteligente. Él va cambiando tu forma debido a que es la única oportunidad. Al cambiar la forma, en algún lugar en el medio, un día serás consciente.

Todo esto es una acción. Entonces podrás decir: Hágase tu voluntad, no la mía. En ese momento serás liberado. Cuando puedas decir con todo tu corazón: Tu voluntad se debe hacer, no la mía, habrás desaparecido. El río habrá caído.

La cuarta pregunta:

Osho, Siento que he sido deshonesto y poco sincero en todas mis relaciones a lo largo de mi vida. No le he hecho justicia a mis padres, a mi esposa, a mis hijos, a mis amigos y vecinos, y así sucesivamente. Ahora siento que no soy justo y sincero con mi maestro ni con los sannyas. Esto es causa de gran agonía para mí, para mi mente. ¿Qué debo hacer?

Si comienzas a pensar en términos de hacer, no serás sincero, pues no lo has sido en nada que hayas hecho. Tu hacer se ha corrompido. Así que lo primero es: ¡resístete a hacer! Solo debes permanecer alerta, alerta a tu falta de sinceridad y no estar en una prisa de hacer nada porque volverás a hacer precisamente eso; todo tu pasado estará involucrado en tu hacer. ¡Resístete! Simplemente ten la sensación de que has sido sincero; con eso es suficiente. Es la purificación, tiene una enorme capacidad para limpiar. Ten apenas la sensación de que «he sido sincero», que «soy sincero» y no intentes hacer nada al respecto. Eso será tratar de tener una buena imagen de ti mismo: que no eres mentiroso, que eres un hombre sincero. Tu ego está lastimado porque has sido poco sincero.

Trata de ser consciente del hecho, no trates de hacer nada al respecto. Cualquier cosa que hagas será inmadura y demasiado pronto.

Simplemente acoge la idea, vive con ella. Vive con la idea de que eres sincero. Si puedes vivir con ella, entonces la idea misma, la conciencia misma matará a tu ego por completo. El ego no puede permanecer con vida si crees que eres sincero. El ego necesita una buena imagen: que eres un hombre sincero, muy honesto. Esto es lo que el ego te está diciendo: «Haz algo para que puedas volver a pintar la imagen, para renovarla».

Has sido mentiroso. Esto se te ha revelado a través de la meditación. Ahora tu ego está en peligro de muerte. El ego dice: Haz algo. Si haces algo, el ego intentará mejorar de nuevo la imagen deteriorada; él quiere que te reconcilies con tu antiguo yo, para poder sentir de nuevo que «yo soy bueno, soy hermoso. Soy sincero, soy moral, soy esto y aquello».

Lo primero que hay que hacer es arduo y muy difícil, pero tienes que hacerlo: solo debes permanecer alerta ante tu falta de sinceridad, vivir con esa idea y no molestarte en cambiarla. La idea cambiará por sus propios medios, porque si comprendes que eres sincero, no podrás seguir siendo mentiroso. Es imposible, nunca ha sucedido. Si sabes que eres mentiroso, esto desaparecerá. Si quieres conservarlo, entonces haz algo para crear la sensación de que eres sincero.

Si sabes que eres mentiroso, la mentira se detendrá por sí misma. Si sientes que eres inmoral, no intentes hacer nada: no te arrepientas, no te sientas culpable; no son más que trucos. Conserva la idea, el hecho desnudo de lo que eres. No actúes, no te ocupes en hacer nada. Permanece desnudo, con la idea desnuda, con la realidad desnuda, y verás que está ocurriendo un cambio, pero no por tus actos. Cuando se presenta un cambio que no obedece a tus actos, es porque proviene de Dios. Solamente Dios puede hacerte moral, sincero, y solo Dios puede hacerte religioso y únicamente Dios puede hacerte puro. Es la *prasāda*, es su don, tú no puedes hacerlo. Todo tu hacer será un deshacer. Por favor, recuerda una y otra vez que no debes hacer nada.

Tú dices: «Esto es causa de una gran agonía para mí, para mi mente». Sí, es causa de una gran agonía para tu mente, y para tu ego, que es lo mismo, la mente o el ego, porque el ego se siente herido. ¿Eres tú y eres tan mentiroso? Siempre habías creído que eras un hombre muy sincero, siempre habías creído que eras un pináculo del hombre, un crescendo de la humanidad, el oro más puro. Siempre habías creído eso.

Ahora, la meditación ha roto una ventana de la falsedad. Has podido mirar dentro de ti, ver la realidad. Te has parado frente a un espejo. No intentes escapar ahora de él, permanece con el hecho. Quienquiera que seas, esa es tu realidad. Permanece con el hecho. Si puedes permanecer con el hecho, entonces cambiarás. Pero ese cambio no se presentará por tus actos; simplemente sucederá.

Cuando una transformación viene a ti, tiene una gracia totalmente diferente. Hagas lo que hagas, siempre serás pequeño, mediocre y finalmente inútil. Todo lo que Dios hace por ti es infinito. Solo eso puede ser infinito, pues proviene de lo infinito. No intentes hacer nada. Acepta el hecho, permanece en él, relájate, y la transformación llegará en cualquier momento. Yo enseño la transformación repentina y enseño la transformación a partir de Dios, no de ti. Simplemente debes permitírselo a Dios. Eso es todo lo que tienes que hacer de tu parte. Abre la puerta, espera. Simplemente abre la puerta: es lo único que tienes que hacer. Permítelo, para que cuando Él llame a tu puerta, puedas recibirlo; para que cuando Él llegue, puedas reconocerlo; para que cuando Él llegue, puedas decirle que entre. Pero no permanezcas con las puertas cerradas; eso es todo. La meditación no es nada más que eso: abrir la puerta.

Recuerda que la meditación no te dará la iluminación; la iluminación no es técnica. La meditación solamente puede preparar el terreno, la meditación solo puede abrir la puerta. La meditación únicamente puede hacer algo en términos negativos; lo positivo vendrá en cualquier momento. Si estás listo, siempre vendrá. Por favor, no intentes hacer nada. Simplemente sé.

La quinta pregunta:

Osho, Dijiste que la familia es lo primero a lo que se debe renunciar. No entiendo por qué celebramos la prasāda, el día de la iniciación de tu padre.

Es cierto que se debe renunciar a la familia. Yo he renunciado a mi familia, pero ella es poco común: ella no ha renunciado a mí. Y digo que es poco común porque nunca antes había sucedido algo como esto.

El padre de Jesús, José, nunca acudió a Él para ser iniciado. Juan Bautista inició a muchos, pero su padre nunca fue para que él lo iniciara. El padre de Krishna no fue discípulo suyo. Mi padre es poco común, pero no porque sea mi padre: simplemente es poco común. Había muchas posibilidades. En lo que a la naturaleza humana se refiere, existen muchas posibilidades de que un padre no pueda ir e inclinarse ante su propio hijo. Es casi humanamente imposible, pero mi padre ha hecho eso. Ustedes no encontrarán otro paralelo en toda la historia del hombre. Y es probable que nunca suceda de nuevo. Pero tú estás ciego y no puedes ver el hecho, así que incluso la prasāda se convirtió en un problema para ti. Simplemente piensa en inclinarte ante tu propio hijo, en postrarte a los pies de tu propio hijo al ser iniciado. Se necesita una gran humildad, una gran inocencia.

Esta es una de las cosas más difíciles en las relaciones humanas. No es un accidente que el padre de Jesús nunca haya ido a Él. Es algo simple: creer en el hijo a quien has engendrado, a quien has visto desde el mismo día, desde su primer grito: ¿Cómo podrías creer que ese hijo ha alcanzado la iluminación?, ¿tu propio hijo? Imposible. ¿Tu propia sangre y huesos? Imposible. ¿Cómo puedes pensar que él se ha convertido en algo, en alguien de quien tú tienes que aprender?

Un hijo sigue siendo un hijo, y para un padre, este siempre será un hijo, porque la diferencia siempre será la misma. Si mi padre tuviera 20 años cuando yo hubiera nacido, esa diferencia de edad seguirá siendo la misma. Si yo tengo 45 años, él tendrá 65. No puedo acercarme a él en términos de edad. Él siempre será veinte años más experimentado que yo. Y que venga a mí y se entregue, no puedes comprender el significado de esto. Por eso haces preguntas tan tontas. Es uno de los momentos más extraños. Repito: mi padre es poco común, pero no porque sea mi padre; simplemente, es poco común.

La sexta pregunta:

Osho, ¿Jesús se hizo Cristo en la cruz?, o ¿lo hizo cuando salió del río Jordán?, ¿también hay etapas en el acto de ser Cristo?

No hay etapas. La iluminación sucede en una fracción de segundo. No hay etapas graduales. Pero cuando Jesús fue bautizado por Juan Bautista en el río Jordán, emprendió el viaje, la semilla comenzó a moverse para ser un árbol. La semilla se rompió en el suelo; ahora el árbol y su aparición son solamente una cuestión de tiempo. No puedes decir que el árbol nace cuando la semilla se ha roto en el suelo; no puedes decir esto porque el árbol no está allí. No puedes decir que el árbol es. No puedes decir esto, porque ¿dónde ves el árbol? No puedes descansar bajo el árbol, no puedes recoger los frutos, no puedes sentir la fragancia de las flores. El árbol es no-existencial. Sí, de cierto modo no puedes decir que el árbol es. Pero, en otro sentido, el árbol es, porque la semilla se ha roto. El árbol está en camino, va a germinar y ahora es solo cuestión de tiempo. Ha aparecido, en cierto sentido, porque ha comenzado. El día en que Juan Bautista inició a Jesús, la semilla se rompió. Los cielos se abrieron y el espíritu de Dios descendió como una paloma.

Jesús se hizo Cristo en la cruz, cuando dijo: Hágase tu voluntad, y no la mía. Ese día se hizo un árbol; se hizo un árbol grande y enorme. Miles de personas ya podían refugiarse en Él. Floreció, llenó toda la

Tierra con su fragancia. Así que en un sentido puedes decir que el primer destello se materializó en el río Jordán, cuando Él fue iniciado, y el último se materializó en la cruz. Depende de cómo quieras expresarlo. Pero creo que te he trasmitido el significado: Él emprendió el viaje para convertirse en Cristo ese día. También puedes decir que fue Cristo ese día; es solo una cuestión de cómo expresarlo. Pero yo hago énfasis en que Él avanzó hacia la iluminación. Él se hizo Cristo en la cruz. El nirvana, la moksha, la iluminación; todo esto sucede en una fracción de segundo; no hay una gradualidad en ellas. Son transformaciones súbitas.

La séptima pregunta:

Osho, El retorno es un asunto completamente personal. Ninguna persona muy cercana puede entenderlo. Solo es posible de un modo fácil para aquellos que han sufrido. Pero tú los llamas a todos. ¿Es posible que ellos escuchen tu llamado de amor?

No se trata de eso. No se trata de si ellos lo escuchan o no: yo debería seguir llamando. Ellos podrían ser sordos, pero yo no soy tonto. Si ellos no escuchan, los llamaré más duro, eso es todo. Y cuando llamas a mil, solo cien escucharán. Nunca se puede saber quiénes serán esos cien. Llamas a mil, pero únicamente cien escucharán. La naturaleza misma del llamado es tal que solo aquellos que están cerca del despertar podrán oírlo. Solamente aquellos cuyo sueño es casi completo, que se estén acercando a la mañana y estén listos para despertar, solo ellos escucharán. Pero no puedes saber quiénes serán. Llama a mil: apenas cien escucharán y, de ellos, diez comenzarán a moverse. Noventa escucharán, pero no se moverán. Escucharán, pero no entenderán, o entenderán otra cosa, o entenderán mal. Diez comenzarán a moverse. Y cuando diez se mueven, llega apenas uno; nueve se perderán en el camino. Llama a mil y habrás llamado solo a uno. Pero así son las cosas y entonces uno tiene que seguir llamando. No me molesto en absoluto si tú escuchas o no: seguiré llamando. Solamente uno estará destinado a venir y con eso basta. Si llamas a mil, vendrá solo uno, si llamas a diez mil y vienen diez, será suficiente. Uno no debe pedir más; eso ya es demasiado.

Es apropiado que únicamente aquellos que hayan sufrido puedan entenderme, porque el dolor purifica, el sufrimiento genera entendimiento. El sufrimiento da una cierta cristalización. A menos que sufras, no sabrás qué es la vida. A menos que sufras, no sabrás qué tan difícil es dejar la vida atrás.

Estaba leyendo la vida de Issa, un gran poeta japonés. Él sufrió; debe haber sido un hombre sumamente sensible: fue un gran poeta y uno de los más grandes exponentes del haikú.

Issa ya había perdido cinco hijos cuando tenía apenas treinta años; casi cada año se le moría un hijo. Entonces, su esposa murió y él se enloqueció casi por completo de la angustia, del sufrimiento.

Issa visitó a un maestro zen, y este le preguntó: «¿Cuál es el problema?». El maestro debió ser casi como un buda, no como Jesús, uno que ha llegado, uno que ha olvidado por completo la miseria humana.

«Se me han muerto cinco hijos y ahora ha fallecido mi esposa. ¿Por qué hay tanto sufrimiento? No entiendo el motivo para ello. ¿Cuál es la explicación? No le he hecho nada malo a nadie, he vivido en la mayor inocencia posible. De hecho, he vivido en una gran soledad. No me relaciono mucho con la gente: soy poeta, vivo en mi propio mundo. No le he hecho mal a nadie. He llevado una vida muy pobre, pero era feliz. Y ahora, cinco de mis hijos mueren y mi esposa también. ¿Por qué hay tanto sufrimiento sin ningún motivo aparente? Debe haber alguna explicación», dijo Issa.

El maestro señaló: «La vida es tan solo una gota de rocío en la aurora. Está en la naturaleza de la vida y la muerte ocurre. No hay ninguna explicación; es la naturaleza de la vida. No es necesario dar ninguna razón especial. La naturaleza de la vida es como una gota de rocío: permanece un momento en una hoja de hierba, pero desaparece a la menor brisa; el Sol sale y se evapora. Esa es la naturaleza de la vida. Recuerda esto».

Issa era un hombre de una gran inteligencia y entendió. Regresó y escribió un haikú: «La vida, ¿una gota de rocío? Sí, entiendo. La vida es una gota de rocío. Pero... pero...»

En ese «Pero... pero...», Issa está diciendo algo supremamente humano. La vida, ¿una gota de rocío? Sí, entiendo. La vida es una gota de rocío. Pero... Su esposa ha fallecido, sus hijos han muerto, y sus ojos están llenos de lágrimas: Pero... pero...

Sí, la vida es una gota de rocío, pero..., ese pero es maravilloso. Solamente aquellos que han sufrido pueden entender que la vida es una gota de rocío. Entonces, permanece el: Pero... pero... Aun si entiendes, el entendimiento es difícil.

¿Y qué decir de aquellos que no han sufrido? Llevan una vida superficial. Su felicidad siempre es superficial. Solo la tristeza tiene profundidad. La vida es superficial, únicamente la muerte tiene profundidad. La vida es muy cotidiana: comer, ganar dinero, amar; es muy corriente. El sufrimiento tiene una profundidad; te despierta, te sacude de tu sueño.

Sí, solo aquellos que han sufrido entenderán lo que estoy diciendo: Pero... pero... es probable que incluso ellos no entiendan. Sin embargo, esto es así; así es la vida. Sí, uno se desanima por esto y no piensa en llamar ni en decir nada.

Una vez sucedió lo siguiente:

Cuando Buda alcanzó la iluminación, permaneció siete días en silencio. Pensó: «¿Quién escuchará?, ¿qué voy a decir?, ¿quién entenderá?». Pensó: «Si alguien me contara las cosas que me han sucedido a mí, no las entendería si no me hubieran sucedido. Así que, ¿quién podrá entender?, ¿para qué molestarse?».

Buda permaneció sentado durante siete días bajo el árbol Bodhi. Se dice que los devas en el cielo se preocuparon mucho. «¿Por qué guarda silencio? Solo se alcanza la iluminación después de miles de años, ¿por qué no está llamando a la gente?».

Es una linda historia. Los devas fueron, se inclinaron ante Buda, y le dijeron: «Deberías decir algo. Has alcanzado la iluminación; deberías hacer el llamado. Deberías difundir la palabra a la gente; entonces, ¿por qué guardas silencio? Hemos esperado mucho tiempo. Siete días nos han parecido como si fueran siete siglos. ¿Qué estás haciendo? No desperdicies el tiempo. Solo estarás poco tiempo más y luego desaparecerás para siempre. Haz un llamado antes de desaparecer». «¿Quién escuchará? ¿Quién entenderá?», dijo Buda. Pero los devas eran muy astutos y es bueno que lo fueran. Discutieron e intentaron persuadirlo. Dijeron: «Sí, tienes razón. Es rara la posibilidad de que alguien escuche y es aún más extraña la posibilidad de que alguien entienda. Pero está ahí. Llama a mil, y cien escucharán, noventa no entenderán; diez caminarán, nueve se perderán en el camino. De algún modo pensarán que han llegado; se sentarán a un lado y creerán que han llegado a casa. Solo uno llegará, pero ese uno es más que suficiente». Buda entendió y comenzó a predicar.

Sé que es un esfuerzo muy vano. Te sigo hablando, sabiendo que no entenderás. Es como si uno hablara con las paredes.

Cuando Bodhidharma alcanzó la iluminación, estaba sentado cerca de un muro, de espaldas a él. Inmediatamente se dio vuelta y lo miró. No se sentó en otra posición durante nueve años. Siempre que se sentaba, lo hacía mirando el muro. Si alguien estaba allí, un peregrino, un curioso, Bodhidharma respondía sus preguntas dándole la espalda.

«¿Por qué has escogido esa postura tan absurda? Han existido muchos budas en el mundo, pero ninguno se ha sentado mirando la pared. ¿Por qué te sientas así?, ¿por qué estás tan loco?», le decía la gente.

Bodhidharma respondía, «Hasta donde yo sé, todos los budas han estado mirando las paredes. Porque adondequiera que mires, hay una pared. Todos han mirado una pared, pero eran un poco más amables. Yo no soy tan amable, eso es todo. No me importa en absoluto lo que pienses de mí. Solo voltearé mi cara hacia ti cuando vea que haya alguien que pueda entenderme».

Durante nueve años miró la pared. Entonces vino un hombre y le dijo a Bodhidharma: «Date vuelta hacia mí; de lo contrario me mataré». El hombre tenía una espada en la mano. Pero Bodhidharma seguía sin darse vuelta. El hombre se amputó la mano y dijo: «Mira, la mano ha desaparecido. Luego, lo hará la cabeza». Entonces Bodhidharma se dio vuelta y dijo: «¡Espera! Has venido», Solamente aquellos que están dispuestos a decapitarse a sí mismos pueden entender.

Es todo por hoy. •

Osho Internacional
Meditation Resort

El Resort de Meditación Osho Internacional es un gran lugar de vacaciones en donde las personas pueden tener una experiencia directa y personal con una nueva manera de vivir más conscientemente, en forma más relajada y divertida. Ubicado a 160 km al sureste de Mumbai, en Pune, India, el Resort ofrece una variedad de programas a miles de personas de más de cien países que lo visitan cada año.

Originalmente concebido como el lugar de veraneo de los marajás hindúes y los adinerados colonialistas británicos, Pune es actualmente una ciudad moderna, sede de varias universidades e industrias de tecnología de punta. El lugar del Resort abarca más de cuarenta acres en un suburbio flanqueado de árboles llamado Koregaon Park. Su campus provee alojamiento para un número limitado de huéspedes, y existe una amplia variedad de hoteles y apartamentos privados para permanencias de entre unos pocos días y varios meses.

Todos los programas que ofrece el Resort se basan en la visión de Osho de un cualitativamente nuevo ser humano que es capaz tanto de participar creativamente en la vida cotidiana, como de alcanzar la relajación, el silencio y la meditación.

La mayoría de los programas se desarrollan en instalaciones modernas, con aire acondicionado, e incluyen una variedad de sesiones, cursos y talleres sobre temas que van desde las artes creativas hasta los tratamientos de salud holísticos, la transformación personal y la terapia, las ciencias esotéricas, el enfoque zen del deporte y de la recreación, las relaciones interpersonales, así como las transiciones importantes en la vida de hombres y mujeres. Se ofrecen sesiones grupales e individuales a lo largo del año, así como un programa completo de meditaciones diarias.

Los cafés y restaurantes al aire libre, en los jardines del refugio, ofrecen tanto comidas tradicionales de la India como una gama de platos de la cocina internacional, todos preparados con vegetales orgánicos cultivados en la granja propia del refugio. El campus cuenta con su propia fuente de agua potable y filtrada.

Para más información, visita: www.OSHO.com. Éste es un amplio sitio web en varias lenguas, que ofrece una revista, libros, audios y videos Osho y la Biblioteca Osho con el archivo completo de los textos originales de Osho en inglés e hindi, y una amplia información sobre las meditaciones Osho. También encontrarás el programa actualizado de la Multiversity Osho, e información sobre el Resort de Meditación Osho Internacional.

Para contactar con Osho International Foundation, dirígete a:

www.osho.com/oshointernational

Sobre el autor

Las enseñanzas de Osho no admiten categorización y abarcan toda una gama de asuntos, desde la búsqueda individual del sentido hasta los temas sociales y políticos más urgentes que enfrenta la sociedad de hoy. Sus obras son transcripciones de grabaciones en audio y video de charlas ante auditorios internacionales a lo largo de 35 años. De Osho, *The Sunday Times* de Londres dijo: «Es uno de los 1000 forjadores del siglo XX». Y el autor estadounidense Tom Robbins lo describió como «El hombre más peligroso desde Jesucristo».

Refiriéndose a su propio trabajo, Osho dijo una vez que «ayudaba a generar las condiciones para el surgimiento de un nuevo ser humano». Con frecuencia, ha caracterizado a ese nuevo ser humano como «Zorba el Buda»: capaz de gozar los placeres del mundo como Zorba el Griego y con la callada serenidad de un Gautama Buda. Como un hilo conductor a través de todos los aspectos del trabajo de Osho, hay una visión que abarca tanto la sabiduría eterna de Oriente, como el enorme potencial de la ciencia y la tecnología de Occidente.

A Osho se le conoce también por su revolucionaria contribución a la ciencia de la transformación interior, con un enfoque en la meditación que reconoce el ritmo acelerado de la vida contemporánea. Sus originales «Meditaciones Activas» están diseñadas para liberar las tensiones acumuladas en el cuerpo y la mente, y así facilitar la experiencia de un estado meditativo relajado y libre de pensamientos.

Para más información, visita:

www.**OSHO**.com

Websites:

http://osho.com/resort
http://osho.com/magazine
http://osho.com/shop
http://www.youtube.com/osho
http://www.oshobytes.blogspot.com
http://www.twitter.com/oshotimes
http://www.facebook.com/osho.international

http://www.facebook.com/oshoespanol
http://www.flickr.com/photos/oshointernational

Para contactar a OSHO International Foundation visita:

www.osho.com/oshointernational

Acerca del código QR

En la solapa izquierda de este libro encontrarás un código QR que te enlazará con el Canal de Youtube: OSHO Español, facilitándote el acceso a una amplia selección de *OSHO Talks*, las charlas originales de Osho, seleccionadas para proporcionar al lector una muestra de la obra de este místico contemporáneo. Osho no escribía libros; solo hablaba en público, creando una atmósfera de meditación y transformación que permitía que los asistentes vivieran la experiencia meditativa.

Aunque las charlas de Osho son informativas y entretenidas, éste no es su propósito fundamental. Lo que Osho busca es brindar a sus oyentes una oportunidad de meditar y de experimentar el estado relajado de alerta que constituye la esencia de la meditación.

Estos videos incluyen subtítulos en español y se recomienda verlos sin interrupciones. Éstos son algunos de los consejos de Osho para escuchar sus charlas:

«El arte de escuchar está basado en el silencio de la mente, para que la mente no intervenga, simplemente permite todo lo que te está llegando.»

«Yo no digo que tengas que estar de acuerdo conmigo. Escuchar no significa que tengas que estar de acuerdo conmigo, ni tampoco significa que tengas que estar en desacuerdo.»

«El arte de escuchar es solo puro escuchar, factual, sin distorsión.»

«Y una vez que has escuchado, entonces llega un momento en el que puedes estar de acuerdo o no, pero lo primero es escuchar.»

Sino dispones de un *Smartphone*, también puedes visitar este enlace para empezar a disfrutar de las OSHO *Talks*.

https://www.youtube.com/user/oshoespanol/videos

Palabras de fuego.
Reflexiones sobre Jesús de Nazaret, de Osho
se terminó de imprimir y encuadernar en junio de 2014
en Quad/Graphics Querétaro, S. A. de C.V.
lote 37, fraccionamiento Agro-Industrial La Cruz
Villa del Marqués QT-76240

ओशो धारा